国家社科基金"十四五"规划 2022 年度教育学青年课题"'双减'背景下技术赋能学校、家庭、社会协同育人体系构建研究"(课题批准号：CAA220306)资助成果

国家社科基金丛书
GUOJIA SHEKE JIJIN CONGSHU

技术赋能学校家庭社会协同育人体系构建研究

A Study on the Construction of a Technology—Enabled
School—Family—Community Collaborative Education System

张敬威　著

人民出版社

目　　录

绪　　论

在当今全球化和信息化的时代背景下，教育的边界正逐渐模糊，家庭、学校与社区的协同育人机制成为推动教育发展的重要力量。党的二十大报告提出，要"健全学校家庭社会育人机制"，为我国教育事业的发展提供了新的方向。与此同时，《国家中长期教育改革和发展规划纲要（2010—2020年）》也明确提出要强化家庭教育的指导功能，发挥社区教育资源的支持作用，促进学校教育、家庭教育和社会教育的有机结合。

然而，尽管政策导向明确，但在具体的实践中，学校家庭社会协同育人的实施仍面临诸多挑战。传统的育人模式往往局限于学校的单一维度，而忽视了家庭和社区在儿童成长中的独特作用。特别是在教育资源分布不均、城乡差距明显的背景下，如何有效整合学校、家庭和社会的资源，实现协同育人，成为亟待解决的问题。技术的快速发展为学校家庭社会协同育人提供了新的可能。信息技术不仅改变了教育的形态，也为学校、家庭和社会之间的互动提供了更为便捷的途径。在线学习平台、家校通系统、社区教育资源库等技术手段，使得校家社三方能够更加紧密地联系在一起，实现信息的共享和资源的优化配置。然而，在技术赋能的过程中，如何避免技术的"去人化"倾向，确保育人过程中的人文关怀，也是我们必须面对的重要议题。

本书旨在探讨技术如何在校家社协同育人中发挥更大作用，分析当前实践中的经验与不足,并提出未来发展的路径。本书通过梳理相关政策文件、历史传统,结合实证调查全面解读技术在学校家庭社会协同育人中的作用,探讨如何在技术与人文关怀之间找到平衡点,真正实现学校家庭社会协同育人,实现教育的公平与优质发展。

第一节　基于政策导向的学校家庭社会协同育人

学校家庭社会协同育人作为一种教育模式,旨在通过学校、家庭与社区的紧密合作,共同促进学生的全面发展。这一模式的提出和推广,是国家教育政策发展的必然结果。近年来,随着社会经济的快速发展以及教育现代化的不断推进,教育政策逐步强调家庭、学校与社区的整合,以实现资源的最大化利用和学生的全方位培养。学校家庭社会协同育人作为一种创新的教育模式,已成为中国教育改革与发展的重要议题。这一模式旨在通过家庭、学校与社区的协同合作,共同促进学生的全面发展,适应新时代的教育需求。学校家庭社会协同育人理念的提出与推广,不仅反映了国家对教育事业的高度重视,也体现了社会各界对教育质量提升的共同期望。习近平总书记在多次讲话中强调了教育的重要性,并指出"家庭是人生的第一所学校,家长是孩子的第一任老师",这为学校家庭社会协同育人的政策背景提供了重要理论依据。

一、学校家庭社会协同育人政策的形成

2010年发布的《国家中长期教育改革和发展规划纲要(2010—2020年)》首次明确提出要"充分发挥学校、家庭、社会的协同作用,形成教育合力",这是校家社协同育人理念在国家政策层面的初步体现。该纲要的出台,标志着中国教育政策开始重视学校、家庭与社会三方在学生教育中的共同作用,旨在通过政策引导,促使各方形成有效合作,为学生创造良好的教育环境。这一政策的提出背景主要基于以下几点:第一,随着社会的快速发展,教育面临着日

益复杂的挑战,单靠学校教育已无法满足学生全面发展的需求。第二,家庭教育在学生成长中的重要性逐渐得到社会认可,家庭的教育功能亟须与学校教育和社会教育进行有机结合。第三,社会各界对教育质量的要求日益提高,促进了政策层面对协同育人模式的支持与推广。

习近平总书记在多次讲话中深刻阐述了教育的重要性,并对家庭、学校与社会的协同作用提出了明确要求。2018 年,习近平总书记在全国教育大会上指出,"构建德智体美劳全面培养的教育体系""办好教育事业,家庭、学校、政府、社会都有责任"。这一论述不仅深化了协同育人理念的理论基础,还为政策的制定与实施提供了重要指导方向。习近平总书记的讲话反映了国家对教育改革的系统性思考,强调了教育不仅仅是学校的责任,而是全社会共同参与的系统工程。他在多个场合强调家庭教育的重要性,例如指出"家庭是社会的基本细胞,是人生的第一所学校",这些论述为家庭在协同育人中的地位提供了政策依据。

协同育人政策的推进在近年来得到进一步强化。党的十七届六中全会《中共中央关于深化文化体制改革、推动社会文化大发展大繁荣若干重大问题的决定》明确要求"构建学校、家庭、社会紧密协作的教育网络",推动学校家庭社会协同育人模式的全面推广。教育部等十七部门联合印发《家校社协同育人"教联体"工作方案》,《方案》明确了"教联体"各主体的职责任务。政府部门加强对学校家庭社会协同育人工作统筹领导,指导各部门协同配合,建立家庭指导机构,调动各类社会育人资源。该文件的出台背景主要源于城乡教育资源的不均衡现状,特别是农村教育面临的资源短缺和家庭教育缺位问题。通过政策推动,旨在整合各方资源,促进城乡教育一体化发展,提高义务教育质量。这一政策体现了国家对协同育人模式在促进教育公平、提高教育质量方面的高度重视。

2019 年,《中共中央　国务院关于深化教育教学改革全面提高义务教育质量的意见》,进一步明确了学校家庭社会协同育人模式的重要性。该计划提出,要"加强社区家长学校、家庭教育指导服务点建设",并强调充分发挥学校主导作用,密切家校联系。这一政策的制定,直接回应了国家对提高义务教育质量的迫切需求,旨在通过政策引导,促进学校家庭社会协同育人机制的建立与完善,提升学生的综合素质。这一计划不仅是对前期政策的延续与深化,更是对新时代教育改革方向的明确指引。

党的十九届五中全会、《中华人民共和国家庭教育促进法》、《"十四五"规划和2035年远景目标纲要》和2022年政府工作报告均将"健全学校家庭社会协同育人机制"摆在了重要位置。这要求校家社三者关系从松散、偶然的沟通合作走向制度化的协作。具体来看,《中国教育现代化2035》明确提出要"推进家庭学校共同育人",并在法律层面如《中华人民共和国家庭教育促进法》中对校家社协同育人进行了规范。

学校家庭社会协同育人机制,是在党中央、国务院的决策部署下,为实现学生全面发展和健康成长,以及国家发展和民族未来的重要任务而提出的。2022年,教育部等十三部门发布了《关于健全学校家庭社会协同育人机制的意见》(下文简称《意见》)。《意见》中指出,近年来,各地积极探索推进学校家庭社会协同育人,取得了明显成效,但还存在职责定位不够清晰、协同机制不够健全、条件保障不够到位等突出问题。基于此,《意见》要求学校家庭社会协同育人,坚持以习近平新时代中国特色社会主义思想为指导,认真贯彻落实习近平总书记关于教育和注重家庭家教家风建设的重要论述,全面贯彻党的教育方针,落实立德树人根本任务,弘扬中华优秀传统文化,坚持科学教育观念,增强协同育人共识,积极构建学校家庭社会协同育人新格局,着力培养德智体美劳全面发展的社会主义建设者和接班人。

在信息化快速发展的背景下,数字技术成为促进校家社协同育人的重要手段。2018年发布的《教育信息化2.0行动计划》提出要"推进信息技术和智能技术深入融入教育教学全过程"。该政策的颁布意味着在教育实践中可以利用现代信息技术,搭建家校沟通平台,推动教育资源的共享与普及,从而提升协同育人的实际效果。通过教育信息化的手段,政策制定者希望能够突破时间和空间的限制,实现家庭、学校和社区的无缝衔接,提供更加个性化的教育服务,提高教育质量。

二、学校家庭社会协同育人政策的现实意义

学校家庭社会协同育人政策的形成,是对当前教育挑战与需求的积极回应。随着社会经济的快速发展,教育的复杂性与多样性日益凸显。学生的全面发展需要多方力量的共同支持,而单靠学校教育难以实现这一目标。校家社协同育人模式正是为了应对这一挑战,通过政策引导,促进家庭、学校与社区的紧密合作,从而为学生提供更加全面、优质的教育服务。习近平总书记强调"教育是国之大计、党之大计",并在中共中央政治局第五次集体学习时强调,学校、家庭、社会要紧密合作、共同发力、积极投身教育强国实践,共同办好教育强国事业,这些论述进一步凸显了协同育人在国家教育战略中的重要地位。

学校家庭社会协同育人政策的推进,对于促进教育公平与提高教育质量具有重要意义。城乡教育资源的不均衡现象长期以来制约着我国教育事业的发展。通过校家社协同育人模式,政策制定者希望能够整合各方资源,特别是通过政策支持与信息技术手段,弥补农村和边远地区教育资源的不足,从而提高教育质量,促进教育公平。习近平总书记指出,"要让每个孩子都能享有公平而有质量的教育",这为校家社协同育人政策的实施提供了重要理论依据和指导方向。

学校家庭社会协同育人政策的实施,有助于增强家庭与学校之间的合作与理解。传统的教育模式往往忽视了家庭教育的重要性,导致家校之间信息不对称、沟通不畅的问题。通过政策推动,校家社协同育人模式能够有效促进家校之间的沟通与合作,使家庭教育与学校教育更加协调,从而形成教育合力。习近平总书记在谈到家庭教育时曾指出,"广大家庭都要重言传、重身

教、教知识、育品德、身体力行、耳濡目染，帮助孩子扣好人生的第一粒扣子，迈好人生的第一个台阶"，这一论述明确了家庭在学生教育中的重要作用，同时也为学校家庭社会协同育人的推广提供了理论支持。

三、学校家庭社会协同育人政策的未来发展方向

在政策引导下，学校家庭社会协同育人模式已经初步形成，但仍需进一步完善。未来的政策发展应继续加强对协同育人机制的探索与实践，特别是在如何有效整合家庭、学校与社区资源，构建更加紧密的合作机制方面，需要进行更多的实践与研究。

首先，随着信息技术的迅猛发展，教育信息化已成为校家社协同育人的重要推动力，但其潜力仍未完全释放。未来的政策应进一步推动技术赋能，特别是在智能化教育平台的构建与普及方面，通过广泛应用互联网、大数据和人工智能技术，促进教育资源的共享与个性化学习支持。这种智能化平台不仅可以提高家庭、学校与社区之间的互动效率，还能为学生提供更具针对性的学习资源。此外，政策应特别关注缩小农村和边远地区的数字鸿沟，确保这些地区的家庭和学校能够平等参与协同育人，享受教育信息化带来的红利。习近平总书记强调要"推动互联网、大数据、人工智能和实体经济深度融合"，这一论述为进一步推进教育信息化提供了理论依据和政策方向。

其次，资源整合与协作机制的优化是提高校家社协同育人实效性的关键。未来的政策应注重如何更好地整合家庭、学校与社区资源，构建更加紧密的合作机制。家庭教育作为协同育人的基础，其重要性不容忽视。政策应通过立法、财政支持与社会服务等多重措施，明确和强化家庭教育的责任与义务，促进家庭教育与学校教育、社会教育的有机结合。习近平总书记指出，"家庭教育涉及很多方面，但最重要的是品德教育，是如何做人的教育"，这一论述为未来政策的制定提供了明确的方向。同时，社区在协同育人中扮演着不可或缺的角色，政策应鼓励社区资源的深度参与，通过制定激励措施和建立合作平台，促进

社区教育资源的有效利用与共享,从而增强学校家庭社会协同育人的整体效能。

　　总之,未来的学校家庭社会协同育人政策应以技术赋能为手段,以资源整合为基础,继续探索和完善协同育人的机制与模式。在这一过程中,深化对协同育人实践的研究与创新至关重要,以确保政策的科学性和有效性。

第二节　中国学校家庭社会协同育人的
深厚文化传统

　　学校家庭社会协同育人作为当代中国教育的重要模式,其发展不仅源于现代教育改革的需求,更深深植根于中华文化的传统之中。中国的教育理念历来强调家庭、学校与社会的相互配合,共同促进个体成长。学校家庭社会协同育人模式在中国的发展,可以说是在古代教育传统的基础上,结合现代教育理念与社会需求所形成的创新性教育实践。

一、学校家庭社会协同育人的历史溯源

　　学校家庭社会协同育人的文化传统首先体现在儒家思想对家庭教育的重视上。儒家思想,作为中华文化的核心理念,强调"修身、齐家、治国、平天下"的教育理想。在这一思想体系中,家庭被视为社会的基本单位,家庭教育是社会道德教育的重要起点。孔子曾指出,"君子务本,本立而道生。孝弟也者,其为仁之本与!"(《论语·学而》)孝道和尊重长辈是儒家伦理的重要内容,这不仅影响了家庭内部的教育关系,也奠定了校家社协同育人思想的基础。儒家强调家庭在道德养成中的首要作用,这一观念促使家庭教育在中国传统社会中占据重要地位。家庭不仅是教育的起点,更是社会价值观念的传承者。父母被视为子女的第一任教师,家庭教育则是子女人格与道德形成的关键。这一传统为学校家庭社会协同育人奠定了深厚的文化基础,使家庭在教育中的作用成为不可或缺的一环。

在中国古代,教育不仅在家庭中进行,学校和社会也扮演着重要角色。学宫和书院是古代中国重要的教育机构,具有浓厚的社区化色彩。学宫是由官方设立的教育机构,通常位于城市或乡镇的中心,承载着教育和社会文化传承的双重功能。书院则是民间设立的教育场所,通常由地方士绅或学者创办,成为社会知识分子的聚集地。书院在教育过程中注重师生互动、同学之间的交流,以及书院与所在社区的联系。书院中的学规不仅规范了学生的学术行为,还涉及学生的日常生活和道德养成,体现了教育与社会生活的紧密结合。这种教育形式在一定程度上体现了学校与社会协同育人的理念,为现代校家社协同育人模式提供了历史借鉴。

中国传统社会高度重视社会文化的传承与发展,社会文化在个体成长中起到重要的社会支持作用。中国古代的乡里制度、宗族组织以及庙会等民俗活动,都是社会文化的重要组成部分,对家庭和学校教育起到辅助作用。例如,宗族组织不仅在宗族内部进行道德教育,还通过设立族学、举办祭祀活动等方式促进家族成员的学习与品德培养。这种社会文化为校家社协同育人提供了社会支持,体现了中国传统文化中教育与社会的有机结合。

二、学校家庭社会协同育人的现代转型

在现代社会中,尽管家庭结构和功能发生了变化,但家庭教育在校家社协同育人中的核心地位依然未变。随着社会的发展,家庭教育的内容和形式不断得到丰富和创新,但其在道德教育和人格培养中的重要作用仍然得到社会的广泛认可。习近平总书记曾指出,"千家万户都好,国家才能好,民族才能好。……把爱家和爱国统一起来,把实现个人梦、家庭梦融入国家梦、民族梦之中",这不仅强调了家庭教育的重要性,也表明了现代校家社协同育人模式与传统家庭教育理念的一脉相承。现代家庭教育注重与学校教育的紧密合作,通过家长、学校、家委会等形式加强家校互动,推动家长积极参与子女的教育过程。这种合作关系的建立,不仅有助于促进学生的全面发展,还反映了传

统家庭教育在现代社会中的延续和发展。

随着教育改革的深入,学校教育的社会化趋势日益显著。现代学校不仅是知识传授的场所,更是社会文化的传承基地。学校教育日益强调与家庭和社会的互动,通过社区实践、社会公益活动等形式,促进学生的社会责任感和实践能力的培养。这种社会化趋势继承了传统教育中书院与社区紧密联系的理念,使学校教育在学校家庭社会协同育人中发挥了更为积极的作用。2014年5月30日,习近平总书记在北京海淀区民族小学主持召开座谈会时说到,"家庭是孩子的第一个课堂,父母是孩子的第一个老师。家长要时时处处给孩子做榜样,用正确行动、正确思想、正确方法教育引导孩子。要善于从点滴小事中教会孩子欣赏真善美、远离假丑恶。要注意观察孩子的思想动态和行为变化,随时做好教育引导工作。"讲话指示为家庭教育的社会化发展提供了政策指导,推动了学校家庭社会协同育人模式的深化。

现代学校家庭社会协同育人模式的另一个重要方面是社区教育的发展。社区作为社会结构的基本单元,其在个体教育中的作用日益受到重视。现代社区教育不仅继承了传统社区文化的教育功能,还通过整合社会资源,提供丰富的教育机会与支持,成为学校家庭社会协同育人的重要组成部分。

社区教育的发展,不仅有助于拓展教育资源,还促进了社会资本的构建。社会资本指的是个体通过社会网络所获得的资源与支持。在学校家庭社会协同育人模式中,社区教育通过建立家庭、学校与社区之间的紧密联系,形成了丰富的社会资本网络,增强了教育效果。这一现象在中国的教育实践中得到广泛体现,例如通过社区教育中心、志愿者组织等形式,促进了学校家庭社会的有效协作。

三、学校家庭社会协同育人文化传统的现实意义

学校家庭社会协同育人模式的形成与发展,是对中国教育文化传统的继承与创新。通过将传统家庭教育、学校教育与社会文化有机结合,现代学校家

庭社会协同育人不仅延续了中华文化中教育的基本理念,还在新的社会条件下实现了教育方式的创新。这种创新不仅表现在教育内容的丰富性上,也体现在教育方法的多样性上,使教育更加适应现代社会的需求。习近平总书记在谈到文化传承时指出,"中华优秀传统文化是我们最深厚的文化软实力,也是中国特色社会主义植根的文化沃土",学校家庭社会协同育人模式正是这一文化软实力在教育领域的重要体现。通过对传统文化的传承与创新,学校家庭社会协同育人不仅丰富了现代教育的内容,还为社会发展提供了强大的文化支持。

学校家庭社会协同育人的文化传统在现代社会中的延续,具有重要的社会意义。通过家庭、学校与社会的紧密合作,这一模式有助于构建和谐的社会关系,促进社会的稳定与发展。家庭教育的有效开展,不仅有助于培养良好的社会公民,还能够通过家庭内部的和谐促进社会整体的和谐。学校作为知识传播与价值观培养的重要场所,通过与家庭和社会的合作,能够更好地培养学生的社会责任感与公共精神。"教育要立德树人,把社会主义核心价值观融入教育教学全过程",学校家庭社会协同育人模式正是这一思想的具体实践。通过校家社的有效协作,学生不仅能够获得全面的知识与技能,还能够在社会实践中形成正确的价值观念,成为具有社会责任感的合格公民。

学校家庭社会协同育人的文化传统对于促进教育公平与提高教育质量具有重要意义。通过家庭、学校与社会的合作,这一模式能够有效整合教育资源,为每一个学生提供平等的学习机会与支持。在现代社会中,教育资源的不均衡现象依然存在,通过校家社协同育人模式,可以在一定程度上缓解这一问题,特别是在农村和边远地区,通过社区教育与家庭教育的结合,弥补学校教育资源的不足,从而提高教育质量。习近平总书记多次强调教育公平的重要性,指出"要让每个孩子都能享有公平而有质量的教育",这一重要指示为学校家庭社会协同育人模式的实施提供了理论依据和政策支持。通过这一模式的推进,不仅可以提高教育的整体水平,还能够促进社会的公平与正义。

第三节　技术赋能学校家庭社会
协同育人的现实需求

在全球化与信息化的背景下,数字化技术正在深刻改变教育的形态,特别是对学校家庭社会协同育人的影响尤为显著。因此,本书中技术赋能的技术特指新一轮技术革命中以互联网、人工智能、大数据、云计算等为代表的数字化技术。数字化技术赋能学校家庭社会协同育人不仅体现在教育工具与平台的创新上,还表现在教育模式与理念的变革中。

一、数字化技术赋能学校家庭社会协同育人的现实情况

数字化教育平台急速发展。数字化教育平台是校家社协同育人模式的重要载体,通过这些平台,家长、学校和社区可以实现无缝沟通与资源共享。教育数字化平台能够为家长、教师和社区提供全面的教育资源和互动工具,支持学生的个性化学习与成长。该平台通过数据分析技术,为家长和教师提供精准的教育建议,提升教育效果。此外,"国家智慧教育平台"等在线教育平台,也为学校家庭社会协同育人提供了强大的技术支持,使学生能够在家中、学校和社区之间实现学习资源的无缝衔接。国际上,Google Classroom 和 Microsoft Teams 等数字化教育平台被广泛应用于教育领域,支持教师、家长与学生的在线互动与协同学习。这些平台通过提供在线课程、作业管理、家校沟通等功能,促进了校家社之间的紧密联系,使教育过程更加透明、高效。

社交媒体与移动应用的广泛应用。社交媒体和移动应用的发展极大地促进了学校家庭社会协同育人模式的普及。以微信为例,中国的家长与教师通过微信平台进行日常沟通,分享学生的学习情况与成长记录。这种即时沟通方式,不仅提高了信息传递的效率,还增强了家校之间的互动与理解。此外,一些专门的教育类移动应用,也为家长与教师提供了丰富的教育资源与互动平台。

国外,像 ClassDojo 这样的应用程序,通过积分系统和即时反馈功能,帮助教师与家长跟踪学生的行为表现,并提供互动平台,促进家校之间的合作。这类应用程序不仅有助于家长及时了解孩子在学校的表现,还能够通过数据的积累,形成对学生学习行为的全面分析,支持个性化教育的实施。

在线学习和虚拟课堂的兴起,为学校家庭社会协同育人模式提供了新的可能性。在线学习成为全球教育的重要形式,使家庭、学校与社区之间的协作更加紧密。中国的"钉钉"平台和"腾讯课堂"的广泛应用,支持了数亿学生的在线学习需求。这种数字化学习模式不仅打破了时间和空间的限制,还增强了家庭与学校之间的互动。在国外,Zoom 和 Moodle 等在线学习平台成为虚拟课堂的重要工具,通过这些平台,教师可以与家长和学生进行实时互动,分享学习资料并进行评估。这种在线学习模式使教育过程更加灵活,学校、家庭与社区的协同育人成为可能。

二、数字化技术赋能学校家庭社会协同育人存在的问题

教育数字鸿沟问题仍然存在。尽管数字化技术为学校家庭社会协同育人提供了便利,但数字鸿沟问题依然存在。偏远地区和经济不发达家庭由于缺乏必要的设备和网络接入,无法充分利用数字化教育资源。这种不平等导致了教育资源分配的不平衡,使得部分学生在数字化教育中处于劣势。根据第54次《中国互联网络发展状况统计报告》显示,尽管截至2024年6月,中国互联网普及率已达78.0%,但城乡之间的差距依然存在。

隐私与数据安全问题。在数字化教育环境中,隐私与数据安全问题引发了广泛关注。校家社协同育人模式中,大量学生和家长的个人信息被收集和存储,这些数据如果得不到妥善保护,可能会被不法分子利用,造成隐私泄露和其他安全隐患。例如,2020年全球多个国家的教育机构遭遇了大规模的数据泄露事件,导致数百万学生的个人信息暴露。中国也面临类似风险,部分在线教育平台的数据安全措施不足,给校家社协同育人带来了潜在风险。

家长和教师的数字素养不足。数字化技术的普及对家长和教师的数字素养提出了更高的要求。然而,部分家长和教师在使用数字化工具时仍然面临困难,缺乏必要的技能和知识。这种数字素养的不足不仅影响了他们在学校家庭社会协同育人中的参与度,也限制了数字化技术的有效应用。例如,在某些地区,教师和家长对在线教育平台的使用不熟悉,导致沟通效率低下,影响了教育效果。此外,部分教师在教学过程中缺乏对数字化工具的有效利用,导致教育资源的浪费。

三、数字化技术赋能学校家庭社会协同育人的现实意义

促进教育公平与质量提升。数字化技术的广泛应用在学校家庭社会协同育人中具有重要的现实意义,首先表现为促进教育公平与质量的提升。通过数字化平台和工具,教育资源可以更加公平地分配到不同地区和家庭,特别是在农村和偏远地区,数字化技术为学生提供了更多的学习机会。在线学习平台和虚拟课堂的普及,使得家庭能够参与到学校教育中来,打破了教育资源分配的不均衡。例如,西部地区的一些学校通过在线平台与发达地区的学校进行合作教学,使得当地学生能够接触到更为优质的教育资源。这种资源共享的模式通过数字化手段实现了教育公平,并推动了教育质量的提升。

增强学校家庭社会之间的沟通与合作。数字化技术极大地增强了学校家庭社会之间的沟通与合作,使教育更加透明、高效。通过即时通讯工具、在线教育平台和社交媒体,家长与教师能够及时交流学生的学习情况,社区组织也可以更好地参与到学生的教育中来。这种多方协作模式有助于构建一个紧密的教育网络,确保学生能够在家庭、学校和社区之间获得一致的支持。例如,中国的"家校通"系统通过短信、邮件和在线平台,将学校的通知和学生的表现及时传递给家长,促进了家校之间的互动与理解。这种数字化沟通模式有效地增强了家校之间的信任与合作,为学生的全面发展提供了保障。

推动个性化教育与精准教学。数字化技术赋能学校家庭社会协同育人的

另一个重要现实意义在于推动个性化教育与精准教学。通过大数据分析与人工智能技术,教育平台可以对学生的学习行为进行全面分析,生成个性化的学习报告和建议,帮助教师和家长更好地了解学生的需求,并提供针对性的教育支持。例如,使用人工智能技术的个性化学习平台,可以根据学生的学习数据自动调整学习内容和难度,帮助学生在最适合的学习环境中成长。这种基于数据的个性化教育模式通过校家社的协同合作,有效提升了学生的学习效果。

推动教育模式的创新与变革。数字化技术赋能学校家庭社会协同育人还推动了教育模式的创新与变革。在传统教育模式中,学校教育往往是单向的,而通过数字化平台,教育可以更加互动和灵活。混合学习模式、在线学习社区和数字化课程等新型教育模式正在全球范围内逐渐兴起,打破了传统教育的时空限制,为校家社协同育人提供了更多可能性。例如,在德国,许多学校采用了混合学习模式,学生可以在家中通过在线平台进行预习,然后在课堂上进行讨论和互动。这样的模式不仅提高了学生的学习自主性,还增强了家校之间的合作与互动。

数字化技术赋能学校家庭社会协同育人已经成为当代教育的重要趋势,这一模式不仅继承了传统教育的优势,还通过技术手段实现了教育的创新与变革。通过数字化教育平台、社交媒体、在线学习和虚拟课堂,家长、学校与社区之间的沟通与合作得到了前所未有的加强,教育资源的分配更加公平,个性化教育与精准教学成为可能。在国内外的诸多成功实践中,数字化技术的应用不仅提高了教育质量,还推动了教育公平与社会和谐的发展。未来,随着数字化技术的不断进步,学校家庭社会协同育人模式将进一步深化,为教育的可持续发展提供更加坚实的基础。学校家庭社会协同育人作为一种重要的教育模式,既有着深厚的历史渊源,又契合了现代教育的现实需求。在国家政策的支持下,协同育人正在逐步走向制度化和规范化。随着数字化时代的到来,信息技术为协同育人的发展提供了新的可能性,但同时也带来了新的挑战。未来,如何进一步完善协同育人机制,充分发挥数字化技术的优势,同时克服其带来的挑战,将成为教育研究和实践的重要课题。

第四节　章节构思与设计

本书围绕学校家庭社会协同育人的主题,探讨了技术赋能在这一过程中所扮演的角色和产生的影响。全书共分六章,内容涵盖了中国学校家庭社会协同育人的文化与政策背景、国际经验的借鉴、技术赋能的理论与实践,对当前中国学校家庭社会协同的基本情况及技术赋能情况与需求的大规模调查、技术赋能学校家庭社会协同育人的数字生态建设等方面进行了深入探讨。各章节内容逻辑紧密衔接,逐步深入,系统展现了技术赋能学校家庭社会协同育人的现状、挑战与发展前景。

第一章着重介绍了中国学校家庭社会协同育人的思想智慧。通过梳理中国古代与近现代的学校家庭社会协同思想,探讨了这些思想在当前教育实践中的延续与发展。并进一步分析了新中国成立以来,尤其是改革开放以来,学校家庭社会协同育人的政策演变,强调了政策在推动这一进程中的积极作用。

第二章深入探讨了技术赋能学校家庭社会协同育人的理论基础。本章分为三个部分,分别介绍了赋能理论、校家社协同育人的基本概念与内涵,以及技术赋能与校家社协同育人的关系。本章旨在为后续的实证研究奠定理论基础,明确技术在协同育人中的重要性及其应用的边界与可能性。

第三章介绍了本研究的设计框架与问卷编制过程。通过多轮专家咨询与问卷试测,研究团队逐步完善了校家社协同育人现状、技术赋能学校家庭社会协同育人的现状与需求两方面的实践维度指标体系,并制定了相应的问卷工具。此章重点体现了调研的严谨性与科学性,为后续的实证分析提供了可靠的研究工具。

第四章通过问卷调查与访谈分析,展示了中国当前学校家庭社会协同育人的实践现状。通过对学校领导层、教师、家长等群体的调查数据的分析,揭示了在实际操作中存在的问题与挑战,并为技术赋能学校家庭社会协同育人的策略制定提供了实证依据。

第五章在前一章的基础上,进一步探讨了技术在校家社协同育人中的实际应用与需求情况。通过对技术赋能现状的问卷调查与访谈分析,揭示了技术在教育协同过程中所带来的便利与挑战。本章的数据分析为技术在校家社协同中的进一步应用提供了重要参考。

第六章基于前五章的分析,提出应促进技术赋能学校家庭社会协同育人的数字生态建设。通过对技术赋能协同育人的现实需求的分析,结合未来的技术发展趋势与教育需求的变化,本章提出了技术赋能校家社协同育人的可能路径——校家社协同育人数字化平台建构,并对技术赋能的保障机制与伦理规范进行了分析,为政策制定者与教育实践者提供了促进技术赋能学校家庭社会协同育人的战略建议。

总的来说,本书通过理论与实证相结合的方法,全面探讨了技术赋能学校家庭社会协同育人的多维度问题,旨在为我国技术赋能学校家庭社会协同育人的实践提供有益的思路与参考。

第一章　中国古代与近现代学校家庭社会协同育人的思想智慧

　　我国的学校家庭社会协同育人体系虽然是近年来才推行和倡导的概念，但是我国学校家庭社会育人的传统由来已久。自古以来，学校教育都是最主流的教育方式，但是我们也不能忽视家庭教育和社会教育的存在。家庭教育和社会教育以其独有的方式影响着整个国家、整个文明的教育进程。从古至今，中华民族的教育就是在以学校教育为首，以家庭教育和社会教育为辅的体系下蓬勃发展，绵延至今。在我国古代和近现代，学校教育、家庭教育和社会教育虽然没有明确的划分，但是它们都在各自领域为后世的学校家庭社会教育体系奠定坚实的时代基础。在古代，"家天下"的时代背景、家风家训、有教无类、科举制度都在凸显着家庭教育和社会教育的独特地位；在近代，梁启超的"新民"思想、女学思想，陈鹤琴的家庭教育思想，晏阳初的平民教育思想，陶行知的生活教育思想同样也在谱写着学校家庭社会教育的时代最强音；在革命时期，中国共产党倡导的干部教育、群众教育、家庭教育和学校教育，无疑也是后来学校家庭社会协同育人体系的萌芽和雏形。所以，学校家庭社会协同育人体系的历史和中华文明的历史是并行的。

　　新中国成立以后，学校家庭社会协同育人在我国经历了初步萌芽、逐步确立、积极推进三个阶段。家庭与学校之间的联系逐渐加强。政府和社会组织也积极参与到家庭教育中,推动家庭教育的发展,家庭教育的重要性得到了更加明确的认识。学校家庭社会协同育人的实践经验不断丰富。总体上,学校家庭社会协同育人的发展呈现出积极向上的趋势。随着社会的不断发展和进步,学校家庭社会协同育人的重要性将越来越凸显。我们必须进一步强化家庭、学校与社会之间的联系与协作,共同促进教育事业的进步,为培育更多杰出人才作出更显著的贡献。同时,我们也需要不断探索和创新学校家庭社会协同育人的新模式和新方法,以适应时代的发展和社会的需求。

本章旨在探讨中国学校家庭社会协同育人的演进历程、相关思想与主要成就,以及基于此所形成的历史经验与本土智慧,从而为当代中国学校家庭社会协同育人活动提供借鉴与指导。

第一节　中国古代学校家庭社会协同育人相关思想

中国古代的家庭教育在整个教育体系中扮演着至关重要的角色,对个体的成长、道德观念、社会行为以及文化传承都产生了深远的影响。中国古代的家庭教育不仅仅是知识的传递,更是关乎个体全面成长、社会适应和文化传承的关键环节,所以家庭教育在中国传统文化中一直占据着核心地位。

一、家国同构传统背景下的协同育人思想

国家国家,家中有国,国中有家。在漫长且灿烂的中华文明中,"国"与"家"常常被同时提起。国家在前,为一个个小家遮风挡雨;家庭在后,成为一个国家的坚实后盾。在教育领域,个人—家庭—社会—国家也被视作教育的发展顺序。只有修好身,才能齐家、治国,而后平天下。《大学》有言:"身修而后家齐,家齐而后国治,国治而后天下平。""古之欲明明德于天下者,先治其

国。欲治其国者,先齐其家。欲齐其家者,先修其身。"①这些正是以"家天下"为背景的协同育人传统的思想溯源。家庭成为个人发展与国家昌盛之间的纽带与桥梁,个人在家庭中健康成长、养成良好的德行,而后才能有机会在社会中大展身手、报效国家,成为国家的栋梁之才,为国家和社会的稳定和发展添砖加瓦。正是有这样一种思想根基的存在,个人—家庭—社会—国家的教育发展模式才能生生不息,经久不衰。

在这种模式下,家庭教育成为教育领域一种特殊的存在。它既承担个体幼时道德教育的重任,又为后续的学校教育奠定坚实的文化基础。自古以来,家庭教育在整个教育体系中的角色都不可忽视。在西周时期,"学在官府"是当时教育制度的主要特征。所谓"学在官府",又称为"学术官守"。由于当时生产力发展水平和社会经济制度的制约。为了便于管理,奴隶主贵族制定了法纪规章,并将其记录下来,汇编成专门的书籍,由官员负责掌握。这就是西周时期主流的教育制度。虽然教育由官府掌握,但学生在进入学校之前,还是要接受一定的家庭教育。西周家庭教育的内容包括:基础生活技能与习惯的培养、基础礼仪规范的教育,以及初步的数学、方位和时间概念的建立。在男尊女卑观念的影响下,从七岁起便开始实施性别差异教育,规定男性负责外部事务,女性则负责家庭内务。这就是西周家庭教育的基本内容,它在一定程度上为西周贵族子弟后续的学校教育奠定了坚实的礼仪和文化基础。

除了家庭教育,社会层面的教育也在悄悄发挥其特有的作用。到了春秋战国时期,私人讲学开始兴起。私人讲学兴起的原因众多,首先是当时生产力的发展:在春秋时期,随着王权的衰落,封建私有制逐渐取代了井田制。新兴的地主阶级崛起,导致了诸侯国的林立,促进了奴隶制度的解体。"经济下移"与"政治下移"导致官学失去了政权依托,造成"天子失官,学在四夷"的局面。其次是"士"阶层的出现与养士之风的盛行:士转化为平民阶级的上层,

---

① 孟宪承选编:《中国古代教育文选》,人民教育出版社 2003 年版,第 101 页。

并成为以脑力活动谋生的自由民,他们充当了学术下移的先锋。随着养士之风的形成,平民希望从师受教,私学应运而生,成为当时新的教育组织机构。最后是思想家的办学活动直接促进了私学的发展:儒墨道法,百花齐放,各有天地。正是这些因素的共同作用,促进了私学的形成与发扬。私学的兴起使学校摆脱了官方的束缚,打破了教育领域由官方独占的局面,使政教分离、官师分离,教师成为独立的职业,教育已演变为一项独立的活动。私立学校同样促进了教育内容与社会生活的紧密联系。私学更新了教育内容,更新了教育方式。不再局限于学习"六艺",而是培养各类人才,注重学术研究。私学的发展扩大了教育的对象,使学校向平民开放,进一步促进了学术下移。私学还促进了百家争鸣,各家各派的教育理论和教育经验在此发扬光大,成为中国教育的独特气质。总而言之,私学的产生和发展开辟了教育历史的新纪元。

在私学中比较有名的是战国时期齐桓公创办的稷下学宫。稷下学宫,一所独特的教育机构,由官方创办却由私人主导。作为东方文化教育与学术研究的核心,它不仅体现了战国时期百家争鸣的盛况,也是教育史上的一项重要创新。稷下学宫对我国文化、学术及教育领域的发展产生了深远的影响。它的存在,推动了战国时期思想学术的繁荣,孕育了中国古代知识分子的独立与创新精神,是私学发扬的最佳典范。

宋元明清时期,私塾兴盛。私塾为我国古代民间私人创办的蒙学的统称,是对儿童和青少年进行启蒙和基础教育的教育组织,主要承担识字、写字、阅读、作文和封建道德教育的责任。私塾的类型主要包括家塾、学馆、义塾和专馆,私塾对学生入学的年龄、学习内容以及教学水平等方面,并没有统一的要求和规定。教学时数一般因人因时而灵活掌握。私塾极为重视儿童的德育培养,强调孩子们应养成优秀的道德品质和健康的生活习惯。私塾的存在促进了官学之外社会教育和家庭教育的发展,为学龄学生的道德发展和思想文化奠定了不可忽视的基础。

从诞生于夏、商、西周时期的官学教育和家庭教育，到春秋战国时期的私学教育，再到贯穿中华文明始终的私塾教育，我国教育的场所可谓是多种多样、丰富多彩。自古以来，学校教育、家庭教育和社会教育一直紧密地联系在一起，彼此影响，互为补充。不同类型的教育在我国整个教育发展历史中发挥着自身独特的、不可替代的作用，它们共同滋养着一代代的莘莘学子，共同创造着灿烂的中华文明。

二、以家风家训为载体的家庭教育思想

家风是家庭发展的产物，家庭的发展也离不开家风的助推。家风通过相对隐性的逻辑理路，总结和凝练家庭绵延且稳定的言行，影响、指引并制约家庭成员的知与行，以此实现具体家庭的立体、多维式发展。[①] 我国古代家风形式多种多样，内容可谓丰富多彩，家风是一个家族的文化体现，是家庭中珍贵的精神遗产。从"小家"的层面来看，良好的家风有助于传递积极的价值观和道德观念，包括诚实、正直、尊重、责任感等。家庭成员在这样的氛围中长大，更有可能成为品德良好、社会责任感强的个体。良好的家风有助于建立健康、积极的人际关系。家庭成员在尊重和关爱的环境中学会与他人相处，这将影响他们在社会中建立友谊和合作关系的能力。良好的家庭环境有助于提高个体的教育成就。在这样的家庭中，家长通常更注重教育，鼓励孩子追求知识和发展个人潜能。良好的家风还有助于代际传承积极的价值观。这样的传承可以在家族中延续，形成一种良性的文化传统。总体而言，良好的家风对于个体的道德发展和家庭的和谐关系都具有深远的影响。从社会和国家的层面来看，弘扬良好家风有助于培养社会的和谐氛围。在家庭中学到的互相尊重、理解和支持的价值观能够扩展到整个社会，促进社会成员之间的良好关系。良好的家风有助于培养社会成员的良好道德品质。这对于社会的整

---

① 　陈波、郭瑞达:《论家风的起始、变易与效用》,《江汉论坛》2023 年第 12 期。

体道德建设至关重要,有助于减少不良行为,形成诚实守信的社会氛围、维护公共秩序等。良好的家风有助于增强社会的凝聚力。共享相似价值观的家庭成员更容易形成社群,有助于社会的团结和凝聚。良好的家风是一种文化传承的方式,通过代际传承,有助于形成积极向上的文化传统,丰富社会和国家的历史文化底蕴。

传统家训是中国人的家庭教科书,传统家训文化是中华优秀传统文化中极具特色的部分,家训教化是引领家人子弟践行家庭道德、促进家庭和谐稳定的重要路径,也是形成良好家风的基本条件。[1] 家训涵盖的内容十分广泛,最重要的训诫内容当属教导子孙后代如何处世立身与持家立业。在我国古代,很多大家、名家都有自己的家训。家训有助于培养家庭成员的良好道德品质。通过家训,家长可以强调诚实、守信、尊重等道德准则,帮助孩子建立正确的道德观念。家训可以为家庭成员提供行为规范和行为准则。这有助于形成家庭内部的秩序,促使成员遵循一定的家规,维护家庭的和谐。家训有助于激发对子女教育的重视。家长通过家训可以鼓励孩子追求知识,培养学习的兴趣和习惯,提高教育成就。家训同样是文化传承的一种方式,通过家训,家庭能够传递自己的文化传统、价值观念、习俗等,保持家族文化的延续。总之,家训在塑造家庭文化、培养个体品质、维护家庭和谐等方面发挥着重要的作用,有助于构建良好的家庭氛围。

我国古代历史上比较著名、影响深远的家训主要包括《颜氏家训》《朱子家训》《曾国藩家训》等。它们都深受儒家思想的影响,强调孝道、忠诚、正直等传统的儒家价值观,致力于培养家庭成员的道德品质。几部家训还特别强调孝道,认为子女应该尊敬父母,孝顺长辈。孝道作为中国传统家庭伦理的核心之一,对于维系家庭和谐有着重要作用。同时,它们都重视家庭教育,强调父母对子女的教育责任。它们还很注重教育,关注培养子女的品德和学问,倡

---

① 陈延斌:《传统家训修德教化:内涵、路径及其借鉴》,《甘肃社会科学》2023 年第 2 期。

导家长在子女成长过程中的积极引导。在家庭关系上,它们都强调家庭成员之间的和谐相处,提倡夫妻关系的亲密、兄弟姐妹之间的团结。通过维护家庭关系,促进整个家庭的和谐。它们还具有极高的文学价值,都以文学的形式呈现,包括诗歌、散文等文学形式。这种文学性的呈现方式使得家训更易于传承和理解。

总而言之,家风和家训都对教育有着深远的影响,它们在塑造个体品格、端正价值观念、规范道德行为、培养礼仪规范等方面发挥着重要作用。作为家庭教育的一种形式,家风和家训的存在和传承潜移默化地传承着中华优秀传统文化、塑造着中华民族的品格、增强着中华民族的向心力和凝聚力。

三、以"教化民众"为目的的社会教育理念

"有教无类"思想是孔子的教育理念中的一个重要观点,强调教育应该是普遍的、不分阶级和身份的。"有教无类"既不属于精英教育,也不能被解释为平民教育,而更接近一种公民道德教育,其目标不是站在统治者维度的"化民成俗",而是培养"君子"。① 所以,从教育目标和受众人群的角度来看,"有教无类"思想其实是一种普遍的社会教育。它鼓励对民众进行教化,鼓励营造出一种人人君子的社会。

具体而言,孔子的"有教无类"主张教育应该是平等的,不应该因为一个人的社会地位、财富或家庭背景而受到限制。每个人都有接受教育的权利和机会,而这个权利不应该受到社会地位的制约。他还强调教育的价值,认为个体的品德和能力不应该由出身来决定,而是应该通过良好的教育来培养。个体的潜能是可以通过教育激发和发展的,而这与社会地位无关。孔子注重德育,认为通过教育可以培养人的道德品质。他的教育理念强调培养人的仁爱之心、孝悌之德等传统的儒家价值观,这是不分阶级和身份的通用道德。他还

① 洪澄:《孔子"有教无类"思想重构及其现代意义》,《华东师范大学学报(哲学社会科学版)》2023 年第 3 期。

提倡智德并重，认为教育不仅仅是传授知识，更是培养德才兼备的人才，强调在培养人才的过程中既要注重知识的传授，也要注重品德的培养。孔子的"有教无类"思想体现了对教育的社会责任感，体现了他对教育的民主和平等观念。这一思想对后来的儒家教育传统产生了深远的影响，成为中国传统教育思想中的重要组成部分。这也成为我国古代学校家庭社会教育体系的指导思想，代代传承，深入人心。

践行"教化民众"思想最彻底的莫过于我国古代的科举制度。科举制度的创置改变了察举制"以德取人"的旧制，变为"以文取人"，打破了魏晋以来的门第限制。① 科举制度虽然存在弊病，但也确实在传播文化、教化民众、普及社会教育等方面产生了不可磨灭的影响。科举制度通过考试选拔人才，不论出身背景，为全国范围内的人提供了平等的机会。由于科举制度的存在，许多人为了参加科举考试而接受教育。这导致了文化教育的普及，人们对文学、历史、经典等领域的知识有了更深的了解。科举考试的科目广泛涵盖了儒家经典，推动了儒家文化的传播。由于科举选拔官员的标准是基于知识和才能，这有助于提高官员的素质和能力。官员在选拔过程中需要展示卓越的文学、政治和行政才能，从而为政府提供了更加能干的领导层。科举制度的存在促使人们竞争，争取更好的教育和更高的社会地位。科举考试主要基于儒家经典，基于这一制度的存在，传统文化得到了传承。这对于中华文化的延续和弘扬具有重要的意义。总体而言，科举制度在中国古代社会中不仅是选拔官员的手段，更是对全民学习、教化民众产生深远影响的机制。历朝历代的学子通过个人学习、家庭学习、社会学习和学校学习的方式学习知识，增长本领，形成了以个人—家庭—社会—学校为体系的充满活力的学习氛围，努力为自己求功名、为国家谋发展。

---

① 金滢坤：《"惟齐非齐"：论中国科举考试变革中的"至公"与"选人"得失》，《甘肃社会科学》2023 年第 6 期。

第二节　清末民初学校家庭社会协同育人相关思想

近代以来,随着国门洞开和"西学东渐"的影响,特别是在思想界掀起的五四新文化运动中,大量新思想、新思潮被引进中国,其间对世界各国各种教育理论的吸收和传播,对我国文化教育的发展产生了深刻的影响,为我国学校家庭社会协同育人观念和理论的现代化发展奠定了坚实的基础。

一、梁启超的"新民"教育思想

通过对中国旧伦理与泰西新伦理的淬砺采补,梁启超的新民伦理涵括了"国家认同类""个人自觉类""社会合群类"三个维度的道德观念与价值取向,旨在探求一种能够契合中国社会需要且可以服务于世界文明的"新民"人格。[①] 这恰好契合当时的社会教育,目的是以新的思想培育新的社会公民,从而救国家和社会于危难,改变当时的社会现状。

梁启超认为国势的强弱与人民的受教育程度紧密相关,并明确地将"开民智"与"兴民权"联系起来,揭示了专制与愚民、民主与科学的内在联系。梁启超认为,教育的目的是培养"新民"。"新民"是指具有公德与私德、民主主义与国民理想、竞争与进步思想、进取和冒险的精神、权力和自由思想、社会功利主义和经济思想等的新公民。[②] "新民"教育思想注重个体发展。他还认为,教育的目的是培养全面发展的个体,而不仅仅是灌输知识。他强调培养学生的创造性思维、独立性格和实践能力,使其成为具有自主精神的新型公民。梁启超还主张民主平等的教育,认为教育应该面向全体人民,而不是局限于特定的社会阶层。他主张废除科举制度,推崇平等机会,让每个人都有接受教育

---

① 徐亚州:《梁启超新民伦理思想及其价值研究》,《伦理学研究》2023 年第 6 期。
② 解维:《梁启超"新民"与"群治改良"之异名实同》,《学术探索》2023 年第 4 期。

的权利。梁启超还认为教育应该注重培养国民精神,使人们有国家责任感和社会责任感。他主张在教育中弘扬爱国主义、社会责任感、民族精神等价值观。同时,教育应该注重实用性,培养适应社会需要的人才。提倡注重职业教育,使学生能够更好地适应社会的发展和变化。教育是社会变革的重要手段之一,他主张通过教育来促进社会的进步和民族的振兴。在他看来,要想实现国家的独立和富强,必须进行教育的革新。

梁启超的"新民"教育思想体现了对传统文化与现代文明的整合,注重个体的全面发展和社会责任感的培养,强调教育与社会改革的密切关系。这些思想对中国近现代教育理念的形成和发展产生了积极的影响。

除此之外,梁启超还在《变法通议·论女学》中系统地论述了女子教育问题,从女子自养自立、成才成德、教育女子、实施文明胎教等方面揭示了女子教育的重要性。"天下积弱之本,则必自妇人不学始"[1],将女子教育与国家兴亡提高至同等高度,认为女子受教育会增长见识,促进家庭和睦。更为重要的是,女子接受教育后更便于日后教育子女,提供良好的家庭教育环境。他反对封建社会对女性的传统束缚,主张女子应该有接受教育的权利,认为女性和男性一样应该有机会获得知识和发展自己的才华。梁启超主张培养女性的独立思考能力,使她们具备更广泛的知识和技能,不仅能够在传统女性职业中脱颖而出,还能够涉足更广阔的领域,为个人的发展和社会的繁荣贡献力量。梁启超并非只看重女性的教育对个体的影响,他同时关注女性在家庭和社会中的责任。他认为,通过教育培养的女性可以更好地履行家庭责任,同时也能更有力地参与社会事务,为国家和社会作出贡献。梁启超通过考察世界各国的情况得出结论:女子教育的进步水平是衡量一个国家实力强弱的重要指标。为了挽救民族危亡,实现从衰弱到强大的转变,中国必须大力推动女子教育的发展。在 1898 年,他积极投身于中国第一所女子学校的筹备工作——经正女

---

[1] 梁启超:《变法通议·论女学》,华夏出版社 2002 年版,第 87 页。

学，通过这一实际行动促进了女子教育的进步。

梁启超倡导发展女子教育是在当时社会风气和封建思想的背景下的一种先进思想。他对女子教育的关注反映了对平等和社会进步的追求，为后来中国女子教育的发展奠定了一定的基础。然而，在实际执行过程中，女子教育的普及仍然面临着一些困难和挑战。

总体而言，梁启超提出来的一系列新思想都有益于当时的社会教育。不论是新民思想，还是女子教育思想，都在为扩大社会教育基础、普及教育作出贡献。

二、陈鹤琴的家庭教育思想

陈鹤琴在《家庭教育》中写道："一个人知识丰富与否、思想发展与否、良好习惯养成与否，家庭教育应负完全的责任。"①陈鹤琴强调家庭是孩子最初的学习场所，是孩子性格、情感和品德养成的重要环境。他认为，家庭教育应该从孩子出生开始，并持续贯穿整个成长过程。父母是孩子最重要的教育者，他们的言传身教对孩子的成长影响深远。他强调父母应该以身作则，注重自身的修养和品德修养，成为孩子的良师益友。陈鹤琴主张在家庭教育中注重温情和关爱。他认为，父母应该尊重孩子的个性和情感需求，给予他们足够的关爱和支持，建立积极的亲子关系。同时，陈鹤琴强调在家庭教育中应该注重品德教育，培养孩子正确的价值观和道德观。他认为，家长应该通过日常生活中的言传身教，教育孩子学会诚实、守信、尊重他人等品德美德。如"做父母的应当教训小孩子顾虑别人的安宁"，强调"今日之孩童不能顾虑他人的安宁，则他年之成人即将侵犯他人的幸福"，"对于教育小孩子，做父母的最好用积极的暗示，不要用消极的命令"②等。陈鹤琴主张在家庭教育中采用启发式

① 陈鹤琴：《家庭教育（第二版）》，华东师范大学出版社 2013 年版，第 81—82 页。
② 黄书光：《中国家庭教育的奠基与现代意义——陈鹤琴〈家庭教育〉的学术旨趣及其现代价值》，《当代青年研究》2012 年第 9 期。

教育方法,激发孩子的兴趣和求知欲。他认为,家长应该给予孩子足够的自由和空间,让他们自主探索和学习,培养他们的创造力和独立思考能力。他还认为,家庭教育的最终目标是培养孩子健康、快乐、有责任感的人格,使他们成为对社会有益的公民和家庭的支柱。

陈鹤琴的家庭教育思想融合了中国传统文化中的家庭伦理观念和现代教育理念,强调父母的责任和义务,在中国教育界产生了广泛的影响。他的理论为中国家庭教育提供了重要的指导,对于促进家庭和谐、促进学校家庭社会的合作具有重要意义。

三、晏阳初的平民教育思想

晏阳初是世界平民教育与乡村改造运动的倡导者,他提出的平民教育思想在普及学校教育、社会教育和家庭教育方面发挥着重要作用。

通过对中国农村问题的考察,他认为当时中国农村的问题是:愚、穷、弱、私。"我三万万以上的同胞却是目不识丁的文盲,连最起码的求知识的工具都没有掌握,又如何能改进自己的生活,如何能充当 20 世纪共和国的主人翁呢?"①基于此,晏阳初主张推进"四大教育":通过生计教育来克服贫困,提升人们的生产力;通过文艺教育来消除无知,增强知识能力;通过卫生教育来改善体弱状况,培育健康体魄;通过公民教育来克服自私,增进团结协作能力。实施"四大教育"需借助"三大方式":学校教育、社会教育和家庭教育。这三者完美契合了学校、家庭和社会共同育人的教育模式。

在当时的社会条件下,晏阳初的平民教育与乡村改造方法论着眼于农村社会实际的整体改造,凝结着立足实际、融会贯通、开拓创新的思想结晶。这一标新立异的改革思路无疑是对脱离实际、空疏泛用的封建旧教育的强有力的冲击,同时也折射出思考教育与改革的更深刻的研究视角。学校家庭社会

---

① 周逸先:《晏阳初平民教育与乡村改造方法论初探》,《高等师范教育研究》2002 年第3 期。

协同育人离不开社会成员的广泛配合,他们的配合又离不开对其进行相关教育与倡导,只有这样,才能使平民教育和乡村改造真正成为民众化的事业。

四、陶行知的生活教育思想

1926 年,陶行知为中华教育改进社起草《改造全国乡村教育宣言书》,提出"筹募一百万元基金,征集一百万位同志,提倡一百万所学校,改造一百万个乡村"。在 1927 年的春天,他在南京和平门外的晓庄创立了晓庄试验乡村师范学校,该校后来更名为晓庄学校。他确立了"生活即教育""社会即学校"以及"教学做合一"的生活教育理论,并亲自进行试验。他期望通过乡村教育的途径,探索出改造中国教育和社会的可行之路。这无疑是当时时代条件下促进学校家庭社会协同育人的时代强音。

陶行知虽受教于美国实用主义教育家杜威,但他不是简单地照搬杜威的教育思想,而是有分析有批判地吸取其合理的部分,做到洋为中用,即把杜威的"教育即生活""学校即社会"颠倒过来,主张"生活即教育""社会即学校",并不是把教育和生活完全等量齐观,把教育低级化,更不是对杜威"教育即生活"的简单翻版,其实质在于突出教育与生活的共通共融之处,立足于实践,服务于大众。

陶行知主张通过实际的生活经验来进行教育。他认为,学生应该通过亲身参与和实践,通过观察、体验和实际操作来获取知识,而不仅仅是被授予知识。陶行知强调生活本身就是最好的教育场所。他认为学校应该是一个模拟社会的地方,让学生在这个小社会中学会合作、理解他人和解决实际问题的能力。陶行知提倡实用主义的教育观,强调教育应该服务于实际生活。他认为学校教育应该紧密结合社会需求,培养学生实际应用知识的能力,使他们在离开学校后能够更好地适应社会。陶行知认为,教育的目标不仅仅是传递知识,更重要的是培养学生的品德和人格。他提倡培养学生的社会责任感、团队协作精神以及对社会的批判性思考。陶行知注重个体差异,他认为每个学生都有自己的兴趣、天赋和发展潜力。因此,他主张采用灵活的教学方法,关注每个学生的个性发展,帮助他们发掘自己的潜能。陶行知强调学生要参与社会实践,通过社会实践活动来学习和应用知识。他认为,通过参与社会活动,学生能够更好地理解社会,增强社会责任感,并在实际生活中培养实用技能。

陶行知的生活教育思想强调了教育的整体性,他将学习与实际生活联系起来,注重培养学生的全面素养。这对于学校家庭社会共同合作培养有着深远的启示,即通过提倡实际行动和实践,促使学生在日常生活中更好地发展和成长。

第三节　中国共产党学校家庭社会协同育人机制政策的萌芽

从 1921 年中国共产党成立至 1949 年中华人民共和国成立,在中国共产党领导下建立起来的农村革命根据地、抗日根据地和解放区都形成了富有特色的教育形式,并收获了丰富的、有益于抗战胜利后的学校家庭社会教育经验。

一、革命根据地的干部教育

革命根据地的干部教育是指在中国革命时期,特别是在中国共产党建立的革命根据地内,对干部进行培训和教育的一系列活动。这一时期,中国共产党在农村建立了一系列的革命根据地,这些地区成为党的军事、政治和经济活动的重要阵地。苏区进行的学校教育必须围绕着革命战争和阶级斗争,为培养领导广大人民群众进行斗争的领导干部和提高军队的政治、文化和军事素养,党和苏维埃政府在中央革命根据地创办了很多干部学校,包括红军大学、苏维埃大学、马克思共产主义大学、中央农业学校、中央列宁师范学校以及其他许多干部学校和干部训练班。[①]

---

① 全国人大图书馆编:《中华苏维埃代表大会重要文献选编》,中国民主法制出版社 2019年版,第 416 页。

干部培养是整个抗日战争时期最迫切、最重要的任务,各解放区都提出了"干部教育第一"的口号。干部教育主要分为在职教育和学校教育两种。在职教育的目的是在不耽误革命工作的情况下,提升干部的理论水平和政治水平,各地都坚持实行每日两小时的学习制度,根据干部自身的情况开展政治、文化等方面的学习。对新干部的培养则是在新建的许多干部学校和干部训练班中进行的,比较著名的有抗日军政大学、延安大学、中国女子大学等。革命根据地的干部教育注重培养共产主义战士的政治觉悟和思想品质。干部学习马克思列宁主义、毛泽东思想,深入理解共产主义理念,认识到农民群众的利益与党的革命目标的密切关系。革命根据地的干部教育强调军事素养的培养。干部接受军事理论的系统培训,学习游击战、运动战等战术,提高他们在军事指挥和作战中的能力。干部教育注重培养其与农村群众沟通、建立联系的能力。他们学会了农村调查研究、农民动员、土地改革等群众工作的技能,以便更好地开展党的群众工作,争取农村群众的支持。干部教育注重培养其组织建设能力和领导力。干部需要学会建立党组织、领导地方政权、协调各方面工作,同时还要具备调解纠纷、解决实际问题的能力。在农村根据地,农业是革命的重要基础。因此,革命根据地的干部教育也包括对农业知识和经济建设的培训,以便更好地指导农村经济建设工作。干部教育注重实际操作和体验,鼓励干部走入农村实地学习,亲自参与群众工作和农村建设,通过亲身经历加深对实际问题的理解。

革命根据地的干部教育帮助中国共产党在革命根据地内培养了一大批政治坚定、军事过硬、群众基础牢固的优秀干部。这些干部在中国革命的过程中起到了关键作用,他们用所学知识促进了党的事业的伟大胜利。干部教育是学校教育和社会教育的缩影,是在当时艰苦的时代背景下对教育体系的维系和培养干部的良方,为抗战胜利以后中国共产党干部培训提供了实用的经验,也为以后学校教育和社会教育的继续开展奠定了坚实的基础。

二、革命根据地和解放区的群众教育和学校教育

中国共产党在革命根据地和解放区,开展了广泛而深刻的群众教育和学校教育工作。放在中国学校家庭社会协同育人的进程上来看,也可以看作是当时的社会教育和学校教育。这些教育的目标是普及文化、提高人民素质、加强革命意识,为农民和劳动人民提供更多的知识和技能,同时巩固党的基层组织,为社会主义事业打下基础。

1947 年东北行政委员会在《关于教育工作的指示》中明确指出:"今天中等教育工作,是群众工作,又是教育工作。目的是改造学生思想,使之走上革命的道路,变成革命的知识分子,就是要把青年学生培养成为干部的后备军。"[①]关于民众教育,鉴于苏维埃根据地经济与文化发展的滞后性对根据地的进步构成了障碍,苏维埃政府采取了一系列积极措施,旨在帮助民众提高文化素养和识字能力。苏区的成人教育分为军队教育和地方教育两种形式,教育方式灵活多变,其将土地革命和马克思主义的传播与普及性的识字及文化学习运动相结合,利用农闲时间开展文化教育活动。抗日根据地的教育延续了苏区时期的传统,主要形式包括冬校、夜校、雨校、半日制识字班以及民众教育馆等。至于小学教育,苏维埃政府对所有儿童,不论性别或出身,均提供免费的义务教育。然而,在当时国内战争的背景下,小学教育优先确保劳动工农子女能够接受免费的义务教育。苏区的小学入学率相对较高,教材内容注重体现苏维埃教育的总体方针,强调政治思想和革命意识的培养。抗日根据地的普通教育同样以小学教育为主,中学教育资源相对匮乏。中等教育机构主要是师范学校,其他招收小学毕业生的学校也主要以培养地方干部为目的。抗战胜利后,为满足建设需求,1948 年秋季,随着解放事业的深入发展,新的形势要求教育事业既要满足解放战争对各类干部的迫切需求,也要为顺利接

---

① 北京师联教育科学研究所:《新民主主义时期教育实践与教育理论文献选读(第五卷)》,中国环境科学出版社 2006 年版,第 221 页。

管各地乃至全国政权以及新中国成立后的经济建设培养后续人才。因此,华北、东北、山东等解放区召开了专门的教育会议,重点讨论了教育正规化问题,普遍认为应当建立规范化的教育体系,创办正规学校,重视文化科学知识的学习。教育正规化问题的提出与实施,标志着教育事业开始有意识地从服务于革命战争向服务于和平建设事业转变。

革命根据地和解放区的群众教育和学校教育是一项全面而深刻的工作,为当地的人民提供了更多的教育机会,推动了农村文化和经济的发展。这一时期的努力为后来的社会主义建设奠定了基础,并在一定程度上改善了农村居民的生活状况。从学校家庭社会协同育人的角度来看,这一时期的群众教育和学校教育也是社会教育和学校教育协同发展在这一时期的体现,为后来的学校家庭社会协同育人体系奠定了坚实的时代基础。

三、革命根据地的家庭教育

家庭教育在革命时期发挥着至关重要的作用,老一辈无产阶级革命家在继承中国传统家庭教育观念的基础上,以马克思主义家庭教育理论为指导对新一辈进行家庭教育。徐少锦、陈延斌总结了中国共产党人的家庭教育思想,分别为:常反省,"过好政治关"修养心性,向高标准看齐、与传统陋习决裂,倡导社会新风、勤奋好学,做建设者,"不靠关系自奋起,做人生之路的开拓者""要接班不要接官""勤俭节约,艰苦奋斗"①。

革命根据地的农民在共产党的组织下,接受了马克思主义、列宁主义等理论的教育。这种政治思想的传播对家庭教育产生了深远的影响,使农村家庭的思想觉悟得以提升。为了普及文化教育,一些地方建立了家庭学校,旨在为农村儿童和成年人提供基础教育。这些学校通常由地方政府或共产党组织管理,通过识字、基础数学等课程提高农民的文化水平。革命根据地时期还很重

---

① 徐少锦、陈延斌:《中国家训史》,陕西人民出版社2003年版,第768—777页。

视妇女解放运动,推动了妇女教育的开展。妇女在家庭中扮演着重要的角色,她们思想觉悟的提高对整个家庭的教育环境无疑产生了积极的影响。除此之外,共产党通过组织文艺晚会、宣传队伍等方式,将先进的文化观念传递给农民,使他们在家庭教育中能够更好地传承革命的精神。

在这一时期,一些传统的封建观念受到挑战,人民的思想觉悟得到提升,文化教育得到了一定程度上的普及,家庭教育也相应得到了发展。这一时期的家庭教育不论是从内容上还是从形式上,无疑都在为发展我国的家庭教育、塑造当代中国人的精神内核奠定时代基础。

第四节　新中国成立以来学校家庭社会协同育人的政策历程

学校家庭社会协同育人在我国经历了初步萌芽、逐步确立、积极推进三个阶段。[①] 在初步萌芽阶段,人们开始意识到学校、家庭、社会在青少年成长中的共同作用,并尝试进行一些零散的探索与合作,随着教育理念的不断进步与社会的发展,协同育人的理念逐渐得到更广泛的认可,并逐步进入确立阶段,相关政策及制度逐渐丰富,为学校、家庭、社会三方提供了更为明确的合作框架和指导。到了积极推进阶段,政府、学校、家庭和社会各界都加大了对协同育人的重视和投入,各方之间的合作更加紧密和深入,共同为培养德智体美劳全面发展的社会主义建设者和接班人贡献力量。

一、学校家庭社会协同育人机制政策的初步萌芽(1949—1977 年)

从 1949 年至 1977 年,在中国共产党的领导下,学校家庭社会协同育人初

---

① 边玉芳、周欣然:《我国 70 年家校合作:政策视角下的发展历程与未来展望》,《中国教育刊》2021 年第 3 期。

步萌芽,在这一过程中,对于家校合作的认识与要求同社会和时代的发展紧密联系,家庭教育从私人领域向公共事务转变。在这一时期,学校、家庭与社会在育人方面积累了丰富的实践经验,并为后续推进学校、家庭与社会协同育人事业奠定了坚实的基础。新中国成立之初,我国教育事业正处于规范与探索时期,此时期已基本确立家庭与学校的合作关系,但并未形成有系统、有规划的学校家庭社会协同育人体系。

1950 年颁布的《中华人民共和国婚姻法》明确指出,父母对子女负有抚养和教育的责任,这是新中国成立以来首次在法律层面上对家庭对子女教育责任的明确规定。其中明确指出不仅学校,父母对于子女也有教育的义务。1951 年颁布的《政务院关于改善各级学校学生健康状况的决定》指出,学校与家庭对于儿童成长应负的责任。具体体现在文件指出"小学和幼稚园尤应与家长取得密切联系,提高他们对子女健康的注意。学校招考新生时,必须注意体格检查",并要求学校方面"与学生家庭建立联系,协助家长注意子女的营养"。[1] 学校因现实需要而开展的家校联系,力度相对较弱,家庭参与程度也较浅。1952 年颁布的《小学暂行规程(草案)》与《中学暂行规程(草案)》是新中国成立后我国首次在正式文件中对家校合作事宜作出专门部署。[2] 两份《规程》均通过家长委员会的方式使得家庭与学校联系更为密切。如《小学暂行规程(草案)》第三十八条指出,"小学应成立家长委员会,由家长代表、教育委员、校长等组成。定时举行会议,反映家长对学校的意见,听取学校的工作报告,以密切家庭和学校的联系并协助学校解决困难。其决议由校长采择施行。"[3]《中学暂行规程(草案)》也提出"各校得于每学期开始与终了时邀请学生家长举行学生家长会议,由校长报告本学期教育计划及工作总结,并征

---

① 中国教育年鉴编辑部:《中国教育年鉴(1949—1981)》,中国大百科全书出版社 1984 年版,第 873—874 页。

② 黄河清:《家校合作导论》,华东师范大学出版社 2008 年版,第 120 页。

③ 顾明远:《世界教育大事典》,江苏教育出版社 2000 年版,第 761 页。

询家长对学校工作的意见。"①两份《规程》提出学校与家庭联系的要求,使家长帮助学校解决了一些学生发展过程中的难题。1955年,《中央卫生部党组关于节制生育问题向党中央的报告》提到:"我们适当地提倡节育,丝毫不意味着父母对孩子不负责任或减轻了抚养新生一代的重要性。把孩子们的生活、教育管理得更完善,使他们的身体健壮,受到更好的教育,这正是我们的责任。"②这一文件进一步说明父母对于孩子发展的重要性,并明确了家庭在孩子发展过程中的重要性与责任。同年,教育部发布的《小学语文教学大纲草案(初稿)》也因语文教学的现实需求,提到"要与儿童家长合作、做好课外阅读指导"。

在不懈的努力与尝试下,"家庭与学校共同教育学生"的理念在这一时期开始初露端倪。这主要反映在家访、家长会等家校互动形式的出现。如1963年印发的《全日制小学暂行工作条例(草案)》和《全日制中学暂行工作条例(草案)》明确要求学校要"通过采取家庭访问或举行家长会等方式,同学生家长保持联系,共同教育学生"。然而,由于历史原因,上述规定并未得到执行。并且值得说明的是,直至1978年,两项工作条例被修订为《全日制小学暂行工作条例(试行草案)》与《全日制中学暂行工作条例(试行草案)》,但也只是在部分地区讨论试行。③

从国家文件颁布与家校协同育人实践推进进程来看,我国已意识到家庭、学校对于学生发展的重要意义,也已经明确家庭、学校二者在教育中的关系,并以各类文件逐步明确学校家庭社会协同育人的方向。但总体上并未形成系统化的育人体系,学校家庭社会协同在本阶段依然只处于萌芽阶段。

---

① 黄河清:《家校合作导论》,华东师范大学出版社2008年版,第120页。

② 中共中央文献研究室编:《建国以来重要文献选编》第六册,中央文献出版社1993年版,第339页。

③ 顾明远:《世界教育大事典》,江苏教育出版社2000年版,第797页。

二、学校家庭社会协同育人机制政策的逐步确立(1978—2011 年)

改革开放之后,我国进入经济与社会快速发展时期,为教育提供了良好的发展基础,教育发展也逐渐步入正轨。在这一阶段,我国开始重视学校家庭社会在育人环节上的互相配合。且儿童教育与保护事业正受到前所未有的重视,学校、家庭与社会三方协同育人的发展亦已步入国家主导的推进阶段。相较于学校、家庭与社会协同育人机制的初始萌芽时期,当前逐步确立的协同育人政策为学校、家庭和社会三者在教育过程中的互动提供了明确的规范。家校合作,作为构建优质育人环境的关键举措,得到了显著的重视,特别是在德育工作的需求推动下,相关要求频繁地出现在中央政府的政策文件中。与以往相比,实施家校合作的力度有了显著的提升,并更加强调学校家庭社会三者结合。

(一)学校家庭社会协同育人机制政策演进过程

此阶段学校家庭社会协同育人机制政策重视全社会参与教育,引导各方与教育形成合力,并逐步提出了"社会教育、家庭教育与学校教育三结合"的概念。具体以《中共中央关于改革学校思想品德和政治理论课程教学的通知》(1985 年)、《中共中央关于改革和加强中小学德育工作的通知》(1988 年)、《中共中央关于进一步加强和改进学校德育工作的若干意见》(1994 年)为代表。在 1987 年颁布的《中共中央关于改进和加强高等学校思想政治工作的决定》中明确指出,"各高等学校要加强与社会各界和学生家长的联系,听取意见,得到他们的配合与帮助,共同为培养新一代德才兼备的知识分子而努力。"①该文件进一步强化了教育与学校、家庭以及社会之间的联系。为满足

---

① 中共中央文献研究室编:《十二大以来重要文献选编》(下),人民出版社 1988 年版,第 1423 页。

现实需要,1988 年颁布的《中共中央关于改革和加强中小学德育工作的通知》中指出"社会和家庭教育同学校教育配合不够,对为青少年儿童健康成长创造良好的社会环境还缺乏统一认识和有力措施"。① 这一文件旨在调动学校家庭社会各界为孩子成长发挥积极作用,并形成利于孩子成长的良性社会氛围,引导全社会都应关心孩子的成长。1992 年发布的《九十年代中国儿童发展规划纲要》为保障儿童健康成长与发展对学校、社会、家庭做出具体规定,提出要"发展社区教育,建立起学校（托幼园所）教育、社会教育、家庭教育相结合的育人机制,创造有利于儿童身心健康、和谐发展的社会和家庭环境"。② 1993 年颁布的《中国教育改革和发展纲要》除了继续强调"全社会都要关心和保护青少年的健康成长,形成社会教育、家庭教育同学校教育密切结合的局面"③以外,还要求学校教学与管理方面的文件也要开始强调家校合作。

此阶段,在学校家庭社会协同育人的推进下,我国家庭教育中的种种现实问题,"学校指导家庭教育"家校合作已成为新时代教育的重要任务,家长与学校之间的合作模式正迅速发展。在当前阶段的众多政策文件中,不仅强调了加强家庭与学校之间的联系,还明确提出了"指导家庭教育"的要求。尤其家庭教育方面出现了专门化、具体化的政策指导方案。如 1994 年发布的《中共中央关于进一步加强和改进学校德育工作的若干意见》就要求"学校要通过家长委员会、家长学校、家长接待日等多种形式与家长建立经常联系,大力普及家庭教育知识"。而家长学校这一合作形式也自 1992 年国务院发布《九十年代中国儿童发展规划纲要》开始,在"建设多元化家长学校机制"的指导下得到快速发展,有《全国家庭教育工作"九五"计划》（1996 年）的颁布。并

---

① 《中共中央关于改革和加强中小学德育工作的通知》,《中华人民共和国国务院公报》1988 年第 28 期。

② 中国学前教育研究会:《中华人民共和国幼儿教育重要文献汇编》,北京师范大学出版社 1999 年版,第 331—332 页。

③ 中共中央文献研究室编:《十四大以来重要文献选编》(上),人民出版社 1996 年版,第 80 页。

从 1996 年开始,全国妇联、国家教委对家庭教育每五年颁布"五年计划",对家庭教育进行指导,具体包括家庭教育目标、家庭教育措施、家庭教育开展方式等。1997 年国家教育委员会和全国妇联共同发布了《家长教育行为规范(试行)》,提出加强对学校家庭社会相互培养、协同合作的要求。在政策的不断推进与规范调整下,学校家庭社会协同育人体系逐渐建立与完善。1998 年《全国家长学校工作指导意见(试行)》等文件进一步促进其建立和发展。随着学校家庭社会协同育人机制的不断完善,协同育人能够参与更多的教育问题并为教育问题的解决提供现实路径。如 2000 年教育部下发的《关于在小学减轻学生过重负担的紧急通知》要求"使更多的学生家长参与监督(小学教育)"①;2001 年国务院发布的《中国儿童发展纲要(2001—2010 年)》也提到"发挥学校家庭社会各自的教育优势,充分利用社会资源形成教育合力,促进学校教育、家庭教育、社会教育的一体化"。② 2001 年《国务院关于基础教育改革与发展的决定》提出要"重视家庭教育。通过家庭访问等多种方式与学生家长建立经常性联系,加强对家庭教育的指导,帮助家长树立正确的教育观念,为子女健康成长营造良好的家庭环境。工会、共青团、妇联等团体要开展丰富多彩的家庭教育活动。学校要加强和社区的沟通与合作,充分利用社区资源,开展丰富多彩、文明健康的教育活动,营造有利于青少年学生健康成长的社区环境"。③ 这一阶段的教育更加强调各方力量结合,形成全社会关心、支持教育的氛围。④

在此阶段,法律上也进一步规定并明确了家庭、学校与社会关于孩子发展

① 教育部网站:《关于在小学减轻学生过重负担的紧急通知》,见 http://www.moe.gov.cn/srcsite/A11/s7057/200001/t20000113_81788.html。

② 教育部网站:《中国儿童发展纲要(2001—2010 年)》,见 http://www.moe.gov.cn/s78/A06/jcys_left/moe_705/s3326/201001/t20100128_82004.html。

③ 中国政府网:《国务院关于基础教育改革与发展的决定》,见 http://www.gov.cn/gongbao/content/2001/content_60920.htm。

④ 中国政府网:《国务院关于基础教育改革与发展的决定》,见 http://www.gov.cn/gongbao/content/2001/content_60920.htm。

与培养的责任。这一阶段所颁布的多项法律确立了家庭与学校作为同等重要的两种力量，为家庭与学校之间的合作提供了法律上的支持。如1986年颁布的《中华人民共和国义务教育法》规定，"国家、社会、学校和家庭依法保障适龄儿童、少年接受义务教育的权利"①，并在2006年修订后从德育层面提出要"形成学校家庭社会相互配合的思想道德教育体系，促进学生养成良好的思想品德和行为习惯"。1991年颁布的《中华人民共和国未成年人保护法》同样提出了家庭与学校在教育与儿童保护方面的各自职责，使家庭与学校成为并列的两种力量，缺一不可。1995年颁布的《中华人民共和国教育法》对家庭与学校之间的互动关系进行了明确规范，规定未成年人的父母或其他法定监护人有责任与学校合作，共同对未成年子女或其他被监护人进行教育。同时，学校及教师亦有权向家长提供教育指导。2020年，十三届全国人大常委会第二十二次会议对《中华人民共和国未成年人保护法》进行了修订，重点关注网络保护方面的安全问题，且将家庭保护、学校保护、社会保护、政府保护的具体规定进一步明确化，根据时代的发展修正了学校、家庭与社会对未成年人的教育与保护责任，明确"未成年人的父母或者其他监护人应当学习家庭教育知识，接受家庭教育指导，创造良好、和睦、文明的家庭环境"。②

（二）贯彻落实学校家庭社会协同育人机制政策的实践

在国家高度重视与一系列学校家庭社会协同育人相关政策的推动下，全国范围内各省、市均出台有助于学校家庭社会合作的政策，并如火如荼地开展与学校家庭社会协同育人机制相关的实践，具体来说主要涉及家长学校、家长

---

① 《中华人民共和国义务教育法（1986年）》，见 http://www.edu.cn/edu/zheng_ce_gs_gui/jiao_yu_fa_lv/200603/t20060303_165119.shtml。

② 《中华人民共和国未成年人保护法》，见 http://www.npc.gov.cn/npc/c30834/202010/82a8f1b84350432cac03b1e382ee1744.shtml。

委员会、家庭教育等方面的内容。家校合作教育政策主要涉及家长学校的指导思想、工作目标、管理体制、办学经费、师资队伍与水平、考核标准、优秀家长学校评选、创建全国优秀家长学校实验基地等。例如在《关于全国家长学校工作指导意见》中，家长学校的性质是这样描述的：家长学校主要面向未成年人的父母及其监护人，旨在提升家长的素养和家庭教育能力，属于成人教育机构的范畴。根据《关于全国家长学校工作的指导意见》（2004年）的规定，家长学校需实施检查评估制度，相关具体措施已得到执行，并且评估结果将被纳入档案管理。随着我国对家庭教育重要性的认识不断深化，对家长学校的建设亦日益受到重视。在法律层面为家长学校确立基础，是其建设进程中的关键起点。1992年颁布的《九十年代中国儿童发展规划纲要》，规定从城市与乡村两个场域促进家庭教育发展。强调发挥城镇地区地方优势，并举办各级家长学校，同时以社区为单位为不同年龄阶段的家长提供家庭教育工作指导。在农村则通过建立"县—乡—村"三级家长学校与家庭教育辅导站来推广正确的保育与教育方法。① 1996年全国妇联和国家教委印发《全国家庭教育工作"九五"计划》，明确指出家长学校是普及家庭教育知识的有效途径，强调各级教育行政部门应恪尽职守，发挥引领作用，积极推广并指导家庭教育工作，推动各级各类家长学校的开展。

　　家长委员会方面，主要涉及家长委员会的总则、职责、组织原则、组织分层、委员资格、选举和管理制度、专业工作组、工作保障等方面，2012年《教育部关于建立中小学幼儿园家长委员会的指导意见》明确指出，必须充分理解建立家长委员会的重要性；界定家长委员会的基本职能；积极促进家长委员会的成立；确保家长委员会在支持学校工作中发挥积极作用；并为家长委员会的

---

　　① 中华人民共和国国务院：《九十年代中国儿童发展规划纲要》，见 https://hk.lexiscn.com/law/law-chinese-1-1873307.html。

建设提供坚实的支持①。例如,2010 年颁布的《国家中长期教育改革和发展规划纲要(2010—2020 年)》将"家长委员会"提升至现代学校制度的必要组成部分。在此之后,也陆续出台了一系列文件。2022 年 1 月 1 日,《中华人民共和国家庭教育促进法》正式施行,该法律的核心意义在于从法律层面确立了家庭教育的责任、国家对家庭教育的支持责任以及学校、家庭、社会三方协同育人的责任。2022 年 4 月 18 日,河南省教育厅发布了《河南省教育厅关于加强中小学家长委员会建设与管理工作的通知》(以下简称《通知》),《通知》强调:"各地各校应从满足人民教育需求的高度出发,以更大的热情、更有效的措施、更优越的条件,大力推进家长委员会的建设工作,推动学校、年级、班级家长委员会的建立,确保应建尽建、应建快建。"

三、学校家庭社会协同育人机制政策的积极推进(2012 年至今)

自 2012 年以来,学校家庭社会协同育人机制政策的积极推进,标志着我国学校家庭社会协同育人体制进入了一个全新的发展阶段。在这一阶段,各方力量紧密合作,共同致力于未成年人的全面发展和健康成长。首先,在政策层面,国家相继出台了一系列法律法规,为学校家庭社会协同育人提供了坚实的法律保障。其次,在实践层面,各地教育部门积极响应国家政策,结合本地实际,开展了一系列富有成效的协同育人实践活动。

(一)学校家庭社会协同育人机制政策演进过程

自党的十八大召开以来,在"立德树人"教育目标的指导下,以及在党和国家对家庭教育的深切关注下,特别是在推进教育治理现代化的进程中,学校、家庭与社会的协同育人已经成为教育事业发展的一项战略措施。

---

① 教育部网站:《关于建立中小学幼儿园家长委员会的指导意见》,见 http://www.moe.gov.cn/srcsite/A06/s7053/201202/t20120217_170639.html。

　　2012 年,我国颁布了《关于建立中小学幼儿园家长委员会的指导意见》这一专项文件①,该文件标志着我国在规范家校合作方面迈出了重要一步,成为首个专门针对家校合作制度化建设的文件②。同年,教育部颁发《国家教育事业发展第十二个五年规划》指出:"加强中小学校管理能力建设,推动中小学全面设立家长委员会,并使家长委员会有重大事项知情权、参与决策权、评价权、质询权、监督权。"③2015 年教育部发布的《关于加强家庭教育工作的指导意见》也进一步推进了学校家庭社会协同育人机制的发展。

　　随着党和国家对"培养什么人"议题的深入阐释,家校合作的重要性与价值被提升至新的层次。《国家教育事业发展"十三五"规划》首次从"全面落实立德树人"的角度提出"全员育人、全过程育人、全方位育人",家庭学校协同合作成为实现立德树人根本任务的关键途径。《中国教育现代化 2035》文件中指出,"学校教育与社会教育、家庭教育密切配合、良性互动"④,显示出家校合作将长期作为教育发展重要任务的战略地位。在此阶段,法律上也对进一步加强家庭、学校与社会协同育人与分工协作做出规定。比如《中华人民共和国未成年人保护法》,明确了学校家庭社会均对未成年人有教育与保护责任,这一举措进一步推进了学校家庭社会协同育人进程。2012 年出台的《关于指导推进家庭教育的五年规划(2011—2015 年)》进一步强调家庭教育在教育发展中的重要意义,并提出要"积极构建学校、家庭、社会紧密协作的教育网络"⑤,也进一步明确了教育是关乎家庭、学校与社会各领域的共同事

---

　　①　吴重涵:《家校合作:理论、经验与行动》,江西教育出版社 2013 年版,第 7 页。

　　②　洪明:《改革开放以来我国家校合作事业的发展与反思》,《少年儿童研究》2020 年第 4 期。

　　③　教育部网站:《国家教育事业发展第十二个五年规划》,见 http://www.moe.gov.cn/srcsite/A03/moe_1892/moe_630/201206/t20120614_139702.html。

　　④　《中国教育现代化 2035》,见 http://www.gov.cn/zhengce/2019 - 02/23/content _5367987.htm。

　　⑤　《关于指导推进家庭教育的五年规划(2011—2015 年)》,见 http://www.moe.gov.cn/jyb_xxgk/moe_1777/moe_1779/201206/t20120625_138245.html。

业。不仅如此,2009 年全国妇联、教育部等部门颁布的《全国家庭教育指导大纲(修订)》指出:"家庭、学校、社会是促进儿童健康成长的共同体。家长要认识到学校家庭社会协同育人的重要意义,主动参与家校社协同教育,尊重教师,理性表达诉求,积极沟通合作,保持开放心态,引导儿童正确认识各种现象,科学合理利用各种教育资源,促进儿童健康成长。"[①]这一文件也明确了协同育人的意义及重要性。

2018 年,习近平总书记在出席全国教育大会时强调,教育事业的成就,必须依靠家庭、学校、政府以及社会各界的共同协作与努力。2019 年,中共中央、国务院联合发布《中国教育现代化 2035》,其中明确规定要"推动学校家庭社会协同育人机制的发展"。在 2020 年,中国共产党第十九届五中全会将"完善学校家庭社会协同育人机制"确立为构建高质量教育体系的关键举措。2021 年 3 月,十三届全国人大四次会议表决通过了《中华人民共和国国民经济和社会发展第十四个五年规划和 2035 年远景目标纲要》,该纲要明确强调了建立一个全面覆盖城乡的家庭教育指导服务体系的重要性,并提出加强学校、家庭、社会三方协同育人的机制。2021 年 7 月,中共中央和国务院联合发布了《关于进一步减轻义务教育阶段学生作业负担和校外培训负担的意见》,该意见旨在减轻学生的课业负担,并提出完善学校、家庭、社会协同机制,推进协同育人共同体的建设。2021 年 10 月,《中华人民共和国家庭教育促进法》正式将学校家庭社会协同育人的实践纳入法律框架,并明确规定了"构建和完善学校、家庭、社会三方协同育人的机制"。2022 年 10 月 16 日,习近平总书记在党的二十大报告中作出"教育、科技、人才是全面建设社会主义现代化国家的基础性、战略性支撑"的重要论断,并明确提出要"健全学校家庭社会育人机制"。2022 年,《中华人民共和国家庭教育促进法》作为我国首部专门

---

① 《全国妇联 教育部 中央文明办 民政部 文化和旅游部 国家卫生健康委员会 中国关心下一代工作委员会关于印发〈全国家庭教育指导大纲(修订)〉的通知》,见 https://women.yueyang.gov.cn/upliadfiles/201905/20190520174235112.pdf。

针对家庭教育的立法正式实施,这标志着家庭教育从传统家庭私事转变为新时代的国事和社会公共事务。在该法律的实施过程中,家庭教育令应运而生,其含义为司法机关通过令状方式对未成年人的父母或其他监护人进行干预和纠正,以应对养而不教、教而不当的行为。家庭教育令体现了司法机关在推进家庭教育责任落实方面的创新性尝试,为确保未成年人的父母或其他监护人有效履行家庭教育主体责任提供了重要保障。然而,家庭教育令在命名、启动机制以及效力追求等方面仍存在不统一和未规范的问题。《中华人民共和国家庭教育促进法》也为学校家庭社会协同育人提供了指导,并提出了新要求。《中华人民共和国家庭教育促进法》(2021 年)("促进法")、《关于进一步减轻义务教育阶段学生作业负担和校外培训负担的意见》(2021 年)("双减"政策)等政策法规。除了将"学校家庭社会协同育人"合法化以外,还强调了家庭教育和社会活动的育人体系建设,旨在积极构建家庭、社会、学校协同育人新格局。在 2021 年颁布的《中华人民共和国国民经济和社会发展第十四个五年规划和 2035 年远景目标纲要》以及《中华人民共和国家庭教育促进法》中,以及在"双减"政策的框架下,明确指出了学校、家庭与社会在教育方面的协同作用。2023 年 1 月,教育部联合其他十二个部门发布了《关于健全学校家庭社会协同育人机制的意见》,该意见提出,至 2035 年,目标是构建一个定位清晰、机制健全、联动紧密、科学高效的学校、家庭与社会协同教育体系。① 这一举措的意义体现在以下几个方面:首先,健全的协同育人机制有助于形成教育合力,确保学生在不同环境和阶段得到一致的教育理念和方法。通过学校家庭社会三方的紧密合作,可以更好地实现教育目标,促进学生全面发展。家庭作为孩子成长的第一环境,学校作为系统教育的主阵地,社会作为实践教育的大舞台,三者相互补充、相互促进,共同为学生提供全方位的成长支持。其次,协同育人机制的建立有助于提升家庭教育的质量和水平。在现代社会,家

---

① 《教育部等十三部门关于健全学校家庭社会协同育人机制的意见》,见 http://wap.moe.gov.cn/srcsite/A06/s3325/202301/t20230119_1039746.html。

长往往面临工作压力和教育知识的不足,通过与学校和社会的紧密合作,家长可以获得更多科学的教育方法和资源,从而更好地履行家庭教育的责任。同时,学校和社会也可以为家长提供更多的支持和指导,帮助家长解决教育中的困惑和难题。再次,协同育人机制有助于构建和谐的教育生态。通过学校家庭社会的良性互动,可以有效解决教育过程中出现的问题和矛盾,形成共同关注和解决学生问题的良好氛围。这种机制不仅有利于学生的健康成长,也有利于教育工作者和家长之间的相互理解和信任,从而促进教育事业的良性发展。最后,协同育人机制的建立是实现教育公平的重要途径。通过学校家庭社会的共同努力,可以为不同背景和条件的学生提供更加平等的教育机会和资源。特别是对于那些家庭条件较差、社会资源有限的学生,协同育人机制可以为他们提供更多的支持和帮助,确保他们不因家庭和社会环境的差异而失去公平的教育机会。未来,我们应继续深化学校家庭社会协同育人机制的建设,不断探索和完善相关政策措施,为培养更多优秀人才、全面建成社会主义现代化强国提供坚实的基础。

(二)贯彻落实学校家庭社会协同育人机制政策的实践

2012 年,《国家教育事业发展第十二个五年规划》明确提出了探索"协同育人机制建设"路径的必要性。同时,家长学校制度亦在持续地完善与优化。为此,妇女联合会与教育部共同制定并颁布了一系列具有指导性质的文件,包括 2004 年的《关于全国家长学校工作的指导意见》、2010 年的《全国家庭教育指导大纲》以及 2011 年的《关于进一步加强家长学校工作的指导意见》等。这些文件为家长学校的规范化建设设定了明确目标,即需满足"有挂牌标识、有师资队伍、有固定场所、有教学计划、有活动开展、有教学效果"的条件。

《国家教育事业发展"十三五"规划》首次从"全面落实立德树人"的角度提出"全员育人、全过程育人、全方位育人"的目标,即要发挥学校家庭社会各自优势,凝聚起强大的育人合力,家校合作成为实现立德树人根本任务的关键路径。2018 年,习近平总书记在全国教育大会上指出:"办好教育事业,家庭、学校、政府、社会都有责任。"①《中国教育现代化 2035》在 2019 年发布时,明确提出了"推进家庭学校共同育人"的战略目标,凸显了家校合作在教育发展中的重要地位。随着党和国家对家庭教育的日益重视,以及教育部门与学校在家庭教育工作中所起作用的不断增强,家校合作正迎来全新的发展机遇。党的十八大以来,习近平总书记多次强调了家风、家教的重要性。在全国教育大会上,他更是从"四个第一"的高度,对新时代家庭教育提出了明确要求,并指出"办好教育事业,家庭、学校、政府、社会都有责任,教育、妇联等部门要统筹协调社会资源支持服务家庭教育"。这一表述将教育部门置于妇联之前,意味着教育部门在家庭教育工作中应承担更为重要的角色。

在推进教育治理体系和治理能力现代化的进程中,家校合作将发挥至关重要的作用。正如《中国教育现代化 2035》所指出的:"推进教育治理体系和治理能力现代化,要提高学校自主管理能力,完善学校治理结构,推动社会参与教育治理常态化。"自党的十九大以来,家校合作在我国已步入战略发展阶段,预计将在未来一段时间内实现显著的进步。中国共产党第十九届五中全会首次提出构建"学校、家庭、社会"三位一体的育人机制。《中华人民共和国国民经济和社会发展第十四个五年规划和 2035 年远景目标纲要》连同 2022 年《政府工作报告》,均明确强调了完善学校家庭社会协同育人机制的重要性。随着《中华人民共和国家庭教育促进法》的实施和"双减"政策的推行,全国各地区亦开始逐步实施"学校、家庭、社会"三位一体育人机制的试点工作。在这一背景下,各地教育部门积极行动,探索适合本地实际的学校家庭社会协同育人模式。例如,上海市在 2022 年发布了《上海市家庭教育指导大纲(修订)》,明确了家庭教育的责任主体和相关支持措施,为学校家庭社会协同育人提供了法律保障。深圳市则通过建立"学校家庭社会共育联盟",整合各方

---

① 《习近平在全国教育大会上强调　坚持中国特色社会主义教育发展道路　培养德智体美劳全面发展的社会主义建设者和接班人》,《人民日报》2018 年 9 月 11 日。

资源,推动学校、家庭和社会的深度融合。在实践中,学校家庭社会协同育人机制的实施也取得了显著成效。诸多教育机构通过组建家长委员会、招募家长志愿者等方式,促进家长参与学校的教育教学及管理工作。增强了家长的参与感和归属感。同时,学校也积极与社区合作,开展丰富多彩的课外活动和社会实践活动,为学生提供更广阔的成长空间。此外,教育部门还通过举办家庭教育讲座、家长学校等形式,为家长提供科学的教育理念和方法,帮助家长更好地履行家庭教育职责。同时,社会力量也积极参与到学校家庭社会协同育人中来,各类公益组织、企业等为学校和家庭提供了更多的支持和帮助。

第二章　技术赋能学校家庭社会协同育人的理论基础

2020年10月,《中共中央关于制定国民经济和社会发展第十四个五年规划和二〇三五年远景目标的建议》明确提出"健全学校家庭社会协同育人机制""建设数字中国""加快数字化发展"等重要论述,①在建设高质量教育体系、推动中国式教育现代化发展的背景下,既强调学校家庭社会协同育人作为建设高质量教育体系、发展中国式教育现代化的重要内容,又关注到新一轮数字技术或信息技术作为各行、各业、各领域数字化或信息化转型发展的主要动力和重要支撑。2023年1月,《教育部等十三部门关于健全学校家庭社会协同育人机制的意见》给出了更为明确和具体的论述,"健全学校家庭社会协同育人机制是党中央、国务院作出的重要决策部署,事关学生全面发展健康成长,事关国家发展和民族未来"。学校家庭社会协同育人成为新时代我国教育改革的主要政策取向和关键内容。同时,习近平总书记在主持中共中央政治局第五次集体学习时指出,"教育数字化是我国开辟教育发展新赛道和塑造教育发展新优势的重要突破口"。随着近年来人工智能、大数据、区块链等新一代数字技术或信息技术的教育应用,我国教育数字化战略行动已全面启动,技

---

① 《中共中央关于制定国民经济和社会发展第十四个五年规划和二〇三五年远景目标的建议》,《人民日报》2020年11月4日。

术赋能教育变革逐渐成为实现新时代教育高质量发展、中国式教育现代化等战略目标的重要路径,技术如何赋能学校家庭社会协同育人也由此逐渐成为学界和业界关注的焦点。基于此,本章首先对涉及技术赋能学校家庭社会协同育人的若干基本概念进行了阐释和解析,并从整体上对"学校家庭社会协同育人"和"技术赋能学校家庭社会协同育人"有了一个基本认识;然后简要地综述了国内外学界对赋能理论和学校家庭社会协同育人理论的研究与探索,并讨论了技术赋能与学校家庭社会协同育人的关系;最后基于前述内容,通过分析学校家庭社会协同育人中的权责关系和技术赋能学校家庭社会协同育人的内涵特征,探讨和阐释了技术赋能学校家庭社会协同育人的内涵意蕴。

第一节　技术赋能学校家庭社会协同育人的基本概念

在开始研究技术赋能学校家庭社会协同育人这个领域之前,首先需要明确若干涉及技术赋能学校家庭社会协同育人的基本概念,并对其作概要的描述与辨析。通过拆分理解、重组聚合,可以把"学校家庭社会协同育人"概念拆解成了"技术赋能""协同""协同育人"三个关键的子概念,并一方面通过对它们的总体认识和综合理解,界定了"学校家庭社会协同育人"概念;另一方面,在厘清了"学校家庭社会协同育人"概念的基础上,定义了"技术赋能学校家庭社会协同育人"概念。

一、技术赋能

技术赋能是伴随着现代信息技术的出现和发展而提出的新理论命题,是现代信息技术时代对于赋能概念的新阐释与新解读。"赋能"(Empowerment)一词,顾名思义就是赋予能力,强调的是提高行动主体的行动能力或激发其潜能。它最初是与"权力"(power)相关联而诞生,多被称为"授权赋能"并于20

世纪 70 年代末应用于管理学领域,强调领导层应给予员工更多的机会和权力;①20 世纪 80 年代,积极心理学进一步发展了赋能概念,指出赋能也是一个增强自我效能感的过程;②20 世纪 90 年代,赋能概念逐渐被应用于社会学领域,为妇女权益保护、社区改造等具体的社会问题提供指引。③④ 经由心理学、组织学、社会学、管理学等不同学科的阐释与发展,"赋能"已经成为一个具有多层次结构的概念,赋能对象既包括个体也包括组织或社群,赋能方式具有结构赋能、心理赋能、资源赋能、领导赋能、文化赋能等多种方式,但是其最终指向的始终是个体或组织的能力,即充分激发个体或组织的潜能,增强执行效率与工作效能,助力其获得之前缺乏的能力或未能实现的目标。⑤

　　基于赋能概念的发展,当前已有不少学者对技术赋能的概念内涵进行了研究,他们虽然对此仍未形成一个统一的定论,但都意识到了技术赋能的本质是数字化赋能或信息化赋能,即通过新兴的信息技术和数字技术,赋予个人或组织解决问题的能力。同时在此基础上,他们从赋予的能力和赋予的方式上强调了技术赋能的特殊性。比如认为技术赋能是指大数据、移动互联网、人工智能等现代信息技术赋予个体或组织解决问题的能力,⑥包括数据分析能力、智能能力、链接能力等,⑦强调技术赋能通过现代信息技术能够赋予对象独特

---

①　R. M. Kanter,"Men and Women of the Corporation Revisited: Interview with Rosabeth Moss Kanter",*Management Review*,Vol.26,No.2(June 1987),pp.257-263.

②　J. A. Conger,R. N. Kanungo,"The Empowerment Process:Integrating Theory and Practice",*Academy of Management Review*,Vol.13,No.3(July 1988),pp.471-482.

③　S. Wieringa,"Women's Interests and Empowerment:Gender Planning Reconsidered",*Development and Change*,Vol.25,No.4(October 1994),pp.829-848.

④　D. Adamson,R. Bromiley,"Community Empowerment:Learning from Practice in Community Regeneration",*International Journal of Public Sector Management*,Vol. 26, No. 3 (March 2013), pp.190-202.

⑤　王丹:《乡村"技术赋能"研究——基于徐州市沙集镇的个案考察》,南京农业大学公共管理系博士学位论文,2023 年,第 35 页。

⑥　E. Hermansson, L. Mårtensson, "Empowerment in the Midwifery Context: A Concept analysis",*Midwifery*,Vol.27,No.6(December 2011),pp.811-816.

⑦　S. Lenka,V. Parida,J. Wincent,"Digitalization Capabilities as Enablers of Value Co-Creation in Servitizing Firms",*Psychology & Marketing*,Vol.34,No.1(December 2016),pp.92-100.

的解决问题能力;技术赋能是在大数据、移动互联网等新一代数字技术的应用下,赋予个体或组织一种新的生产函数,使其在产品、市场、生产方式等方面获得变革性能力,[1]突出技术赋能通过现代信息技术赋予个体或组织的是一种变革性能力;技术赋能是通过新兴信息技术,形成一种新的方法、路径或可能性,来激发和强化行动主体自身的能力,实现既定目标,[2]明确技术赋能作为传播主体的介入方式及传播实践的重要手段,[3]为赋能方式带来了新的变化与可能性。综合上述观点,我们认为"技术赋能"即运用包括互联网、人工智能、大数据、云计算等在内的现代信息技术,通过多种赋能方式,为包括个人、组织等在内的行为主体提供数据采集与分析、平台开发与完善、环境共建与共享等技术支持,最大限度地发挥行为主体的能力或激发其潜能,以促使其实现既定目标。

二、协同

"协同"一词起源于希腊语,意为协调合作,后经由联邦德国斯图加特大学教授、著名物理学家赫尔曼·哈肯(Herman Haken)的深入研究与发展,于20世纪70年代成为协同论(Synergetics)这一门新兴综合性学科理论的核心概念,主要研究自然界和社会中复杂系统中各子系统或要素之间的相互协作与作用。在这里,"协同"一词吸纳了系统理论的基本观点,更加强调作为一个系统,各子系统或要素之间通过相互协作与作用,使得系统的整体结构与功能有序化,并产生协同效应。系统理论认为,系统无处不在,每一个系统都是由次一层级的子系统组成,而同一层级的系统又可组成更高一层级的系统,任一系统都

---

① 张国胜、杜鹏飞、陈明明:《数字赋能与企业技术创新——来自中国制造业的经验证据》,《当代经济科学》2021年第6期。

② 关婷、薛澜、赵静:《技术赋能的治理创新:基于中国环境领域的实践案例》,《中国行政管理》2019年第4期。

③ 黄晓音、邱子昊:《技术赋能与情感互动:抖音平台的视觉化音乐传播研究》,《西南民族大学学报(人文社科版)》2019年第8期。

是在一定环境下由某种结构联结而成的具有某种功能的有机整体;同时在一定条件下,系统的自组织性能够使其结构与功能通过自身的内部作用力从无序走向有序、从低级走向高级等。哈肯基于此指出,协同是系统中各子系统或要素的某种运动状态,它反映了各子系统或要素相互联合、相互协调、相互作用的整体状态和趋势。协同效应即是指在系统运行过程中,各子系统或要素之间的关联运动会取代独立运动,成为系统整体运动和发展的主导力量或主要表现形式,而具备自组织属性的系统整体在各子系统或要素之间的合力下向有序、稳定的方向发展,实现整体功能大于各子系统或要素独立功能之和的效果,即"1+1>2"。[1][2] 此外,"协同"概念在我国同样古已有之,主要用来形容同步、合作等,《说文解字》也指出"协,众之同和也","同,合会也"。同时,《现代汉语词典》解释道,"协同"一词意为"各方互相配合或甲方协助乙方做某事"。总之,"协同"概念必然涉及不同主体之间的相互配合与相互作用。

由于协同论的突破性发展及其应用领域的持续扩张,学界普遍接受了内嵌于协同论的"协同"概念,在系统的整体结构与功能中展开协同相关研究。同时必须指出的是,已有研究常常把"协同"与"合作"二词不加区分地混用,虽然二者在一定程度上存在同义互用的关系,但是严格意义上来说,协同与合作,既有联系也有差异,比如"家校合作"与"家校协同"、"校家社合作"与"校家社协同"之间显然不仅仅是相同模式的不同称谓。对此,汪锦军、姬兆亮等学者认为协同是一种更高级别的合作关系,不同主体间的相互关系更加深入也更加复杂;[3][4]皮埃尔·迪伦堡(Pierre Dillenbourg)、普雷本·汉森(Preben

---

① 蒋文娟:《我国科教结合协同育人机制研究——基于科研院所和高等学校合作视角》,中国科学技术大学公共管理系博士学位论文,2019年,第29—30页。

② [德]赫尔曼·哈肯:《协同学——大自然构成的奥秘》,凌复华译,上海译文出版社2005年版,第194—195页。

③ 汪锦军:《走向合作治理:政府与非营利组织合作的条件、模式和路径》,浙江大学出版社2012年版,第82—83页。

④ 姬兆亮、戴永翔、胡伟:《政府协同治理:中国区域协调发展协同治理的实现路径》,《西北大学学报(哲学社会科学版)》2013年第2期。

Hansen)、马捷等人认为协同更加强调不同主体之间为一致的目标共同或同步行动,最终的结果也并不是各主体独自行动所做贡献之和。①②③ 显然,与"合作"相比,"协同"概念更加强调不同主体之间行动的整体性、目标的一致性和关系结构的系统性。

三、协同育人

"协同育人"概念可以说是协同论在教育领域的应用与发展,简单来说,它是一种以协同为过程、以育人为目的的教育模式,通常被理解为教育系统中各育人主体以培养人为共同目的,通过多种协同模式来实现资源共享、优势互补、责任分担、利益互赢等,④从而达成协同效应,更好地发挥育人合力。就协同育人的主体而言,相关研究主要关注高等教育领域的产学研协同育人和基础教育领域的学校家庭社会协同育人。产学研协同育人既是实现产教融合的有效形式,也是创新型人才培养的重要模式,它是指政府、高校、企业、科研机构等不同主体之间通过校企协同、科教协同、政校企协同、政校研协同、政产学研协同等多种协同模式,培养出适应产业需求、满足企业生产要求的具有创新能力和实践能力的创新应用型人才。⑤ 学校家庭社会协同育人则是指家庭、学校和社会三大育人主体通过多种协同育人模式,既发挥各自优势又形成协同效应,合力促进学生的全面发展和健康成长。此外,也有部分研究关注了跨学科协同育人和思想政治教育协同育人,主要强调不同学科或课程之间的协

① P. Dillenbourg, *Collaborative Learning: Cognitive and Computational* (*Approaches Advances in Learning and Instruction Series*), Bradford: Emerald Publishing, 1999, pp.83-86.

② P. Hansen, G. Widén, "The Embeddedness of Collaborative Information Seeking in Information Culture", *Journal of Information Science*, Vol.43, No.4 (June 2017), pp.554-566.

③ 马捷、张云开、蒲泓宇:《信息协同:内涵、概念与研究进展》,《情报理论与实践》2018年第11期。

④ 袁小平:《高校思想政治教育与创新创业教育的协同育人模式研究》,《教育评论》2014年第6期。

⑤ 李俊峰:《应用型大学产学研协同育人:理念、样态与实践》,《江苏高教》2023年第11期。

同育人。①

虽然协同育人主体各有不同,但是一方面"协同育人"无疑是一种育人方式或手段。如何使得各育人主体达成协同效应、实现育人目的是协同育人研究的核心问题,实践的取向也是当前协同育人相关研究不可或缺的一种视角,这直接或间接地印证了"协同育人"从实践方式或手段的角度回应了"怎样培养人"的问题。另一方面,"协同育人"也是一种育人理念。高书国等人直接指出"协同育人是一种教育现代化新理念、新策略和新方法";②岳伟和余乐也同样认同协同育人既是理念也是方式或手段,他们通过论证"教育本身就是一项协同性事业",指出教育即是协同教育,而协同教育就是为了育人,协同育人就是各育人主体以共同目标为导向而形成的联合行动,它通过育人主体之间的交互协作与作用,"解决教育自身规律与现实社会对人才需求之间的矛盾,简言之,就是解决所培养的人才与社会需求相契合、相适应的问题"。③

四、学校家庭社会协同育人

"学校家庭社会协同育人"概念是"协同育人"概念在育人主体方面的细化和具体化,其指代的是教育系统中的家庭、学校和社会三大育人主体在一定的结构与运作中相互协作与作用。需要指出的是,虽然"学校家庭社会协同育人"常被简称为"校家社协同育人",但是后者在国外多被定义为学校、家庭和社区之间在相互协作与作用中育人。然而,"社区"概念对于中国来说本质上是一个"舶来品",虽然随着中国式现代化的不断推进和拓展,其也逐渐在

---

① 田贤鹏、姜淑杰:《新文科背景下的跨学科协同育人:内涵特征、逻辑演变与路径选择》,《教育发展研究》2022 年第 21 期。

② 高书国、康丽颖、阚璇:《学校家庭社会协同育人的基本框架及其构建策略》,《中国远程教育》2024 年第 2 期。

③ 岳伟、余乐:《从"权责博弈"到"均衡相容":"双减"政策下家校协同育人的再思考》,《教育学术月刊》2023 年第 9 期。

中国有了存身之地,但就国情而言,如果协同育人工作把其中一方育人主体限定为"社区",既容易在理念与内涵上造成认识上的混乱,并难以使其深入人心,又在实践上局限了协同育人工作的推进。因此,"学校家庭社会协同育人"的概念把其中一方育人主体界定为"社会",不仅在思想上符合我国传统的育人理念,而且在实践中拓宽和丰富了协同育人工作的内容与形式。一方面,我国自古以来的"教化"思想便是植根于公共生活之中,社会教育的存在与发展是"教化"思想落实的必要助推力。《说文解字》中提到,"教,上所施下所效也","化,教行也"强调的是政治教化及其对受教者外在行为的规范,意即在政治共同体和公共生活中,受教者通过效仿统治者的德行和接受以礼、乐、法律等为载体的社会教育,潜移默化地成为符合社会规范、遵守社会秩序的社会人。① 另一方面,社会教育拥有更为丰富的内涵和可能性,在某种意义上社区教育也被包含在内。《中国大百科全书·教育卷(第三版)》指出,"社会教育"概念在狭义上是指"学校教育、家庭教育以外的一切社会文化机构、社会团体组织和其他形式的社会主体对其成员所进行的教育,是家庭教育和学校教育的延续和补充"。

因此,综合对于"技术赋能""协同""协同育人"等概念的理解与分析,简单来说,"学校家庭社会协同育人"就是指作为育人主体的学校、家庭和社会之间的协同育人;具体而言,"学校家庭社会协同育人"则是指在教育系统中,学校、家庭和社会三大育人主体以立德树人为根本任务,通过多种协同模式交互协作与有序运作,从而更好地发挥出育人合力,以更好地实现德智体美劳全面发展这一共同的育人目标;相应地,"技术赋能学校家庭社会协同育人"则是指借助应用于教育领域的现代信息技术,通过多种赋能方式最大限度地激发学校家庭社会协同育人的潜能或增强其能力,在技术层面为实现德智体美劳全面发展的协同育人目标开辟更多的实践路径和可能性。

---

① 曹影:《教化的缘起及其意蕴》,《东北师大学报》2006年第3期。

第二节　技术赋能学校家庭社会协同育人的理论探索

技术赋能学校家庭社会协同育人的理论探索既包括赋能理论的相关研究,也包括国内外学界关于学校家庭社会协同育人的理论研究,它们都具有多学科的理论视角,能够为学校家庭社会协同育人和技术赋能学校家庭社会协同育人的发展提供丰富的理论依据。此外,技术赋能与学校家庭社会协同育人关系的探讨也是技术赋能学校家庭社会协同育人理论探索的重要内容。

一、赋能理论

关于赋能的本质和内涵,心理学、组织学、社会学、管理学、教育学等领域的学者由于学科背景的差异,对其有不同的阐述,致使其处于丛林状态。首先是在组织管理领域,通过组织行为学、管理学、领导学等学科的探究,学者们通常把赋能在本质上看作是授权赋能,其核心是授权和权力下放,它主要包括结构赋能和领导赋能两种方式。结构赋能强调要营造一个充分赋权授能的组织氛围,如果个体能够在所在组织中感受到授权赋能的结构性环境,组织就很可能从个体的态度和组织效率两个方面获益;[①]领导赋能则更强调在组织中,领导授予个体权力,通过给予更多自主权而丰富个体经验和提高个体能力。[②]其次,心理学领域也比较关注赋能理论,并同样把赋能视为一种授权赋能,但侧重于从心理学角度关注个体的心理感知过程。杰伊·康格(Jay A. Conger)和拉宾德拉·卡农戈(Rabindra N. Kanungo)是较早从心理学角度研究赋能的学者,他们主要从阿尔伯特·班杜拉(Albert Bandura)的自我效能感出发,强

---

① 雷巧玲:《授权赋能研究综述》,《科技进步与对策》2006年第8期。
② 王丹:《乡村"技术赋能"研究——基于徐州市沙集镇的个案考察》,南京农业大学公共管理系博士学位论文,2023年,第17页。

调赋能可以提高个体的自我效能感,并把赋能定义为员工的动机过程。① 格兰恩·斯伯莱茨(Gretchen M. Spreitzer)则进一步深化了赋能理论的心理学研究,分析指出意义感、能力、自我决定和影响力四个认知维度构成了心理赋能的全面结构,并首次开发出心理赋能的量表,这一量表在后来的实证研究中也得到了广泛应用。② 再次,社会学也在随后展开了关于赋能理论的研究。与前两者把赋能视为授权赋能不同,社会学的相关研究实现了赋能理论由"授权赋能"向"激发能力"的转变。比如芭芭拉·所罗门(Barbara Solomon)等社会工作学家更倾向于把赋能理解为激发、增强或提高赋能对象的能力,提出通过各种行动实践以提升赋能对象的能力与地位,从而改善处境、增加权能并实现既定目标的观点。最后,赋能理论在近年来也逐渐被引入到技术应用领域,其更多是通过把赋能的主体聚焦于现代信息技术,从而发展和应用赋能理论。技术赋能的相关研究更多是沿用赋能即激发能力的观点,把技术赋能视为社会治理的方式或手段,关注重点在于如何实现技术赋能。

关于赋能理论的研究则主要集中在赋能的情境、对象、过程和结果四个维度。其中,斯蒂芬·福西特(Stephen B. Fawcett)等人关注的是影响赋能行为和结果的个人或群体和环境因素,他们通过假设赋能行为和结果是与个人或群体和环境之间相互作用的函数,建构了赋能的情境行为模型。在这一模型中,个体或群体的能力和经验、身体和生物能力参与到同环境的相互作用中,并对赋能结果产生影响;环境则通过压力源和障碍、支持和资源,从微观(如家庭、同伴)、中间(如邻里关系)和元系统(如文化系统)层面影响赋能的过程和结果。③

① J. A. Conger, R. N. Kanungo, "The Empowerment Process: Integrating Theory and Practice", *The Academy of Management Review*, Vol.13, No.3(July 1988), pp.471-482.

② G. M. Spreitzer, "Psychological Empowerment in the Workplace: Dimensions, Measurement, and Validation", *Academy of Management Journal*, Vol.38, No.5(November 1995), pp.1442-1465.

③ S. B. Fawcett, G. W. White, F. E. Balcazar, Y. Suarez-Balcazar, R. M. Mathews, A. Paine-Andrews, T. Seekins, J. F. Smith, "A Contextual-Behavioral Model of Empowerment: Case Studies Involving People with Physical Disabilities", *American Journal of Community Psychology*, Vol.22, No.4(August 1994), pp.471-496.

约翰·洛德(John Lord)则认为,赋能是对不同的个人或群体对象采用不同的赋能行为,从而使其得到相应的赋能结果,因此他把赋能对象分为个人、组织和社群,并具体地分析了不同赋能对象相应的赋能过程和结果,从而发展了赋能理论。比如面对个人,赋能过程包括体验无力感、获得新认知、学习新角色、启动参与和贡献力量,赋能结果则可能包括特定情境感知的控制、技能和积极主动的行为。[①]

二、学校家庭社会协同育人的理论研究

社会学、心理学、管理学、教育学等领域的专家学者为学校家庭社会协同育人的理论探索提供了独特的见解和视角,学校家庭社会协同育人的相关理论也在其中不断地发展,从而为学校家庭社会协同育人实践提供了全面、有力的理论支撑。其中,协同论作为学校家庭社会协同育人理论探索的基本前提,为其提供了总领式的理念指引,即在整体的教育系统中,学校教育、家庭教育和社会教育三个子系统间存在着相互影响又相互合作的关系。教育系统协同效应的发挥取决于学校、家庭和社会各系统的协同作用,如果学校、家庭和社会三方相互配合,共同围绕育人目标协力运作,那么就能产生 1+1>2 的协同效应;反之,则会使整个教育系统陷入混乱无序的内耗状态。因此,为了实现育人成效的最大化,寻求学校家庭社会协同育人是必由之路,探索学校家庭社会协同育人理论则是为其提供认识前提、逻辑起点和重要参照。而从理论研究的角度来看,国内外关于学校家庭社会协同育人的研究主要可分为微观要素阐释、中观关系分析和宏观理论建构。其中,微观要素阐释主要是为学校、家庭或社会中某一具体要素如何影响学校家庭社会协同育人提供理论阐释,包括家庭缺失理论(Family Deficiency Theory)、教育机构歧视理论(Institutional Discrimination Theory)、社会资本理论(Social Capital Theory)等;中观关系分析侧重于

---

① J. Lord, P. Hutchison, "The Process of Empowerment: Implications for Theory and Practice", *Canadian Journal of Community Mental Health*, Vol.12, No.1(April 1993), pp.5–22.

探讨家庭、学校或社会与学生发展的关系等，主要包括包容理论（Inclusive Theory）、共同责任理论（Shared Responsibility Theory）等；宏观理论建构则是全面、综合地讨论学校家庭社会如何协同育人，主要有生态系统理论（Ecological Systems Theory）、交叠影响阈理论（Overlapping Spheres of Influence）等。

（一）微观要素阐释：家庭缺失理论、教育机构歧视理论和社会资本理论

研究发现，学校家庭社会协同育人实践存在阶层差异明显的社会现象。传统教育社会学对此通常有两种理论解释，一种是从个体层面上认为家长本身因文化水平、教育传统等而缺乏参与学校家庭社会协同的意愿和能力，即家庭缺失论；一种是从制度层面分析指出教育机构存在隐晦的或潜藏的排斥机制，阻挠低收入家庭的参与，即教育机构歧视论。[1] 家庭缺失论和教育机构歧视论各有所侧重地讨论了家庭、教育机构中某一具体要素对学校家庭社会协同育人的影响。

家庭缺失论认为，由于缺乏教育传统和文化传统，整体文化水平较低的家庭和受教育程度较低的家长，对于子女教育的长远规划缺乏重视，对于高质量教育的需求程度也较低，并往往因此而致使其家庭教育水平较低，而且趋于较少地参与到学校家庭社会协同育人中。然而，家庭缺失论把家庭或家长较少地参与到学校家庭社会协同育人中这一现象的问题核心归结到家长本身，不仅忽略了教育机构的责任，还低估了家庭对于协助子女教育成功的意愿。已有研究显示，即使是低收入的家庭，也会充分利用有限的资源参与能力范围内的学校家庭社会协同育人活动。[2]

---

[1] 李佳丽、何瑞朱：《家庭教育时间投入、经济投入和青少年发展：社会资本、文化资本和影子教育阐释》，《中国青年研究》2019 年第 8 期。

[2] J. S. Coleman, "Families and Schools", *Educational Researcher*, Vol.16, No.6（August-September 1987）, pp.32-38.

　　教育机构歧视论则把家庭或家长参与学校家庭社会协同育人的阶层差异现象的问题核心追溯到"制度"层面,认为在参与学校家庭社会协同育人方面,学校教育机构内部对于文化背景不同的家长提出了相同的要求,可能无意中形成了某些隐晦的制度歧视或排斥措施,使得时间有限、社会经济条件有限、能力有限、资源有限的家庭或家长处于不利地位。[①] 在这样的一种学校教育环境下,处于不利地位的家庭或家长或主动或被动地丧失参与学校家庭社会协同育人的信心和兴趣,甚至对此参与持放弃的态度。教育机构歧视论在不知不觉间贬低了家庭或家长参与潜力的同时,也忽视了学校教育机构在协助家庭有效参与子女教育方面的力量和贡献。

　　家庭缺失论和教育机构歧视论本质上都是对学校与家庭协同关系的轻视和忽视,并没有真正摆脱家校分离理念的影响,社会资本论则超越了上述两个理论,更为看重学校、家庭和社会之间的关系以及由此而生成的社会资本,并通过分析社会资本对儿童成长和发展的重要作用,来突出建构学校、家庭和社会之间关系与形成学校家庭社会协同育人的重要意义与价值。社会学通常把资本划分为文化资本、经济资本和社会资本,皮埃尔·布尔迪厄(Pierre Bourdieu)则把社会资本解释为"实际的或潜在的资源的集合体,那些资源是同对某种持久的网络的占有密不可分的。这一网络是大家共同熟悉的,得到公认的,而且是一种体制化的关系网络,换句话说,这一网络是同某团体的会员制相联系的,它从集体性拥有资本的角度为每个会员提供支持,提供为他们赢得声望的'凭证',而对于声望可以有各种各样的理解"。[②] 詹姆斯·科尔曼(James S. Coleman)发展了布尔迪厄关于社会资本的解释,指出社会资本存在于社会关系的结构之中,它表现为人与人之间的关系,并以权威关系、信任关

---

　　① S. C. Ho, J. D. Willims, "Effects of Parental Involvement on Eight-grade Achievement", *Social of Education*, Vol.69, No.2(April 1996), pp.126–141.

　　② [法]皮埃尔·布尔迪厄:《文化资本与社会炼金术——布尔迪厄访谈录》,包亚明译,上海人民出版社 1997 年版,第 202 页。

系以及规范为特定形式。由此,在学校家庭社会协同育人中,社会资本的生成与获取有赖于学校、家庭和社会关系网络的形成,它首先存在于家庭关系,各类学校家庭社会协同育人相关团体或组织也是社会资本形成的重要载体,这些社会关系或社会资本作为一种资源对于儿童的成长与发展至关重要。[①] 从家庭关系上来说,家长与儿童的联系程度、亲子关系的稳定程度以及父母的意识形态是为儿童创造社会资本的三个主要因素,儿童只有在与父母之间保持密切的社会关系时,父母所拥有的不同形式的资本方可作为重要的教育资源,被不同程度地采用到学校家庭社会协同育人和儿童的教育成长上。[②] 从各类学校家庭社会协同育人相关团体或组织上来看,如运行良好的家长委员会等协同育人组织能够产生适当的规范、奖惩等重要的社会资本,不仅直接有益于儿童的健康成长和全面发展,还有利于培养或采用其他形式的资本,从而对其产生间接影响,比如对于形成积极良好的学校家庭社会协同育人氛围产生积极影响。也就是说,社会资本是儿童教育成功的关键要素和重要资源,学校家庭社会协同育人能够通过建构稳定顺畅的关系网络、形成有效的协同育人规范,从而开发和生成出有助于儿童成长发展的社会资本。

(二) 中观关系分析:包容理论和共同责任理论

学校、家庭与社会之间的相互关系是学校家庭社会协同育人的关键,也是相关理论的重点研究对象。包容理论是对早期家庭缺失论和教育机构歧视论的修正,它超越了单独以学校、家庭或社会中某一具体要素来理解学校家庭社会协同育人问题的理论视角,而把关注点转移到学校、家庭和社会之间的相互关系上,以理解包容的视角对待学校、家庭或社会协同育人的个别差异。比如面对家长参与学校家庭社会协同育人的阶层差异,包容理论更为强调学校应

---

① [美]詹姆斯·S.科尔曼:《社会理论的基础(上、下)》,邓方译,社会科学文献出版社1999年版,第351页。

② 黄河清:《家校合作导论》,华东师范大学出版社2008年版,第51页。

意识到不同社会文化背景的家庭所能带来的多样化资源,通过与家长的充分交流和沟通,充分调动其资源以助推儿童的全面成长和发展。也就是说,包容理论认为在学校家庭社会协同育人中,学校、家庭和社会三大协同育人主体本身及其之间的差异化反而可以为儿童的成长与发展提供多样化的教育资源,但这要求学校、家庭和社会之间必须进行充分地沟通与交流。①

共同责任理论则直接指出,学校、家庭和社会在儿童的教育问题上负起共同的责任,是儿童成长和发展的共同合作者,三者之间的工作关系是合作而非分工,该理论强调学校、家庭和社会共同的教育责任。共同责任理论为学校家庭社会协同育人主体的自觉意识与责任意识提供了理论基础,在学校家庭社会协同育人中,学校、家庭和社会三大育人主体不仅要把学生视为儿童,而非把儿童视为学生,这样才能使其意识到彼此在儿童的教育问题上负有共同责任;还应保持紧密的联系、采取适当的行动改变学校、家庭和社会之间"分工而不合作"的现象,以促进儿童的成长与发展。②③

(三)宏观理论建构:生态系统理论和交叠影响域理论

生态系统理论和交叠影响域理论不仅就学校、家庭和社会之间的相互关系展开了较为全面性地、综合性地理论建构,还着重探索了学校家庭社会协同育人的路径问题,为学校家庭社会协同育人提供实践指引。作为生态系统理论的代表人物,尤里·布朗芬布伦纳(Urie Bronfenbrenner)详细介绍了学校、家庭和社会等人类发展所涉及的关键性环境因素,并对它们之间的关系进行了深入分析,提出了所谓的"四系统观",即把整个社会划分为微、中、外、宏四个子系统,不同的子系统对应不同的部分及其责任。其中,微观系统(Micr-

---

① 黄河清:《家校合作导论》,华东师范大学出版社 2008 年版,第 52—53 页。

② [美]乔伊斯·L.爱泼斯坦等:《大教育:学校、家庭与社区合作体系》,曹骏骧译,黑龙江教育出版社 2016 年版,第 2 页。

③ 黄河清:《家校合作导论》,华东师范大学出版社 2008 年版,第 53—54 页。

osystem)是指个体活动和交往的直接环境,是个体最为直接参与和密切接触的系统存在;中观系统(Mesosystem)强调个体并不是单独存在于某一个环境系统中,而是在不同系统之间的联系和相互关系中存在与发展,它是由各微观系统之间的相互关系而形成的环境系统;外层系统(Exosystem)则是指那些个体并未直接参与或接触、但却对他们的成长和发展产生重要影响的环境系统;宏观系统(Macrosystem)就是指在此过程中,囊括并作用于前述三个子系统、并与其一起对个体的成长与发展产生更为宏观的、复杂的、综合性的影响的环境系统。①

基于此,我们可以认为儿童的成长与发展嵌套于以个体为圆心而扩展开来的学校家庭社会协同育人系统之中,它们由内至外可分为微观、中观、外层、宏观四个相互影响的子系统。其中,学校家庭社会协同育人的微观系统就是指儿童直接接触与参与、并对儿童的成长和发展产生最直接影响的人和环境,如家庭、学校、同辈群体等。这些微观系统与儿童活动密切相关,其中每一个要素的具体变动及其发展,都有可能会影响儿童的行为表现、心理认知等。比如在家庭这一微观环境系统中,家庭结构与形态由原来的传统大家庭逐渐向核心家庭转变,呈现出小型化、核心化发展趋势,这一变化也带来了家庭教养方式两极分化的发展趋势,即一方面使得家长对于儿童的教育问题表现出过分溺爱、过度关注、过高期望的态度,另一方面则是处于"缺位"状态,而这些都容易造成对儿童不良行为的听之任之。显然,这种包括亲子相处方式、父母行为方式等要素在内的变化无疑会对儿童的成长与发展造成影响。学校家庭社会协同育人的中观系统主要是指各微观系统之间的交互关系,儿童的成长与发展并不是单独地存在于家庭系统或学校系统中,而是有赖于学校、家庭与社会之间的相互关系。研究普遍认为,学校与家庭之间的相互关系是影响儿童成长与发展的重要因素,学校家庭社会协同育人要强化学校、家庭与社会之

---

① U. Bronfenbrenner, *The Ecology of Human Development: Experiments by Nature and Design*, Cambridge: Harvard University Press, 1979, pp.21-26.

间的积极交流与互动,为儿童的全面成长与发展组织形式多样的协同育人活动。外层系统是指儿童不直接参与但会对其成长与发展产生重要影响的外部环境因素。比如父母所在的工作单位实行较为人性化的休假制度、福利制度等,使得父母能够有更多的闲暇时间陪伴儿童和参与学校家庭社会协同育人,既有利于儿童与家庭这一微观环境系统产生更多的直接关联与互动,又有利于提高家庭与学校或社会相互交流的频率与强度,协同促进儿童的全面成长与发展。再比如,学校实行以人为本的后勤管理制度,改善儿童在校的学校生活环境和教师的教学生活环境,促使儿童与教育者、教师与学校管理者之间形成良好、和谐的关系,增强学校这一微观环境系统的凝聚力与向心力。[1] 宏观系统则是指儿童成长与发展的过程中所处的综合性的宏观环境系统,比如社会文化系统中的意识形态、价值观念、道德习俗等,以及由此产生的社会秩序、社会心态、教育方式等。显然,儿童在成长与发展的过程中并非孤立的个体存在,而是能动地与周围的各层环境系统相互联系和相互作用,学校家庭社会协同育人就是不仅要充分发挥学校家庭社会各个子系统之间的协同作用,从而推动儿童发展;还要求学校家庭社会各个子系统以儿童发展为圆心,充分发挥其内部各要素之间及其与儿童个体之间的相互作用。

交叠影响阈理论是由美国约翰·霍普金斯大学的爱泼斯坦(Joyce L. Epstein)教授提出的协同育人理论,现已成为诸多国家推进学校家庭社会协同育人工作的理论参照和实践借鉴。爱泼斯坦认为,与其陷入儿童成长中哪种因素影响更大的理论争辩,不如从改进实践的立场去建立家庭、学校和社区间的新型伙伴关系。[2] 交叠影响阈理论就是强调以学生为中心,家庭、学校和社区三大育人主体的活动或单独或交叠地影响着学生的成长与发展。首先,该理

---

① 赵李叶:《新时代高校思想政治教育生态系统建设研究》,山东大学思想政治教育系博士学位论文,2023 年,第 70 页。

② 张俊、吴重涵、王梅雾、刘莎莎:《面向实践的家校合作指导理论——交叠影响域理论综述》,《教育学术月刊》2019 年第 5 期。

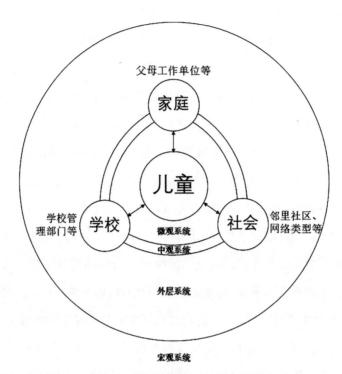

图 2-1　基于生态系统理论的学校家庭社会协同育人

论认为,学生在家庭、学校和社区的新型伙伴关系或交叠影响中处于中心地位。交叠影响阈理论认为,一方面,学校、家庭和社区之间的新型伙伴关系与学生的成长与发展之间并不是简单的、静态的、直接的因果关系,学生也并不是因学校、家庭和社区之间建立起新型伙伴关系而获得成功,而是学校、家庭和社区之间的新型伙伴关系能够引导和激励学生积极、自主创造自己的成功;①另一方面,在建立学校、家庭和社区之间新型伙伴关系的过程中,学生也发挥着重要作用,他们既是目的也是纽带,比如学生通常是父母获取学校信息的主要来源,学生的学校叙事对于家校关系的建立与发展至关重要。

其次,虽然生态系统理论和交叠影响阈理论都是以儿童为中心,强调各系

①　J. L. Epstein, "Advances in Family, Community and School Partnerships", *Community Education Journal*, Vol.12(1996), pp.10–15.

统间的交互作用及其对儿童发展的影响,但交叠影响阈理论也在一定程度上改进了生态系统理论,它重点突出学校、家庭和社区作为儿童成长与发展的背景或环境系统,并相应地构建了外部叠加效应模型和内部互动效应模型。交叠影响阈理论的外部模型指出,学校、家庭和社区作为影响儿童成长的三个主要环境,既相互独立,对其产生独特影响;又彼此交叠,并随着不同年龄、年级儿童的成长对其产生累积性、持续性的影响。如图2-2所示,交叠影响阈理论的外部模型重在阐释学校、家庭和社区对学生成长与发展的或单独或交叠的影响。学校、家庭和社区的经验、价值观与行为既有相对独立的部分,又有交互叠加的部分。相对独立的区域代表着学校、家庭或社区作为相对独立的育人主体,通过其独特的经验、价值观与实践为学生成长与发展带来属于其使命的、独有的和限定的作用和价值;交互叠加的区域则代表着学校、家庭和社区中两个或三个育人主体之间通过共同的经验、价值观与实践,以彼此交互叠加的动态关系共同为学生成长与发展带来综合融通式的、具有无限潜力的价值和意义。① 外部模型中的时间变量则是指随着学生年龄或年级的增加,学校、家庭和社区在协同育人中的角色地位、功能行为等发生合理、适切而又灵活的变化,三者之间的交互叠加区域也因此一直处于动态的变化之中,交叠影响则在这个过程中不断地发挥效力并累积,动态、持续地影响着学生的全面成长与发展。其中,交叠影响区域的主体、大小等代表了协同育人活动或行为的条件、场地、机会或激励效果的形成。②

交叠影响阈理论的内部模型镶嵌于外部模型之内,是外部模型中交互叠加区域部分的具体化,它既包括学校、家庭和社区协同育人的交互叠加区域,

---

① [美]乔伊斯·L.爱泼斯坦等:《大教育:学校、家庭与社区合作体系》,曹骏骥译,黑龙江教育出版社2016年版,第142—143页。

② 张俊、吴重涵、王梅雾、刘莎莎:《面向实践的家校合作指导理论——交叠影响域理论综述》,《教育学术月刊》2019年第5期。

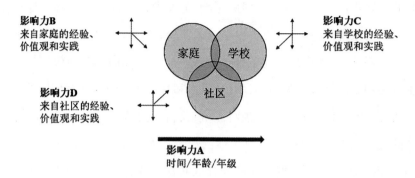

图 2-2　交叠影响阈外部模型①

也涉及交互叠加区域内外链接的相互作用。② 整体来说,交叠影响阈理论的内部模型解释了学校、家庭和社区三大育人主体在何处和如何发生互动与产生交叠影响,它不仅强调学校在其中的主导作用,还较为细致地指出了这种交叠影响在机构层面和个人层面的复杂联系与交互作用。在机构层面,交叠影响阈理论的内部模型强调的是学校、家庭、社区协同育人活动,尤其是以学校为主导的面向所有家庭、社区的集体性活动,比如学校邀请家长参加家长会等;在个体层面,内部模型关注的是家长、教师和社区教育者之间关于学生成长与发展的交织关系,并同样重视教师在其中的主导作用,比如作为单独个体的教师和家长就学生在校的行为表现或学习问题进行沟通与交流。③

　　最后,交叠影响阈理论还为协同育人提供了具体的协作方式,包括当好家长(Parenting)、相互交流(Communicating)、志愿服务(Volunteering)、在家学习(Learning at Home)、决策制定(Decision Making)以及与社区协作(Collaborating

　　① ［美］乔伊斯·L.爱泼斯坦等:《大教育:学校、家庭与社区合作体系》,曹骏骥译,黑龙江教育出版社 2016 年版,第 146 页。
　　② 程豪、李家成:《家校社协同推进劳动教育:交叠影响域的立场》,《中国电化教育》2021 年第 10 期。
　　③ 张俊、吴重涵、王梅雾、刘莎莎:《面向实践的家校合作指导理论——交叠影响域理论综述》,《教育学术月刊》2019 年第 5 期。

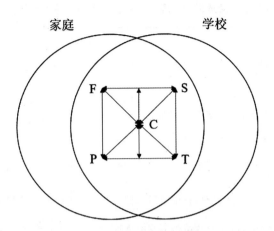

家庭　　　　　　　学校

图 2-3　交叠影响阈内部模型①

注:F=Family 家庭,C=Child 儿童,S=School 学校,P=Parent 家长,T=Teacher 教师;相互作用包括了机构层面上的相互作用(如家庭、儿童、教育者和整个社区)和个人层面上的相互作用(如某家长、儿童、教师和社区伙伴)。此图只是完整模型中家庭与学校交互叠加的部分;在完整模型中,内部模型还包括社区、个体商业组织、社区机构以及未交叠区域发生的相互作用。

with Community)六种类型,这一具有强烈的实践指导性的行动指南使得其自提出以来,便产生了巨大的影响力,成为诸多国家和地区开展学校家庭社会协同育人工作的实践指导方案。其中,"当好家长"强调帮助所有家庭营造一种勉励子女学习的家庭环境;"相互交流"是指建立学校与家庭间有效的双向沟通渠道,用于交流学校教学安排和学生学业进展;"志愿服务"是指动员并组织家长志愿者协助学校开展教学活动;"在家学习"则是向家长提供必要的信息与指导,帮助其在家辅导学生完成作业及其他学习活动、协助学生做出人生抉择与未来规划;"决策制定"是指让家长参与到学校的决策制定过程,并从中培养家长代表或领袖;"社区协作"则是发掘并整合社区内的资源和服务,以支持学校教学计划、家庭活动以及学生的学习和发展。②

---

① ［美］乔伊斯·L.爱泼斯坦等:《大教育:学校、家庭与社区合作体系》,曹骏骥译,黑龙江教育出版社 2016 年版,第 146 页。

② ［美］乔伊斯·L.爱泼斯坦等:《大教育:学校、家庭与社区合作体系》,曹骏骥译,黑龙江教育出版社 2016 年版,第 12 页。

表 2-1　基于交叠影响阈理论的六种类型协同活动举例（节选）

类型	活动举例
当好家长	建议家庭方面为其子女各年级段的学习活动创造条件 提供亲职教育项目（parent education）等为家长开设的课程或培训活动
相互交流	每年至少与每位家长进行一次会面，如有需要还可安排后续活动 每周或每月都把学生的功课情况做成文件报告给家长，让家长过目并发表意见
志愿服务	利用校园志愿者项目为教师、行政人员、学生和广大家长提供帮助 开辟一间家长活动室或家庭活动中心，供志愿者进行活动、开会以及资源发布
在家学习	把学校每个年级的每一个学科都要求学生掌握哪些知识与技能告诉家庭方面 把学校的家庭作业政策告诉家庭方面，并告诉他们该如何在家里对子女的功课进行监督与讨论
决策制定	设立活跃的家庭—教师协会（PTA）、家庭—教师组织（PTO）或其他家长组织；设立各类咨议会或委员会，以便让家长可以担任领导职务和其他各类参与角色
社区协作	将有关社区卫生、文化、娱乐、社会支持等项目服务的信息告诉学生及其家庭 通过各方合作将各种社区服务整合在一起，比如学校，各种市民、咨询、文化、卫生、娱乐等方面的组织机构，商家和企业

资料来源：［美］乔伊斯·L.爱泼斯坦等：《大教育：学校、家庭与社区合作体系》，曹骏骥译，黑龙江教育出版社 2016 年版，第 12 页。

三、技术赋能与学校家庭社会协同育人的关系

　　技术与教育的关系是教育技术研究领域的核心问题，技术赋能与学校家庭社会协同育人的关系则是技术赋能学校家庭社会协同育人的核心问题。我们认为，在技术赋能学校家庭社会协同育人的相关研究中，所谓技术特指新一轮技术革命中以互联网、人工智能、大数据、云计算等为代表的现代信息技术；所谓协同育人则是包括以培养人为目的、以立德树人为根本任务的学校教育、家庭教育和社会教育本身及其相互关联所形成的协同育人系统。因此，对于技术赋能与学校家庭社会协同育人关系的认识，即可参照当前学界对于技术与教育之间关系的认识。整体而言，有关技术与教育之间关系的讨论大致可

根据人们对于技术应用在教育领域的不同态度,归结为技术乐观主义和技术悲观主义。其中,技术乐观主义通常认为技术是推动教育变革的重要动力,甚至将其视为导致教育变革的革命性因素。这显然暗含着一种技术决定论的倾向,其一方面反对仅仅把技术看作工具的技术工具论,认为这会制约技术变革教育的深度与广度和教育现代化的步伐;①另一方面则会造成一种以技术为出发点和中心的思维方式,往往未加深思熟虑就试图将每一项新技术应用至教育教学之中,而很少审慎地考虑教育教学是否真正需要这一新技术,以及其能为教育教学带来怎样的实际效果。技术悲观主义则认为技术对于教育的作用和影响被肆意夸大了,技术终究只是一种工具。他们往往对技术抱有一种消极、怀疑乃至拒斥的态度,一方面主张以教育为中心的思维方式,应该基于教育教学中的真实问题去寻求相适应的新技术,而不是考虑所谓技术的教育应用,更不应使教育去追逐技术的变化;另一方面,面对日新月异的技术进步,更多的是看到其所带来的负面影响,比如新技术的引进和应用通常要花费大量的人力、物力与财力,但实际效果却不一定好,不仅不能带来教育质量的提高,反而会给学校、家庭和个人带来经济、精力等多重负担。② 然而总的来说,学界对于技术与教育关系的态度多数是较为乐观的,即认同新技术在教育领域存在与发展的合理性,但是随着对于技术与教育关系认识的深入,学者们对技术乐观主义进行了整合性地取舍,是一种有限度的技术乐观主义。以技术赋能学校家庭社会协同育人的视角来看,即他们总体上以一种开放、包容和理性的态度将技术应用到教育领域,同时强调技术在学校家庭社会协同育人领域所能达成的赋能效果,并不取决于技术本身的新旧或先进与否,而是取决于我们想要实现怎样的协同育人目标,具体来说,就是根据具体的协同育人目标,选择哪种技术、通过什么样的技术赋能方式,将其应用到学校家庭社会协

---

① 余胜泉:《技术何以革新教育——在第三届佛山教育博览会"智能教育与学习的革命"论坛上的演讲》,《中国电化教育》2011 年第 7 期。

② 王竹立:《技术与教育关系新论》,《现代远程教育研究》2012 年第 2 期。

同育人的哪一方面,可以解决什么样的协同育人问题和取得什么样的协同育人成效。[①] 由此,这种有限度的技术乐观主义构成了我们研究技术赋能学校家庭社会协同育人的逻辑起点和具体过程。

<h2 style="text-align:center">第三节　技术赋能学校家庭社会
协同育人的内涵意蕴</h2>

基于技术赋能学校家庭社会协同育人的概念阐释和理论探索,我们展开了对于其内涵意蕴的探讨,这包括学校家庭社会协同育人中的权责关系和技术赋能学校家庭社会协同育人的内涵特征。

一、学校家庭社会协同育人中的权责关系

学校家庭社会协同育人中的权责关系主要是指学校、家庭和社会三大协同育人主体之间权利与责任的分配和协调。一般来说,学校、家庭和社会在协同育人中负有共同责任。其中,学校是教书育人的主阵地,在学校家庭社会协同育人中占有主导地位,家庭和社会参与学校教育及其治理是当前协同育人的主要形式;家庭教育是学校教育和社会教育的基础,在学校家庭社会协同育人实践中发挥着奠基性作用;社会同样是促使儿童全面发展、健康成长的重要育人主体,社会教育在儿童教育与发展的过程中既是独立的教育力量,又是学校教育和家庭教育的重要补充。但是在当前的学校家庭社会协同育人实践中,学校、家庭与社会之间权责边界划分的不清晰和实际地位的不平等,使得越位、退位、缺位等错位现象频繁出现,并主要表现为学校教育与家庭教育之间相互越位与退位、社会教育直接缺位。首先,学校教育与家庭教育之间的相互越位既表现为学校把本该由教师负责的工作内容交给了家长,甚至过分绑

---

① 张俐蓉:《信息技术与学校教育关系的反思与重构》,华东师范大学教育学系博士学位论文,2004年,第68页。

架家庭教育使其沦为学校教育的附庸,家庭教育的独立行动空间因学校越位被消解;又表现为家长非理性地参与学校教育,甚至干涉正常的教育教学活动。① 其次,学校教育与家庭教育之间相互退位,这就是指学校和家庭相互推诿教育责任。这其实也会造成学校教育或家庭教育的被动越位,比如部分家长将全部的育人责任推给学校,甚至认为教育就是且只属于学校的责任,学校因家长退位而被动地承担了过界的教育责任。最后,社会教育的缺位就是指社会教育与学校教育、家庭教育相脱节。社会教育无疑是当前学校家庭社会协同育人的薄弱环节,无论是学校教育和家庭教育还是社会教育本身,都容易有意或无意地忽视掉社会作为协同育人主体的权利与责任,从而造成社会教育的隐匿和缺位。

虽然学校、家庭和社会都是协同育人主体,并对儿童的成长与发展负有教育责任,但是在学校家庭社会协同育人中,三者作为不同的育人主体所发挥的效用并不尽相同,它们有着各自倾向的育人重点和理应拥有与承担的育人权责。因此,学校、家庭和社会在协同育人中需要有明确、清晰的权责划分。2023 年出台的《教育部等十三部门关于健全学校家庭社会协同育人机制的意见》对此指明了方向,它明确提出学校要充分发挥协同育人主导作用、家长要切实履行家庭教育主体责任、社会要有效支持服务全面育人。这首先意味着在协同育人中,学校教育既要担负起作为主导性主体的责任,又要意识到其育人权责的有限性。一方面,由于其专业性和正规性,以教育教学为主要活动和内容的学校教育毋庸置疑地承担着学生发展的重担,既主导着学校家庭社会协同育人的开展和推进,主动承担和积极促进学校家庭社会协同育人机制的建设;又是有效连接家庭教育和社会教育的关键点,承担着加强家庭教育指导、统筹社会育人资源的协同育人责任。另一方面,学校教育在协同育人中的主导性地位并不意味着其权责的无限性。从事实存在的意义上来说,学校教

---

① 　单志艳:《家校共育的权责边界》,《北京教育学院学报》2020 年第 6 期。

育并不等同于教育本身，它只是教育系统中的一环，不可能也不应该承担起全部的教育责任；而且，家庭和社会作为深度参与到儿童成长与发展的客观主体，也必然承担着其应有的教育责任。从儿童成长与发展的层面上来说，虽然作为育人的主阵地，学校自产生以来便直接指向儿童教育，但是儿童的成长与发展离不开社会育人环境的潜移默化，更离不开与其朝夕相处的家长的言传身教。其次，家庭教育的责任重心在于教育儿童如何做人，它在儿童成长与发展和学校家庭社会协同育人中起着基础性的作用。家长既要明确家庭教育作为协同育人主体的责任意识，积极寻求学校指导和社会资源支持，形成科学的家庭教育理念与方法，提高家庭教育水平，为儿童的成长与发展打下良好的基础；又要主动协同学校教育，积极参与家长委员会相关工作，与学校形成良性互动，并充分利用社会教育资源，引导儿童参与社会实践。① 最后，社会教育的全面性、长期性和持久性使其成为协同育人中不可或缺的一环，不仅为学校教育和家庭教育提供相应的保障，还对其具有重要的补益作用。社会教育拥有丰富多样的育人资源，可以通过开发开放、整合共享其育人资源，积极联动学校教育和家庭教育，为协同育人活动的组织与开展提供人力、物力、财力、场地等的支持与帮助，为儿童提供正向的社会实践体验。但同时需要注意的是，由于社会教育资源本身过于分散且较为复杂多元，社会教育对于儿童成长与发展造成的影响既有正面的也有负面的，所以学校家庭社会协同育人也需要净化和规范社会教育，以营造良好的社会育人环境。总之，学校、家庭和社会虽各有侧重，但紧密联系、有机联结，三者在明确和厘清自身育人权责的基础上共同承担协同育人责任，在协同合作中以学校教育为主导、加强家庭教育、大力发展社会教育，共建、共治、共享三位一体的学校家庭社会协同育人共同体，最大限度地助力儿童的成长和发展。

① 《教育部等十三部门关于健全学校家庭社会协同育人机制的意见》，见 http://www.moe.gov.cn/srcsite/A06/s3325/202301/t20230119_1039746.html。

二、技术赋能学校家庭社会协同育人的内涵特征

在讨论技术赋能学校家庭社会协同育人的内涵特征之前,我们需要对学校家庭社会协同育人的内涵特征有一个清晰的认识。首先,学校家庭社会协同育人具有系统性。根据生态系统理论和交叠影响阈理论,教育系统是一个宏大的系统建构,学校教育、家庭教育和社会教育作为其中的重要子系统,三者之间相互联系、相互影响、相互作用,甚至相互制约,同心协力促进儿童的成长与发展,形成学校家庭社会协同育人这一具有组织功能的系统工程。唯物辩证法认为,任何事物都是普遍联系的,世界是一个相互联系的统一整体。因此,只有站在全局的、整体的、系统的角度,用联系的、发展的、动态的眼光,才能够科学地考察学校教育、家庭教育和社会教育三大育人系统之间及其内部各要素之间是如何相互联系、相互作用、相互协同的,从而建构起学校家庭社会协同育人共同体的最优结构,既最大限度地发挥学校教育、家庭教育和社会教育各子系统自身的独特育人优势,又实现学校家庭社会协同育人整体功能和成效的最优化。

其次,学校家庭社会协同育人具有同向性,一致以立德树人为整体目标和各育人主体的共同目标。立德树人既是学校家庭社会协同育人的根本任务,也是学校教育、家庭教育和社会教育的根本任务。从整体层面来看,立德树人是我国新时代所有教育工作的出发点、中心点和落脚点,学校家庭社会协同育人需要多方教育主体以立德树人为方向和依据,把立德树人融入协同育人实践中,以立德树人为标准推动协同育人实践,以"德"为基础促进儿童全面成长与发展。从各育人主体本身来看,立德树人贯穿学校教育、家庭教育和社会教育各领域。这意味着学校教育、家庭教育和社会教育回归教育培养人的育人本质,摆脱工具主义、成绩主义等的桎梏,不再一味地将提升考试成绩与升学作为追求的工具性目标。[①] 其中,学校教育一贯把课程、教学、管理等作为

---

① 邵晓枫、郑少飞:《新形势下的家校社协同育人:特点、价值与机制》,《现代远程教育研究》2022 年第 5 期。

立德树人的基本载体;家庭教育坚持以品格教育和做人教育为工作重心;社会教育始终践行知行合一,通过整合利用各类教育资源,为立德树人提供活动育人、实践育人等多种途径和形式。

最后,学校家庭社会协同育人具有有序性。协同论认为,一个系统从无序变为有序,就是要在一定的条件之下,通过系统内部的各子系统或要素之间非线性的相互作用,产生自组织现象并形成大规模的协同。因此,有序的学校家庭社会协同育人的关键就在于教育系统内部的学校教育、家庭教育和社会教育之间产生协同效应,减少无谓的内耗;学校家庭社会协同育人相关研究就需要对教育系统内部的学校教育、家庭教育和社会教育的特点及其独立运行过程中的表现进行分析,需要对学校教育、家庭教育和社会教育之间及其内部各要素之间非线性的相互作用的途径与形式进行分析,从而使得学校教育、家庭教育和社会教育之间的协同运动占据主导地位,建构结构有序、资源共享、功能优化的学校家庭社会协同育人体系。[1]

结合学校家庭社会协同育人的内涵特征,我们认为技术赋能学校家庭社会协同育人首先要回归教育的本质,坚持立德树人的价值基点。科学技术是把双刃剑,它既能革新与重构学校家庭社会协同育人的生态、理念、组织形式、活动内容等,为其提供新路径与新方法,促进学校家庭社会协同育人的发展;但也会带来诸多问题和挑战,比如可能会因技术的浅表使用而使学校家庭社会协同育人的形式大于内容,或因技术的滥用而使作为协同育人主体的学校、家庭和社会成为被动接受技术的客体,又或因技术误用而背离学校家庭社会协同育人的育人目的。因此随着教育信息化或数字化的不断推进,我们更应该深刻认识到技术赋能学校家庭社会协同育人所产生的变化以及其对协同育人的作用,尤其是其所带来的价值伦理冲突,始终坚持立德树人理念,协同培

---

[1] 杨睿:《基于协同学理论的思想政治教育方法创新研究》,广西师范大学思想政治教育系博士学位论文,2016年,第31页。

养符合社会需要的德、智、体、美、劳全面发展的人。①

其次,技术赋能学校家庭社会协同育人的方式与路径是教育数字化或信息化技术通过作用于学校家庭社会协同育人的主体要素来实现的,即作用于作为个体的教师、家长、社会教育者,作为教育组织的家庭、学校和社会,以及学校家庭社会协同育人环境。技术作用于个人或组织主要体现在教育数字化或信息化通过提供数据采集与分析、平台开发与完善、环境共建与共享等技术支持,促使教师、家长和社会教育者或学校、家庭和社会能够有更多的机会、更深入地参与到学校家庭社会协同育人活动之中;技术作用于环境则是指通过人工智能、大数据、物联网、视频监控等技术的聚合、集成和创新,推动学校家庭社会协同育人环境向智能化、虚实融合的方向发展,为学校家庭社会协同育人中的个人和组织提供便捷与支持协同育人的教育情境。②

再次,技术赋能学校家庭社会协同育人的内容与手段是教育技术通过各种数字化或信息化手段作用于学校家庭社会协同育人的实践指标来实现的。我们已经初步构建了包括理念协同、分工协同、沟通协同、教学协同、管理与决策协同、家庭教育协同、资源协同、协同环境和协同评估九大指标在内的学校家庭社会协同育人实践指标体系。而所谓的教育数字化或信息化手段主要包括数据采集与分析、平台开发与完善和环境共建与共享。具体而言,数据采集与分析包括通过实施全场景、多模态的教育数据采集,对相关教育数据进行动态监测、定期评估、反馈与调整,建构关于儿童成长与发展和学校家庭社会协同育人的全过程动态数据库,既可建立儿童的个性化发展模型,使得学校家庭社会协同育人活动目标更加清晰和具体,又能够根据学校家庭社会协同育人所面临的不同情况,提供具有针对性的解决措施和方案。比如在资源协同维

① 万昆、任友群:《技术赋能:教育信息化2.0时代基础教育信息化转型发展方向》,《电化教育研究》2020年第6期。
② 蒋立兵、陈佑清:《技术赋能学习中心教学的逻辑与路径》,《课程·教材·教法》2023年第5期。

077

度,协同育人数据的采集和分析可以帮助我们对不同的协同育人参与群体进行归类和分析,并在此基础上进行资源的充分整合和精准分配,健全供需对接机制。平台开发与完善目前主要包括两种类型,一类是使不同协同育人主体之间沟通与交流更加高效、便捷、透明的开放性社区平台,另一类则是以协同育人数据为核心而搭建的数字化的协同育人资源平台,它是对优质教育资源的采集和储存。各类平台的开发与建设打破了传统协同育人模式中时间和空间的限制,呈现出物理空间与数字空间并存的虚实结合形态,有效缓解因时间难同步、空间容纳有限等而带来的学校家庭社会协同育人问题。① 比如在沟通协同、管理与决策协同维度,通过 CR-Tech Connections 技术资源搭建开放的、实时交流的综合网络平台;在教学协同、家庭教育协同、资源协同维度上,可完善和改进国家中小学智慧教育平台等架构,建设为用户生成性资源平台,为儿童和协同育人主体提供开放共享的教育资源。环境共建与共享主要强调构建包括交互资源、全息资源、AR 资源等在内的智能协同育人资源聚合服务新生态,通过人工智能、大数据等现代信息技术推动学校家庭社会协同育人朝着智能化、虚实融合的方向发展,为协同育人主体和儿童构建更具真实性、体验性、交互性的虚实融合的学校家庭社会协同育人环境。② 比如在沟通协同、协同环境维度,构建手机应用程序、博客、视频、在线研讨会、网站、在线论坛等多信息载体可同步的电子生态环境,人际沟通与物际沟通相结合,实现多渠道协同传输与数据同步整合的学校家庭社会协同育人环境。

最后,学校家庭社会协同育人质量的提升是技术赋能学校家庭社会协同育人的价值旨归。技术赋能学校家庭社会协同育人的最终目的是推动学校家庭社会协同育人实现更有效率、更加公平、更加可持续的高质量发展,技术赋

① 蔡迎旗、占淑玮、张丽莹:《数字技术赋能学前教育可持续发展何以可能》,《教育研究与实验》2023 年第 6 期。
② 万昆、任友群:《技术赋能:教育信息化 2.0 时代基础教育信息化转型发展方向》,《电化教育研究》2020 年第 6 期。

能是手段和路径,高质量发展是目标导向和价值旨归,教育数字化和高质量发展共同创新和构筑学校家庭社会协同育人的新生态。① 以技术赋能更好地推动学校家庭社会协同育人高质量发展,必须坚持立德树人的出发点、中心点和落脚点,在充分考虑现代技术与学校家庭社会协同育人适配性的基础上,使现代数字或信息技术与学校家庭社会协同育人各要素、各学段和各领域深度融合,提升学校家庭社会协同育人各主体的数字素养,加强学校家庭社会协同育人的技术支持环境建设,通过数据采集与分析、平台开发与完善、环境共建与共享等技术手段全面赋能理念协同、分工协同、沟通协同、教学协同、管理与决策协同、家庭教育协同、资源协同、协同环境和协同评估,促进学校家庭社会协同育人的数字化转型,推动教育高质量发展和中国式教育现代化战略目标的实现。

---

　　① 李红革、黄家康:《数字化转型赋能思想政治教育高质量发展略探》,《学校党建与思想教育》2023 年第 23 期。

第三章　研究设计与问卷编制

　　当前,学校家庭社会协同作为一种理念或模式,虽在我国起步较晚,但在教育领域已经取得较为广泛的认同,有关"学校家庭社会协同育人"的研究也已经初具基础,不论是理论层面的论证还是各地结合实际情况进行的联合探索,均取得一定成果。另一方面,在数字化转型的时代背景下,技术改变生产生活已经成为不可逆转的发展趋势,科学技术赋能教育也是当前不可回避的时代洪流。但科学技术对教育领域的渗透往往潜移默化、不易被察觉,所以,在我国当前学校家庭社会协同育人的过程中,技术究竟参与了多少,在哪些方面取得了哪些相对成熟的实践经验,同时社会各界对于技术赋能学校家庭社会协同育人有哪些具体的需求,还未有系统的调查与研究。由此,及时厘清技术在学校家庭社会协同中的参与度与需求度,对我们进一步认识学校家庭社会合作现状,科学把握技术对于学校家庭社会协同赋能的切入点与贡献度,进而利用技术提高学校家庭社会协同育人的成效,具有现实意义。本章主要介绍在前期已有的理论基础之上的研究内容梳理和研究框架设计,并介绍了本研究的量表编制过程,详细再现了本书基于研究问题逐步确定研究维度,并经过多轮专家咨询与问卷试测,反复打磨,最终生成研究工具的历程,力求凸显研究的严谨性与科学性。

第一节 制定研究内容与核心框架

本书的基本思路如图 3-1 所示：以学校家庭社会协同育人的协同维度指标体系为基础性研究，构建理论指导体系与基本分析框架；以实证调查为逻辑起点，精准聚焦实践问题与需求；以构建技术赋能学校家庭社会协同育人体系为最终目标。其中，"学校家庭社会"在思路图中简称为"校家社"，具体研究思路如下。

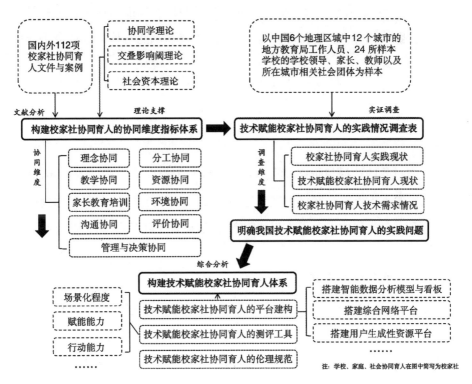

图 3-1 构建技术赋能校家社协同育人体系思路图

第一，将以世界范围内已有的学校家庭社会协同育人政策文件与实践案例为基础，对学校家庭社会协同育人的协同维度与指标进行梳理与归纳，前期已完成初步梳理，总结 9 个维度 30 个指标（详见表 3-1），之后将通过多学科理论进行理论审查与维度增补,最终形成管理层问卷、教师问卷和家长问卷,并重新形成学校家庭社会协同育人实践维度指标体系(详见表3-7)。

第二,将通过实证研究,分析技术赋能学校家庭社会协同育人现状,并进行技术赋能学校家庭社会协同育人的实践情况调查,该调查分为两部分:我国学校家庭社会协同育人实践现状调查、技术赋能学校家庭社会协同育人现状与需求调查。

第三,将根据前期研究成果,结合学校家庭社会协同育人实践维度与我国技术赋能学校家庭社会协同育人的实践情况,构建技术赋能学校家庭社会协同育人内容体系、构建学校家庭社会协同育人的技术赋能测评工具与构建学校家庭社会协同育人技术伦理规范,从而构建技术赋能学校家庭社会协同育人体系。

第二节　研究对象与研究方法

研究对象的选择与研究方法的确定是科研工作中非常重要的一环,直接关系研究工作的准确性和可信度。选择研究对象和方法时,充分考虑到研究目的、研究问题、研究条件等方面的因素,确保研究工作的科学性和全面性。

一、确定研究方法

围绕技术赋能学校家庭社会协同育人的现状及需求,本书主要在总结实践及相关文献的基础上,以定量的方式搜集和分析数据,并辅之以定性研究的方式用以解释数据背后的意义,所以本书主要采用了访谈法、问卷调查法搜集信息,分析数据。同时,为保证问卷制定的科学有效性,在制定问卷的过程中,采用德尔菲法辅助问卷修正。下面先对采用的研究方法做一简单的梳理与介绍。

（一）文献研究法

文献研究法是研究者根据特定研究目的，搜集、阅读、整理与分析文献，并通过对文献的研究形成对事实科学认识的方法。本书通过运用 CNKI、万方、Web of Science、Science Direct、ProQuest、Springer Link、EBSCO 等数据库，获取国内外关于学校家庭社会协同育人以及技术赋能教育教学等研究问题相关的政策及其他文献资料。一方面掌握研究主题当前的研究与实践现状，确定已有研究之成果与不足，明确研究方向与侧重点；另一方面，为确定技术赋能学校家庭社会协同育人的内容与维度，进而为制作量表并进行后期数据分析提供理论支撑和依据。

（二）德尔菲法

德尔菲法也称作专家咨询法，主要选取相关领域较具代表性或权威性的专家，对所要预测的问题或问卷进行多轮次的专家意见征询，通过迭代式的专家意见征询、归纳和修改，最后专家的意见趋向一致。在本研究中，德尔菲法的使用主要集中在问卷的制定过程中。首先，在确定问卷的研究维度和问题时，邀请家庭教育领域的专家进行第一轮意见征询；随后，将问卷进行小范围试测，邀请一线在学校家庭社会协同育人领域有所建树的教师和管理者试答并给出问卷修改意见；再将修改后的问卷进行第一轮试测，收集数据后，邀请量化领域的专家针对数据分析结果进行第二轮专家意见征询，结合探索性因子分析和验证性因子分析进一步精简问卷题量与研究维度；同时，将最新的问卷进行第二次投放试测，并再次邀请不同学校的一线教育工作者根据作答体验给出问卷修改意见。最终，经过两轮专家意见的征询与迭代，确定正式问卷。

（三）问卷调查法

问卷调查法是研究者根据研究目标，设计相应的问题并编制成问卷，发放给选定样本人群进行调查、收集数据,间接获得信息内容并对结果加以统计分析,以达成研究目标的一种研究方法。为获取学校家庭社会协同育人的实践现状、技术赋能现状与技术赋能需求,同时对学校家庭社会协同育人的技术支撑进行可行性评估,本课题采用分层抽样,选取我国 6 个地理区域中 12 个城市的 24 所样本学校,对其校长、教师及家长发放《学校家庭社会协同育人现状调查问卷》及《技术赋能学校家庭社会协同与育人现状调查问卷》两个自编量表①。该量表的维度设定及题目编撰主要参考国内外相关研究领域的成熟量表与政策文本,经检验,该量表信效度良好。

（四）访谈法

访谈法是研究者与被访者通过口头交谈搜集被访者相关的心理特征与行为数据资料的一种研究方法(往往与观察法相结合,不仅要关注口头语言,还要关注行为语言)。使用访谈法能够补充描述难以用量化数据获取的个体层面的数据资料。研究者根据访谈数据分析,可以更准确分析与解释某种问题或现象的成因和结果。为更全面了解学校家庭社会协同在教育实践中的需求与现状,本书根据研究进度与量化数据结果,在研究前期与后期均针对研究内容对一线教师及学校管理层进行了基础性访谈与补充性访谈,访谈内容对于量表编订与数据分析有重要指导意义。

二、选定研究对象

由于学校家庭社会协同育人主要包含家庭、学校和社会三个方面,这三方面的主体成员又主要包含学校、社会工作人员及家长群体。由于社会方面成分较为复杂,而学校家庭社会协同育人又主要是以学校为中心联结并指导开展的,社会对于学校家庭社会协同育人的支撑可以由学校和家庭层面的反馈

---

① 校长问卷、教师问卷和家长问卷在相同维度之下,根据研究对象不同,具体题项设定略有不同。

体现出来。所以本书主要调查与访谈的对象包括学校领导层、教师以及家长，主要兼顾宏观的决策引领和一线的实践体验，并由学校层面和家长层面对社会教育资源的选择与利用，体现社会方面参与学校家庭社会协同育人的方式与内容。由此，本书采用分层抽样，选取我国 6 个地理区域中 12 个城市、24 所样本学校的学校领导、家长、教师进行调查与访谈。其中，学校领导层包括校长、技术部门管理者及学校其他领导层，以问卷作为主要搜集资料的工具，并根据方便原则选取部分对象进行访谈。教师主要包括班主任及其他科任教师，以问卷填答为主。家长群体在随机抽样的基础上，尽量保证涵盖各个收入群体和不同受教育水平的家长，同样以问卷填答为主。另外，整体的分层抽样保证研究样本在地区分布、城乡分布，以及不同层级学校分布的合理性和全面性。

由于本研究覆盖面较广，综合考虑人力、物力和财力的现实情况，除东北三省地区可由本书研究成员实地调查发放问卷之外，其余各地均采取线上联络当地教研员或其他负责人员的方式，由其配合协调当地学校，以问卷星为载体发放网络问卷，搜集资料，获取学校家庭社会协同育人的实践现状、技术赋能现状与技术赋能需求，同时对学校家庭社会协同育人的技术支撑进行可行性评估。

第三节　问卷的维度划分与编制

问卷主要由导引语、基本信息和量表三部分构成。由于当前国内还没有有关学校家庭社会协同育人的成熟量表，所以为搜集资料及后续分析有方向，必须先对学校家庭社会协同育人过程中的学校家庭社会责权进行划分，并研制现实可行的"学校家庭社会协同育人量表"以及"技术赋能学校家庭社会协同育人量表"。为此，本书首先根据我国教育部诸多文件、英国教育标准局《教育审查框架》、法国教育指导法、日本 PTA 活动目标等公开文件，提取出其中有关学校家庭社会协同育人的条目,再按照其条目内容重新排列,梳理提炼出学校家庭社会协同育人的 30 个方向(家庭学习、教学理念协同、教学成果展示、协同氛围构建、协同家访、学校家庭社会三方协同管理与监管、学生行为评价等)。在此基础上,以教育学、社会学等诸多理论为分析框架,进一步构建学校家庭社会协同育人的 9 个维度(教学协同、环境协同、分工协同、沟通协同、管理与决策协同、理念协同、资源协同、评价协同以及家长教育培训)。具体划分细节与对应范畴参见表 3-1。

表 3-1　学校家庭社会协同育人初步指标体系

维度	方向	参照内容
教学协同	在家学习	扩展并支持其子女在家学习学校课程(美国蒙哥马利郡公立学校管理规章); 培养其子女在家庭里拥有和在学校一样的学习热情(美国蒙哥马利郡公立学校管理规章); 提供合适的培训并有效与家长合作以支持在家学习理念(美国蒙哥马利郡公立学校管理规章); 家长通过获知作业册以及注册学校网站的数字作业册,促进学生在家学习(英国布默希中学措施)
	学习指导	对于指导性的项目、学生进步情况、作业、测试程序等给予有用信息(美国蒙哥马利郡公立学校管理规章); 给家长提供关于其子女在校学习的材料以及如何依照建议利用已有资源在家拓展学校学习情况(美国蒙哥马利郡公立学校管理规章)
	家长参与教学活动	鼓励家庭参与课堂活动(美国早期开端计划,The Head Start Act); 家长担任教学助手(英国赫里福郡项目); 家长参与有关自己子女的活动,或个人学习计划(香港教育统筹委员会 2019 年《家校合作及家长教育专责小组报告》)
	教学理念协同	通过家长组织使任课教师向家长解释自己的教学策略和教学实践(英国布默希中学措施)
	教学成果展示	展示学生学习成果的家长活动,如"音乐之家""体育之夜"(英国布默希中学措施)
	线上监控学习动态	"复兴连家"(Renaissance Home Connect)的管理软件让家长随时了解学生在学校课堂学习的进展(英国布默希中学措施)

续表

维度	方向	参照内容
环境协同	协同氛围构建	为整个学校区域环境营造一种开放交流、互相信任、彼此尊重的氛围(美国蒙哥马利郡公立学校管理规章)
	人文环境构建	促进青少年的健康成长,防止校园欺凌所导致的逃学等不良行为,减少手机、网络对学生带来的危害,努力改善社会环境和教育环境,普及尊重人权的活动(日本 PTA 活动目标)
	生态环境构建	不良环境是引发青少年问题行为的原因之一,要推进净化有害环境的运动。立足于全球视野,保护社会环境和自然环境,培养学生友善的品行(日本 PTA 活动目标)
分工协同	角色分配	学校职工应该不仅认可并重视家长作为儿童第一任而且是最有影响力的教师角色,而且要认识到家长的责任(美国蒙哥马利郡公立学校管理规章); 优先考虑家庭成员作为潜在雇员(美国早期开端计划,The Head Start Act); 明确家长的角色(法国 1989 年《教育指导法》)
	责任与义务	学校职工应该牢记他们与家长、监护人以及其他监管儿童就学的家庭成员一起共同承担责任(美国蒙哥马利郡公立学校管理规章); 通过支持、鼓励和扶助他们的子女学习认可他们在子女的教育中起关键作用(美国蒙哥马利郡公立学校管理规章); 教师必须尊重家长的知情权和发言权(法国 1989 年《教育指导法》); 签订《基于伙伴关系的家庭—学校合同》(Home-School Contract of Partnership)文本,以合同或协议的形式明确了家校双方的责任(英国的全国班主任协会,National Association of Head Teachers,NAHT 制定)
	志愿服务	为志愿者岗位的发展提供职员培训; 设计活动和志愿者工作岗位描述,给所有家长参与学校志愿项目的机会; 清除阻碍家长参与志愿者活动的障碍; 为家长志愿活动提供导向和培训; 委派一名学校职工与成员协作,鼓励家长参与学校志愿者项目(美国蒙哥马利郡公立学校管理规章)
	临时教师	建立学校评议员制度,由校内外的知识分子、社会福利机构人员、青少年团体人员、家长等担任学校临时教师(2000 年日本文部省《关于学校教育法施行规则等的部分修订》)

续表

维度	方向	参照内容
沟通协同	构建联系网络	配合家长和组织、开发和保持清晰连续的交流系统:通过各种方式,比如时事通讯、学校—家长联合项目、目录清单等提供关于本地学校和学校系统规章政策的信息、项目、合作的机会、常规学生成绩报告和家长—教师会议等(美国蒙哥马利郡公立学校管理规章); 在常规、系统基础上,通过在时事通讯、团体讨论或者会议上设立家长版块等方式确保获知为人父母的相关信息(美国蒙哥马利郡公立学校管理规章); 确定关注同一问题的家长们有共同的信息交流网络(美国蒙哥马利郡公立学校管理规章); 询问家长的信息需求(美国蒙哥马利郡公立学校管理规章); "家长参与网络"的主要工作是为学校和家长提供培训、信息、资源、咨询和支持,并通过网站、培训课程等渠道促进家校沟通(英国布默希中学措施); 收集 PTA 活动的相关信息和资料,充分利用网络和宣传小报加深会员的学习并为社会提供教育信息(日本 PTA 活动目标)
	沟通技巧	避免以评价的语气与家长交流(美国蒙哥马利郡公立学校管理规章)
	协同家访	"家长作为教师"项目已经发展到全国范围内,并由资深的家长教育者、家长中形成的团体会议、儿童发展节目放映及其他社区服务纽带向一岁幼儿家长提供定期家访(美国密苏里项目);每星期一——小时家访(密苏里州的"School on Saturday"项目)
	个性化交流	学科教师、学生与家长参与的个体家长会(英国布默希中学措施)
管理与决策协同	家长参与决策制定	家长积极参与涉及其子女教育进程的决策制定(美国蒙哥马利郡公立学校管理规章); 考虑家长的请求,充分利用家长的聪明才智(美国蒙哥马利郡公立学校管理规章); 学校在制订计划等方面必须征求家长意见(法国 1989 年《教育指导法》); 家长管理成员作为学校管理团队的重要组成部分(英国布默希中学措施)
	家长参与学校管理	家长志愿者协助校务(英国布默希中学措施);家长教师会参与学校管理(香港地区 2001 年《校董职责》、2004 年《教育改革进展报告》)
	学校家庭社会三方协同管理与监管	2004 年 6 月,日本国会修改了《关于地方教育行政的组织及运营法》,此法律导入了"学校运营协议会制度",规定家长与社区成员参与学校管理与监管

续表

维度	方向	参照内容
理念协同	包容与多样化观念	认可教养方式、家庭结构和环境的多样性以及整个郡里人口分布的多样性体现出来的个体差异(美国蒙哥马利郡公立学校管理规章)
	家长教育自觉性	致力于提高家长的自觉性,以实现家庭教育的作用(日本PTA活动目标)
资源协同	资源分配	学校职工应该对于家长的要求敏感,同时不额外增加学校的不合理负担(美国蒙哥马利郡公立学校管理规章); 充分使用地区和中心办公室资源(美国蒙哥马利郡公立学校管理规章)
	资源应用知情	确认社区成员对于社区资源的应用知情(美国夏威夷"健康开端"Healthy Start项目)
评价协同	家校协作有效性评价	询问家长他们的努力成果,包括家长参与的内容、过程、相关性和有用性及有效性(美国蒙哥马利郡公立学校管理规章); 将家校共育纳入学校评估(英国教育标准局2019年推出的《教育审查框架》); 用以下因素评估志愿者项目的有效性:家长参与的人数、提供的项目种类、项目员工、学生和家长的收益、家长参与障碍的清除程度等(美国蒙哥马利郡公立学校管理规章)
	为目标服务的诊断性评价	在学年开始进行诊断式检视以制定适当目标(密苏里州的"School on Saturday"项目)
	学生行为评价	每日报告卡是一种有针对性的干预,教师和家长共同识别、监控和强化三到五种干扰学习的个性化行为; 好消息笔记是老师寄回家的关于期望行为(例如,遵守规则,完成工作)的证书,以向家长提供积极的每周反馈——公共卫生服务法(Public Health Services Act)
家长教育培训	家长教育培训空间创设	在可行的情况下给家长培训和家长学校提供空间(美国蒙哥马利郡公立学校管理规章)
	家长教育培训活动	提供家长参与学前预备课程的机会(密苏里州的"School on Saturday"项目); 儿童发展咨询专业人员提供辅导及家长聚会等(密苏里州的"School on Saturday"项目); 提供家庭参与成人发展和家长教育活动的机会(美国早期开端计划(The Head Start Act)); 学校开展家长教育活动(香港地区2000年教育局出台《施政报告》)
	家长教育教材提供	为家长提供有关养育技巧的成套课程印和视听教材(宾夕法尼亚州PTA工作)

依据总结划分的 9 个维度和 30 个方向,本书研究人员于 2023 年 4 月集中讨论制定了初步的调查量表,包括校长、教师和家长的"学校家庭社会协同育人量表",以及"技术赋能学校家庭社会协同育人量表"。其中"学校家庭社会协同育人量表"是基础性量表,"学校家庭社会协同育人"是本研究中"技术赋能"的载体,所以,首先制定了"学校家庭社会协同育人"量表,先确定 9 个维度,并根据 30 个方向在 9 个维度下各设定 5—7 个题项(校长、教师、家长的量表维度划分相同,但具体题项的表述和设置有差异)。其次,在"学校家庭社会协同育人"量表的基础上,增加"技术赋能"的内容,即在学校家庭社会协同育人各个题项所涉及的沟通、分工、培训等需要实现学校家庭社会三方合作的渠道和手段上,技术参与了多少? 各方主体对技术赋能的现状满意程度是多少? 还有哪些需求? 以家长问卷为例,"学校家庭社会协同育人"量表中"我了解学校实施的各项规定(比如校规校纪)"的题项,对应到"技术赋能学校家庭社会协同育人"量表中的题项则为"学校的公众号和官网使我更方便地了解学校的各项规定(如校纪)"。由于前期制定量表时我们还未到一线调研,为使量表题项的表达更加具体化、口语化,根据已有文献查阅,再结合研究人员的个人经验,仅能将"技术赋能"之"技术"笼统限定在"线上平台",或较为常见的微信、腾讯会议以及学校和社会团体在各类平台上运营的官网及公众号。

另外,量表的整体编写采用李克特五级量表(Likert scale),是评分加总式量表最常用的一种:属同一构念的项目用加总方式计分,单独或个别项目是无意义的。李克特五级量表由美国社会心理学家李克特于 1932 年在原有的总加量表基础上改进而成,该量表由一组陈述组成,每一陈述的回答按照其程度递进关系划分为五个等级,对应五种回答(比如表示意愿的回答通常表达为:非常同意、同意、不一定、不同意、非常不同意),分别记为 5、4、3、2、1 分,每个被调查者的态度总分就是他对各道题的回答所得分数的加总,这一总分可说明被调查者的态度强弱或他在这一量表上的不同状态。本书的题项主要分为"频率类"和"认同度类",频率类题项的回答由低到高包括从不、很少、偶尔、经常、总是五个等级,认同度类题项的回答由低到高包括完全不符合、不符合、不确定、符合、完全符合五个等级。

除此之外,问卷还设置了导引语,向填答者简单介绍了研究内容,同时交代了问卷填答的匿名性和保密性。同时,课题组预设了一些可能与"技术赋能学校家庭社会协同育人"(包括对于技术的认知、态度与使用等方面)相关的因素,并体现在校长、教师和家长问卷的人口统计学信息搜集里。其中校长问卷的基本信息包含:性别、学段、是否在一线教学、是否为班主任、从事教育工作时长、职称、最高学历以及学校所在区域(包括地域和城乡);教师问卷的基本信息包括:性别、是否为班主任、学段、教龄、职称、学历以及学校所在区域;家长问卷基本信息包含:性别、是否为独生子女、所处城乡即地域、父母学历、父母工作类型、家庭年收入、孩子主要照看方(考虑到可能有留守儿童群体)以及是否为家委会成员或家长代表。

第四节　专家咨询与问卷修正

专家咨询是自变量表成形的重要一环,相关领域专家的建议可以打破研究成员的思维局限,在问卷内容及其题目设定规范性的角度获得更加专业和有针对性的指导,也可以提升问卷的效度。

一、第一轮专家咨询

基本量表制定完成后,课题组于5月初邀请量化研究方面的专家,针对初步的问卷编写进行第一次专家指导,受邀专家在问卷内容、问卷结构等方面提出宝贵意见。具体意见包括:保证量表中的题设是一题一问,对涉及"一题多问"的题项进行拆分;每个维度下设题目数量尽量均等,保持3—5题为宜;涉及举例子的题目要举多个例子(一个例子不具有代表性,易限制作答人的认知);问卷主语要统一,建议以第一人称为主;反向题设定不宜过多;等等。

经过专家指导,我们对意见进行细致讨论并进行任务分工,问卷具体修改情况如下:

1. 家长问卷

(1)学校家庭社会协同育人量表:在理念协同维度,增添题项"我知道学校的办学理念和目标"。在沟通协同维度的各题项中统一主语为第一人称,并在题项中细化"家校线下交流活动",如"家长会、讲座、校园开放日、文艺演出等"。在管理与决策协同维度中,细化"学校实施的各项规定",如"校规校纪、课堂纪律"等;增添题项"我会将对学校有的相关建议或意见反馈给学校"。

(2)技术赋能学校家庭社会协同育人量表:在理念协同维度,将前两个题项从相对模糊的频率题项转变为明确的意愿题项(我能够通过学校网站或公众号了解学校的办学理念和目标;我能够通过网络相关信息了解学校的办学质量)。在沟通协同维度,删除两个反向题项,并将第一小题修改为"学校为我们家长提供了充足的线上沟通渠道"。在教学协同维度,增添题项"网络平台更方便我详细了解学校的课程内容等信息"。在管理与决策协同维度,细化第一小题中的"学校各项规定",如"校规校纪、课堂纪律等";将第三小题修改为"学校为我们家长反馈意见建立了专门的线上渠道"。在资源协同维度中,细化第一小题中的"文体场所",如"图书馆、博物馆、科技馆等";将第三小题修改为"教师会线上与我分享学生的学习资源"。

2. 教师(班主任)问卷

(1)学校家庭社会协同育人量表:首先将题项主语统一为第一人称。其次,理念协同维度中增添两道新题项:"我知道所在学校的教育理念"和"我认同所在学校的教育理念"。在分工协同维度中,删除反向题目,并增添两道新题项"我有能力组织协同育人活动"和"我会参与协同育人活动"。在家庭教育协同维度中增加题项"我与家长沟通如何为学生在家学习提供帮助"。删除协同评估中的反向题目。

(2)技术赋能学校家庭社会协同育人量表:在分工协同维度中增添题项

"线上平台使我更好地组织家长和社会的教育资源"。在协同沟通维度中删除反向题项。在教学协同维度中细化学生的行为和表现,如"作业、课堂成果展示、学生学习活动展示等",并增添题项"家长可以参与到线上教学过程中"。在家庭教育协同维度中,增添题项"我通过线上方式向家长发布学校信息(如作业、节假日、安全提示等信息)"。删除协同评估维度中的反向题项。

3. 管理层问卷

(1)学校家庭社会协同育人量表:将所有题项主语统一为第一人称。在理念协同维度修改前两个题项为"我会向家长与社会宣传学校教育理念"和"我能够收到家长、社会等对学校教育理念的反馈"。增加题项"我了解学生家长的教育期待与需求"。在沟通协同维度中增加题项"我校有邀请家长、社会参与学校活动的计划方案"。在管理与决策协同维度,将第二小题修改为"我能够倾听家长、社区居民、社会人士和其他教育工作者的声音,并将其考虑进教育决策"。在资源协同维度,将第三小题修改为"我校有培养教职工使用各类教育资源"。

(2)技术赋能学校家庭社会协同育人量表:教学协同维度,将第一小题修改为"线上平台(如腾讯会议)更方便与家长和其他社会人士沟通参与到学校活动(如听课、参与领导讲座或活动、充当观众等)",并增加两个新题项"线上平台提高了家长与社会人士参与学校活动的意愿"和"线上平台丰富了家长与社会人士参与学校活动的形式"。在管理与决策协同维度,增添题项"线上平台的使用帮助我校更好地开展规划决策"。在家庭教育协同维度,增添题项"我校线上平台的使用有助于向家长宣传家庭教育方法"。在协同评估维度,增添反向题项"在工作中新技术的选取与运用使包括我在内的校教职工感到迷茫"。

二、第一轮一线教师意见征集

确定基本问卷内容后,课题组于 5 月中下旬联系东北地区 C 市一所中学、两所小学的部分教师和管理人员进行问卷填答,并根据填答的感受对问卷的内容设定以及语句措辞给出修改意见。另外,考虑到选取的学校应具有一定代表性,受访者对于一线如何开展学校家庭社会协同育人要有相对丰富的经验,或受访者在技术赋能学校家庭社会协同育人领域要有一定专业性,课题组首先联系的走访学校均为大学的附属院校,属于 C 市相对占有资源优势的学校。具体访谈时间及访谈对象信息统计见表 3-2。

表 3-2　第一轮访谈教师信息

时间	访谈对象	性别	科目	职务	学段
5.19	W 老师	男	科学	无	小学
5.19	B 老师	男	科学	副校长	小学
5.22	X 老师	女	数学	无	小学
5.22	H 老师	男	信息技术	技术部门负责人	小学
5.24	K 老师	女	语文	语文学科组组长	中学
5.24	Q 老师	女	英语	班主任	中学
5.24	H 老师	女	数学	年级主任	中学
5.24	Z 老师	女	物理	无	中学

注:5 月 19 日,除原定受访教师对问卷进行填答之外,B 老师还发动另外 8 位教师对问卷进行填答,8 位教师均在交还问卷的间隙对问卷设计提出了宝贵意见。

经过对访谈录音的整理,受访教师及学生家长对问卷的修改意见主要体现在以下几个方面。

（一）问卷内容调整

B 老师首先对问卷中主要的两个核心概念"学校家庭社会协同育人"和"技术赋能"进行了追问。B 老师认为,在现实实践中,讨论"学校家庭社会协同育人"不应该仅仅局限在一种"模式"或者"理念",尤其体现在题项中,更应该将其"目标性"的一面具体化,比如我们究竟要培育怎样的人?要实现怎样的育人目标?是否实现了这样的育人目标?比如以"五育并举"将题项的"理

念"细化,答题者在给出答案的时候就可以更加准确。由这一内容的探讨延
伸,B 老师又给出了可以增加学科之间的对比和将班主任这一特殊群体单独
划分出来分析的建议。"只有中国有班主任制度",B 老师说:"如让我来设计
问卷,可能我会内心要为班主任要单设几道题,是因为班主任的作用太重要
了……我要是一所学校管德育的校长的话,我要花 90% 的力气去抓班主任这
个群体。把班主任这个群体抓好了,就像打蛇打七寸……假如班主任愿意解
决班级的问题的话,他愿意投入爱、投入包容、投入智慧去解决问题的话,班级
90% 的问题都能解决。"同时,除了班主任在家校合作中承担重要而特殊的角
色之外,在教学活动中,不同科目的教师因为其课程设置需要均会不同程度地
与家长、社会产生不同程度的协同。比如,因为需要开展社会综合实践或需要
家长配合准备教学材料,相较于语数英等主科教师,科学、美术、劳动、综合实
践课程的教师,可能更需要与家长或社会方面取得联系。"劳动、综合实践的
学校家庭社会联系紧密性要比语文、数学这样的学科更强,比如数学可能是在
学校里边学得多,需要到社会上的很少。"(B 老师)另外,W 老师还提到,作为
科任教师,他与家长们取得的联系多是任务驱动的、短期的,而班主任和家长
的联系则可能是更关注学生身心全面发展的、长期的。由此看出,目前的问卷
对于"学校家庭社会协同育人"的概念界定与维度划分,虽然已经有了相对丰
富的学理支撑,但在实际操作中,根据教师角色和学科特色,仍要进行更加细
致的考量和划分。

其次,在"技术赋能"方面,B 老师建议该部分不仅仅是依托"学校家庭社
会协同育人"量表的维度表,而应该以"功能"为标准,对其进行新的维度划
分,以突出"技术赋能"对于"学校家庭社会协同育人"在不同方面的作用,以
取代课题组最开始只预设的依托于"学校家庭社会协同育人"量表九个维度
而存在的"促进"作用。他特别提到,相较于沟通或提供学习资源,学校运营
公众号、抖音等视频号的主要作用是为了宣传。"这种传递往往是单向输出
的。像我们公众号,就告诉你这个是对的,这是好的,你要用。"(B 老师)"我

们的公众号,包括我们的抖音,包括我们的视频号,我们通过这些渠道主要是宣传学校的教学理念,宣传一下学生的这种在校的学习状态,然后起到一个价值引领的作用。"(H 老师)受这次讨论启发,我们重新调整了"技术赋能学校家庭社会协同育人"量表的维度划分,以技术本身的功能性作为切入点,从"沟通""宣传""资源支持"等角度,重新整理题项。

另外,由于编制量表的部分题项是从国外成形的量表中摘录出来的,在作答过程中也出现了一些"水土不服"的现象。比如,"我能够与家长共同制定并遵守相关的协同规则和程序"这一题项中的"协同规则",对我国的教师群体来说是非常陌生的。调研的几所学校在与家长合作的方面,除了寒暑假和某些出去实践的活动会签署家长知情同意书之外,对于家校合作开展究竟该有怎样的权责划分,还没有确定的文件。"要真正是按协议来说,比如说我带孩子们去做一个比赛,临走之前需要跟家长做一个协议说明,叫'知情同意书'(见附录)……也是学校责成我们跟学生家长做一个说明。然后这种给我感觉就像是(协同规则),但是又不像去制定明确的协同规则。"(W 老师)这也说明在处理具体题项的时候,对于一些外来词汇还要进行在地化、情境化的转化。

(二)问卷规范性

首先,在量表表头增加填答说明,方便问卷填答人作答。如:以下是认同度调查,请您结合自身实际情况,对题目中描述的内容做出选择(共分为 5 个梯度,每个题目只能选一个选项,请您在对应的方框内画"√")。其次,虽然课题组在第一轮专家咨询后,已经对"一题多问"的题项进行了删减和拆分,但在具体填答的过程中,结合一线教学经验,仍有部分选项存在"一题多问"或提问内容无法简单并列的问题。

比如,"我认为学校家庭社会之间的沟通和互信程度良好"一题,W 老师认为"沟通"和实现"互信"是两个层面的问题,学校家庭社会之间可以通过多种方式实现多方沟通,但影响"信任"建立的因素却是多方面的,沟通畅通只是实现"互信"的必要不充分条件。"收到家长、社会人士等关于学校管理与决策的反馈意见"此类题项也是比较受争议的表述。因为"学校家庭社会协同育人"的主体是家庭、学校和社会,所以在以"学校"作为第一人称表述的时候,便很容易直接将"家长"和"社会人士"并列。但在调查过程中发现,由于社会方面较少与校方有利益牵扯,所以校方通过各种渠道收集到的反馈意见多是学生家长提出的,社会人士对于学校管理与决策的反馈意见是极少的。"我们可能对社会意见这块收集的不够多,渠道相对不够通畅……而且有些社会人士他不一定给你提意见……因为利益不相关。"(H老师)这也提醒我们,在制定问卷题项时不论是内容还是主体,都不能想当然地进行简单并列。类似情况还包括"教学能力"和"管理能力"等,我们均根据访谈情况对题项表述逐一进行了调整。

(三)期望与需求

受访教师对于我们的研究也提出了一些期望并表达了自己的需求。比如B老师提到,从家长的身份看,在当前时代背景下,由于数字化发展带来的新家庭教育问题,已经无法通过自身的成长经验解决,所以除了与同龄父母沟通之外,他相对会依赖网络平台检索相关问题的解决办法。"我现在特别愿意用抖音搜索,比如说孩子厌学怎么办?我就在抖音里边搜索'厌学',然后很多视频就出来了……我看视频特别爱看评论,评论里边总有特别闪光的点,就感觉他思维捕捉的那个角度,你从来不会那么想问题……我做了家长之后没有人给我提供(相关经验),比如我去问我的父母去,我父母说现在这个环境也变了,我教育你们那时候也没有出现用手机玩游戏的情况,不知道咋整。"由此,B老师提出了建立"带有社交属性的云技术的生态环境",既可以为家长、教师提供相关的教育资源,又可以提供一个相对友好安全的交流环境,这一倡议也对我们具体落实"技术赋能"带来很大启发。

另外,访谈的过程也是被访者和受访者相互建构的过程,双方交流带来的碰撞也会使被访者在思考中产生新的认知。比如我们在量表中提到的建立"学校家庭社会协同育人"的数据库,便为学校技术部门负责人 H 老师今后的工作方向提供了灵感。同时,H 老师也提醒我们,在调查现状的基础上也要考虑,某个地区的技术赋能学校家庭社会协同育人不够理想,是因为负责该领域的相关人员理念没达到还是仅仅因为当地技术硬件设施跟不上,这是两个问题,其解决思路也是不同的。为了能在问卷中体现这一问题,我们讨论决定,可以在问卷中设置一道开放题,询问作答人对于"技术赋能学校家庭社会协同育人"的理解或畅想,由此,既能从侧面反映作答人对于该问题的观点和看法,又能在一定程度上实现"头脑风暴",为我们构建理想状态的"技术赋能学校家庭社会协同育人"模式开拓思路。

三、第二轮专家咨询

第一轮访谈结束后,我们根据受访教师给出的修改意见对量表进行了进一步修改,随后邀请第二位量化方面专家对问卷进行第二轮专家咨询,专家给出的具体意见包括:问卷中的问题应保证提问意图明确,区分关于态度、认知、行为的不同表述,表述应尽量明确;《学校家庭社会协同育人现状调查问卷》与《技术赋能学校家庭社会协同育人现状调查问卷》可能存在关联度过高的问题;家长问卷中了解学校规章制度停留在认知层面,应加入对行为方面的提问,如"是否遵守校规";家长问卷中"带孩子参加公共娱乐活动"应改为"公共学习活动"或"公共教育活动";反向题的使用要谨慎,会影响数据质量;调查后可以根据数据结构重新调整维度,有三四个维度成形即可;如果不仅局限于描述性统计,还可以加入校长问卷与教师问卷的关联性分析,即让学校领导给教师的协同育人情况打分,他人的测评和自我的测评是否有关联性。

专家指导后,我们内部对专家给出的意见进行了讨论并进行任务分工,问卷具体修改情况如下。

1. 学校家庭社会协同育人量表

（1）家长问卷。将沟通协调维度的第三个题项修改为"我与其他家长线下面对面交流孩子的教育问题"，并增加新题项"我通过电话、微信等多种线上渠道与其他家长交流孩子的教育问题"。在管理与决策协同维度，增加新题项"学校会采纳家长对学校的相关建议或意见"。在资源协同维度，将第二个题项修改为"我带孩子参与公共学习或教育活动（比如读书会、志愿者、文体比赛等）"。

（2）教师（班主任）问卷。将分工协同维度中的第三个题项修改为"我引导了家长参与协同育人活动"。其余部分未做修改。

（3）管理层问卷。将分工协调维度中的第三个题项修改为"我有能力协调筹划协同育人活动"。将资源协同维度中的第三个题项修改为"我校积极培养教职工使用各类教育资源"。将协同评估维度中的主语全都修改为"我校"，并将第三个题项修改为"通过协同育人活动，我校的办学质量提高了"。

2. 技术赋能学校家庭社会协同育人量表

首先按照"沟通""宣传"等维度重新对题项进行了划分，既突出"技术赋能"的功能性，又避免问卷两个量表之间关联度过高的问题。将量表中"公众号、官网等线上平台使我校更好地向家长与社会宣传学校教育理念""网络渠道使我校更好地收到家长、社会等对学校教育理念的反馈"和"网络渠道使我校更好地了解到家长和社会对教育的认知和需求"等题项中的"家长"和"社会"进行拆分，变成两道题项。

在原管理层问卷的分工协同领域，删除题项"学校应该培训教师利用技术更好地进行家校合作"，并将第一个题项（我校利用网络资源能够更好地向家长和教师宣传其责任和义务）修改为"利用网络资源使我校更好地向家长和教师宣传其责任和义务"。在原家庭教育协同维度，第二个题项（线上平台促进了教师与家长及时沟通）中增添主语"我校"。

第五节 问卷的预测与最终定稿

问卷再次订正后,笔者于6月初以100位管理者、200位教师和200位家长为样本,对问卷进行试测。同时,我们携新修订的问卷至东北地区县级市,分别联系两所村、县小学进行了第二次走访调研,具体参与座谈的教师信息统计见表3-3。

表3-3 第二轮访谈教师信息

时间	访谈对象	性别	科目	职务	访谈地点
6.7	D-1	女	无	校长	N县D小学
6.7	D-2	男	无	副校长	N县D小学
6.7	D-3	女	语文	教师	N县D小学
6.8	Z-1	男	科学	教师	N县Z小学
6.8	Z-2	男	无	技术部门负责人	N县Z小学
6.8	Z-3	女	英语	教师	N县Z小学
6.8	Z-4	女	语文	教师	N县Z小学
6.8	Z-5	女	数学	教师	N县Z小学

注:1. D小学位于县城,Z小学位于乡镇。

2. 除了表中记录的教师和校长外,在D小学还有其他2位管理人员、4位班主任和3位科任教师参与了座谈。几位教师均填答问卷,并在座谈期间就问卷的题项设定和课题组的访谈内容给予回应。

一、第二轮一线走访

本次走访调研主要关注"学校家庭社会协同育人"在县级及以下中小学开展的情况以及"技术赋能学校家庭社会协同育人"的现状与需求。同时,进入县级中小学实地调研,可以拓宽研究人员的视野,使研究人员的认知能够跳出文献和城市(地域)的限制,从而能够带着更加切实的视角分析问题和讨论问题。另一方面,通过与不同层级学校教师的交流,可以使问卷的制定更加全面,进而拓展问卷的维度,使问卷的编制更加贴近现实。

D小学虽然是一所县级学校,但校长相对重视家校共育以及发动社区力量参与到学校教学,并形成了自己的一套共育模式。D-1校长结合问卷问题,对学校关于学校家庭社会协同育人的做法做了详细介绍。首先,D小学的家长能够全方位地参与学校的各项工作,如:公园红旗接力赛、清明节祭扫、六一亲子趣味运动会、研学活动等,提升了家长与孩子的契合度。同时,学校也会组织学生和家委会代表进行职业体验,做到劳动教育与职业教育相融合。在学校与社区融合方面,D小学会组织学生到社区参加红色党建活动、到双拥社区参观,听社区工作者讲红色故事等。D-1校长表示只有三方合力,才能达到育人的预期效果。

另外,从技术赋能方面看,D小学已申请加入全国家校共育数字平台,家长通过每周观看视频讲座,学习家庭教育知识、科学育儿理念以及梳理情绪,陪孩子完成社会实践等。D小学沟通家长,宣传教育理念主要运用的工具是微信群和美篇。D校长表示,没有着重运行官网和公众号的很大一部分原因是为了迎合学生家长运用数字产品的习惯,相较于主动进入官网和公众号查询信息,更方便推送和分享的美篇可能更适合家长的"口味"。此类举措在D小学是收获不少成效的,该校教师表示,最直观的感受是家长对学校的认同度提升,对学校的投诉意见明显减少了。

当然,D小学在推行学校家庭社会协同育人的过程中也遇到了一些困难,首先是农村地区人口老龄化,加之很多学生的父母在外务工,很多技术类产品的使用对隔代教育来说是一项难题;另外,老人和年轻人的认知差异,也为家校之间的顺畅沟通带来了阻碍。D-3老师分享道,她目前带的班级里共有37名学生,其中有23名学生属于留守或单亲家庭。针对此类特殊情况,该校探索了一系列以学校教育影响家庭教育的路径,发动学生影响家长;为减少夫妻情感破裂,增加夫妻感情的黏合度,该校还开设了教女性经营家庭感情的家庭教育课程,努力为一方学生营造更加健康的童年成长环境。同样的问题在Z

小学也存在,据参与座谈的教师统计,现在学校每个班级至少有 3—4 个留守儿童,另外相对于怎样把社会实践办得更为丰富,他们可能需要放更多的精力在保证学生出行和在校的安全上。两所学校也在不同程度上提到建立"家校信任"也是当前家校合作着重攻关之处,为了将这一问题逐渐化解,班主任每学期通过线上、线下或电话沟通的方式,实现至少两次家访,让家长了解学生在校生活情况的同时,也能更好掌握班级学生家长的情况(比如学期内可能有家长外出务工或回乡等)。对比上一部分我们第一轮走访搜集的信息可知,相较于城市中较为示范性的小学,县级及以下的小学在学校家庭社会协同育人的过程中面临的问题有一定特殊性,教师们更像是在解决各种问题的过程中,逐步探索出一条适合自己学校发展的在地化协同路径。另外,学校与社会方面的合作,涉及技术支持的,多是在大环境的驱使下,对已有数据平台的学习、迁移与使用,较少有主动生成或整合数字资源的引领性探索。本次走访学习使得课题组成员对研究内容与研究问题有了更为广泛和深刻的认知,也为后期做对比分析提供了切实可靠的资料和依据。

二、预测结果与因子分析

研究人员于 6 月初拟以 150 位学校管理者、300 位教师和 300 位家长为样本,利用问卷星发放网络电子问卷,并于 6 月中旬回收问卷。问卷实际回收情况为管理层问卷 160 份,教师问卷和家长问卷各 400 份。将所有数据导入 SPSS 后,研究人员根据作答时间,筛选出作答不足 120 秒的问卷并进行剔除,最后剩余有效问卷:管理者问卷 151 份、教师问卷 378 份、家长问卷 364 份。研究人员先将问卷拆分为六大量表(管理层协同育人、管理层技术赋能、教师协同育人、教师技术赋能、家长协同育人、家长技术赋能),并对量表数据进行探索性因子分析,但各个量表的题项集中程度和维度的划分情况相对不均,可能源于前期问卷题项设置过多,而问卷发放数量相对不足。

随后,研究人员进一步对预测数据进行探索性因子分析与验证性因子分析,重新划分量表维度并确定问卷信效度。研究人员采用主成分因子分析,在"描述"勾选 KMO 和 Bartleet 球形检验,提取出来的因子数集中于 3—5 个之间,经过进一步讨论决定,仍采用主成分因子分析,但在"提取"菜单中设定"因子的固定数目"为"4",从而将每个量表强制提取四个因子。针对每轮提取结果,逐一删除因子分析结果相对分散的题项,再将删除题项的量表进行新一轮因子分析,重复上述操作,直至因子分析结果的题项均匀且数据相对集中。以下以"管理层技术赋能量表"的删选过程为例,说明研究人员进行因子分析确定量表维度的过程。

首先,对量表进行信效度检验。信度检验主要在于考察测量结果的前后一致性,通常采用 Cronbach's Alpha 值来表征信度状况。该值取值范围为 0—1,具体而言,0.65—0.70 之间为最小可接受值,0.70—0.80 表征信度状况一般,0.80—0.90 之间表征信度状况良好,0.9—1.0 之间表征信度状况非常好。经计算,该量表总体的 Cronbach's Alpha 值为 0.987,说明量表整体而言有良好的信度。

由于本问卷经过专家审核修订,一定程度上保证了问卷的内容效度。除此之外,本研究对问卷的结构效度采用探索性因子分析法开展检验,其目的在于判断各个潜变量的测量变量是否具有较为稳定的一致性。本研究利用 SPSS 对管理层、教师、家长三份问卷共六个量表探索性因子分析。在探索性因子分析之前,首先要判断是否满足因子分析的 Kaiser-Meyer-Olkin(KMO)和 Bartlett 的球形检验这两个基本条件。结果如表 3-4 所示,管理层技术赋能量表的"KMO 取样适切性量数"为 0.945,在 0.9 以上,大于标准值 0.70;显著性概率为 0.000($p<0.01$),说明该量表非常合适做因子分析,该量表的效度结构较好。

第一次探索性因子分析,该量表共生成 5 个因子,但部分题项同时落在 3 个因子矩阵中,且第 5 个因子只有两个题项。于是我们对该量表进行了进一步删选处理,表 3-4 为几次因子分析的过程中,逐步筛选出来并删除的部分题项。

表 3-4　管理层技术赋能量表删除题项汇总(部分)

题项	因子			
	1	2	3	4
线上平台构建:线上平台的使用提高了学校与家庭、社会协同育人效果	0.585			0.590
线上平台构建:线上平台的使用提高了家长协同育人的参与度	0.560			0.614
线上平台构建:现有的线上平台能够满足学校家庭社会协作的需要	0.587			0.550
沟通维度:我校为学校家庭社会沟通建立了完善的官方渠道	0.582	0.533		
沟通维度:线上渠道(如各类图书馆、博物馆等社会(区)机构的公众号和官网等)让我校更好地与社会机构取得联系	0.697	0.516		
沟通维度:线上渠道(如腾讯会议)更方便家长参与到学校活动中(如听课、参与讲座或活动等)	0.626	0.605		
沟通维度:线上渠道的建立提高了家长参与学校活动的意愿	0.656	0.621		

提取方法:主成分分析法。
旋转方法:凯撒正态化最大方差法。
a 旋转在 6 次迭代后已收敛。

　　由表 3-4 可知,删除的题项其主成分因子分析的结果分布超过一个成分,且在不同因子成分中的得分区分不是很明显,这类题项不能明确划分为某一维度,也会干扰整体维度的成形,必须逐个删除。经过多轮因子迭代分析后,各个题项的得分逐渐集中,最后形成一个相对均匀的"旋转后的成分矩阵",各个题项在矩阵中的各成分得分情况见表 3-5。最后,根据各个题项在制定过程中的维度划分与现有因子分析结果的分组情况,重新对题项维度进行提取和划分,最后确定"管理者技术赋能量表"含沟通维度、媒介宣传、平台构建和资源支持四个维度,共计 24 个题项。

表 3–5　管理层技术赋能量表题项与维度

维度	题项	因子			
		1	2	3	4
沟通维度	线上渠道的建立提高了家长参与学校活动的意愿		0.769		
	线上渠道帮助我校搜集到了更多的家庭与社会关于管理与决策的建议		0.814		
	线上渠道的使用帮助我校更好地开展规划决策		0.826		
	线上渠道方便了学校家庭社会协同育人的沟通		0.793		
	线上沟通的方式增强了学校与家长的互信程度		0.777		
	线上沟通的方式增强了学校与社会机构（团体）的合作		0.688		
	我校为教师的线上沟通提供规范与指导		0.759		
媒介宣传	公众号、官网等线上宣传使我校更好地向家长宣传教育理念				0.662
	公众号、官网等线上宣传使家长对我校认可度更高	0.514			0.641
	公众号、官网等线上宣传使我校在社会上更具影响力	0.506			0.648
	利用网络途径使我校更好地向家长宣传其责任和义务				0.573
	公众号、官网等线上宣传提高了社会协同育人的参与度	0.509			0.577
平台构建	据我了解,我校建立了专门的综合互动性平台与家长、社会人士进行互动(如有互动功能的软件、官网、论坛等)	0.810			
	我校线上平台(如学校网站、微信公众号)的建立使我校收到更多社会(区)机构的主动联系与合作意向	0.813			
	我校在线上平台(如学校网站、微信公众号)及时更新学校改革、校政及其运作、办学目标等资料	0.795			
	有便捷的线上平台使我校清晰了解社会教育机构(团体)所能提供的资源与服务	0.817			
	有便捷的线上平台帮助我校与所需的社会教育机构(团体)取得联系	0.827			
	有便捷的线上平台帮助我校与所需的社会教育机构(团体)进行协作	0.831			

续表

维度	题项	因子			
		1	2	3	4
资源支持	我校为教师使用网络教育资源提供培训			0.839	
	我校为家长与学生使用网络教育资源提供培训			0.726	
	我校指导教师使用国家智慧教育公共服务平台			0.802	
	我校指导家长与学生使用国家智慧教育公共服务平台			0.826	
	我校通过线上渠道对家长进行家庭教育培训			0.751	
	利用学校线上平台向家长提供家庭教育资源(如学校微信公众号、学校官网、论坛等)			0.677	

提取方法:主成分分析法。

旋转方法:凯撒正态化最大方差法。

a 旋转在 6 次迭代后已收敛。

禁止显示小系数绝对值:0.5

"管理层协同育人量表""教师协同育人量表""家长协同育人量表""教师技术赋能量表"和"家长技术赋能量表"也按照上述分析和删减题项的步骤进行了因子分析和题项调整,最后,汇整为问卷的各个量表的维度统计如下(见表3-6)。

表 3-6　各问卷量表维度统计

问卷	量表	维度
管理层问卷	管理层协同育人量表	F1 观念引领;F2 行动促发 F3 制度支持;F4 管理决策
	管理层技术赋能量表	F1 平台构建;F2 沟通维度 F3 资源支持;F4 媒介宣传
教师问卷	教师协同育人量表	F1 效能认知;F2 沟通行为 F3 资源分配;F4 职责分工 F5 理念传递
	教师技术赋能量表	F1 沟通维度;F2 平台建构 F3 资源支持

续表

问卷	量表	维度
家长问卷	家长协同育人量表	F1 理念认知;F2 行为协同 F3 资源分配
	家长技术赋能量表	F1 平台构建;F2 沟通维度 F3 资源支持;F4 媒介宣传

三、专家咨询与定稿

确定问卷题项与维度后,研究人员再次邀请量化领域及家庭教育领域的专家,对问卷的内容和维度提取进行第三轮专家咨询,也是进一步采取内容效度法,对问卷进行效度检验,判断问卷是否能够真实反映研究人员想要研究的内容。受邀专家对问卷整体情况给予了较为肯定的回应,对于研究人员认为较为重要,但不符合因子分析结果而被删除的部分题项,专家建议可以放在问卷中用于信息资料搜集,但要单独列出维度,不参与整体的量表分析与检验。

研究人员采纳专家意见,经过讨论筛选,在管理层问卷、教师问卷和家长问卷中各增加了一两组反向题用于问卷清洗,同时加入用以进行描述性分析的相关题项,并单独做好标记。这些题目见表 3-7。

表 3-7 问卷补充题项

问卷	题项
管理层问卷	我校与校外组织机构进行合作 我校已经形成了支持协同育人践行的良好环境 我校在协同活动中,与家长建立起了互相尊重和信任的关系 协同育人活动提高了家长对我校的认同度 协同育人活动提高了我校的社会影响力 学校家庭社会协同增加了我校的管理难度 学校家庭社会协同使我感到焦虑 我校允许教师独自联系社会组织或社会人士开展协同育人活动 线上渠道(如各类图书馆、博物馆等社会(区)机构的公众号和官网等)让我校更好地与社会机构取得联系

问卷	题项
管理层问卷	线上渠道(如腾讯会议)更方便家长参与到学校活动中(如听课、参与讲座或活动等) 我校建立了家庭教育资源数据库(例如统计家长专业背景、家庭可提供的教育资源等) 我校建立了社会教育资源数据库(包括可提供资源的社会机构,及其可提供的资源与服务目录) 线上平台运营增加了我校的工作负担 线上平台运营过程中新技术的选取与运用使我感到迷茫
教师问卷	我所教授的班级组建了家长委员会 我会组织家长委员会开展工作 我与当地企业、图书馆、公园、博物馆等组织机构进行合作,开展社会实践活动 我收到家长对于学校管理与决策的意见 在协同育人中,相比于家庭与社会,教师承担了过多的责任 学校家庭社会合作过多地占用了我的时间和精力,使我感到压力和负担 我利用新媒体手段(如微博、短视频、微信公众号等)向家长宣传家庭教育理念 我认为公众号、官网等渠道提升了家长对学校教育理念的认同度 我通过线上方式与家长沟通学生的在校学习情况(如作业、课堂成果、学生学习成绩等) 我通过线上方式与家长沟通学生的在校行为表现(如学生参与活动情况、课间表现等)
家长问卷	学校家庭社会合作过多地占用了我的时间和精力,使我感到有压力和负担 参与各类学校家庭社会活动提高了我的教育能力 校外培训资源发展了孩子的兴趣特长 学校指导我培养孩子的兴趣爱好 教师会向我发布孩子在家的学习任务 学校向我说明了协同育人原则 学校家庭社会合作有效促成了学生品德养成 学校家庭社会合作有效提高了学生学业成绩 我关心孩子的心理健康问题 我的家中有明确的家规(如规律的作息时间表、限制观看电视和视频等) 我会在线上渠道查找社会可提供的教育资源(如图书馆、博物馆、少年宫、青少年活动中心等) 网络平台的使用使我能更好地处理家庭教育中遇到的问题(教育方式更加科学有效) 网络平台和技术产品的使用给我带来了很多负担 学校公众号、官网等线上渠道的宣传使我对学校更加认可 我通过学校网站或公众号等新媒体宣传手段了解学校的办学理念和目标 我通过网络宣传信息了解学校的办学质量 我通过公众号、学校官网等线上渠道及时了解学校的活动安排(比如有关学校、特殊活动、组织和会议的最新信息)

经过两轮一线走访和三轮专家咨询,研究人员最终确定了用于全国数据采集的问卷,该问卷由引导语、基本信息统计、量表和补充题目构成,具体分为管理层问卷、教师问卷和家长问卷(具体问卷内容参见附录),并计划按照不同调查群体分批次发出。

第六节　问卷输录、整理与样本概况

研究人员于 6 月中旬至 7 月中旬在 6 个地理区域、12 个城市、24 个样本校采用线上问卷星方式,通过学校管理者发放电子问卷,共发放家长问卷 660份、教师问卷 12301 份、管理层问卷 215 份。问卷回收后,研究人员立即展开全面的清理工作。将数据导入 SPSS 后,根据作答人填答时间(以 120 秒作为最低作答时间)以及反向题检测,对问卷进行了清洗。最后确定有效的家长问卷 660 份、教师问卷 12219 份、管理层问卷 201 份,有效回收率分别为100%、99.3%、93.5%,有效回收率基本符合预期目标。

一、样本概况

针对筛选后的问卷,课题组先利用 SPSS 软件对问卷填答的基本情况进行了描述统计,具体数据统计见表 3-8、表 3-9。

表 3-8　管理层及教师问卷作答基本信息统计　　　(单位:人)

问卷	性别		城乡		学段		合计
	男	女	城镇	乡村	小学	初中	
管理层	134 (62.33%)	81 (37.67%)	129 (60%)	86 (40%)	148 (68.84%)	67 (31.16%)	215
教师	2095 (17.03%)	10206 (82.79%)	6215 (50.52%)	6086 (49.48%)	11356 (92.32%)	945 (7.68%)	12301

表4-8数据显示,管理层和教师问卷的城乡分布较为均衡,接近于1∶1;从学段来看,管理层的学段分布较为合理,但偏向小学;教师问卷则大面积集中于小学阶段。这一结果可能与问卷发放时间有关,6月中旬至7月中旬,正值期末,中学阶段复习任务较重,教师较难分散精力支持问卷填答。

表3-9 家长问卷作答基本信息统计 （单位:人）

性别		城乡		是否为家委会成员		合计
男	女	城镇	乡村	是	否	
120 （18.18%）	540 （81.82%）	598 （90.61%）	62 （9.39%）	101 （15.3%）	559 （84.7%）	660

与教师问卷和管理层问卷相比,家长问卷的城市占比明显高于乡村,可能是由于发放电子问卷,对作答人使用电子产品的素养以及作答人本身对于类似调研的认知情况和重视程度有较高的要求,从而导致部分农村家长的数据遗失。统计信息(表3-9)显示家长群体中家委会成员占比约为总样本量的六分之一,基本符合现实情况中学校家委会成员在总家长人数中的占比情况,说明样本群体具有一定代表性。另外,从性别分布看,管理层样本男性多于女性,教师群体和作答问卷的家长群体均是女性多于男性,这源于样本总体内在结构的分化与差异,与当今社会角色分工情况较为一致,体现了一定的样本分布随机性。

最后,从区域分布看,本次问卷作答人员分布于东北地区、华北地区、华中地区、华东地区、华南地区、西北地区、西南地区共七大区域,基本符合研究前期预期覆盖的目标区域。具体的区域分布及其与各调查结果的相关性分析详见本书第五章与第六章。

二、采用的统计方法

随着现代调查方法和统计技术的成熟和完善,以社会调查为代表的定量研究在操作程序、统计分析方法的使用上也越来越规范。本项研究以抽样调查的问卷数据为基础，以文献梳理结果与相关访谈内容为参照，对我国家"学校家庭社会协同育人"的现状与存在问题以及"技术赋能学校家庭社会协同育人"的现状与需求进行探索性研究。基于研究内容的复杂性以及研究对象数量庞大、分布较广的特点，本书在研究目标的设定上侧重于描述研究，兼顾解释研究。在统计方法的使用上，以单变量描述分析和双变量的相关分析为主，并辅以卡方检验、方差检验、单因素方差分析检验等假设检验方法。此外，根据研究的实际需要，使用了因子分析、相关分析、缺失值分析、信度分析等统计分析方法。对于相关统计方法的使用，本书主要依据相关变量本身的分布特点和适应条件而定。统计方法以及具体的统计结果的描述与解释详见本书各章节的具体说明。

第四章 学校家庭社会协同育人现状的问卷调查与访谈分析

学校家庭社会协同育人的观念将家庭、学校和社会联动起来,承担教育责任,为孩子的成长与发展提供适宜的资源与环境。目前,该理念被越来越多的教育人士所认可,与这一理念相关的实际政策和实践尝试也在积极推进。为了明晰现阶段我国在学校家庭社会协同育人方面的现状,我们进行了一系列的实际调查。目的在于了解现阶段的学校家庭社会协同育人的现状,从基本现状中分析影响协同育人进展的因素,为未来完善协同育人教育体系和理念提供支持。

学校家庭社会协同育人现状的调研主要以学校管理层、学校教师及学生家长为对象,通过问卷调查及访谈的形式,全面深入了解在各个主要维度上不同群体的相关理念、行动及期待,旨在通过调研获取较为全面且真实的信息,为后续推进学校家庭社会协同育人的具体实施提供指导与建议。

第一节 问卷调查的设计与实施

一、调查对象及目的

本研究的调查对象涉及全国范围内的学校管理层、任课教师和学生家长。

为了获取较为全面的信息,本研究通过抽样选取了涵盖东北地区、华北地区、华中地区、华南地区、华东地区、西北地区、西南地区的主要城市和乡镇的学校进行了大规模调研。以期通过问卷调查,达到以下几个主要目的:

1. 利用前述设计的学校家庭社会协同育人测量工具,对我国各地区的学校家庭社会协同育人的现状进行深度考察。

2. 分析当前学校家庭社会协同育人现状的主要问题。

3. 分析不同人口学变量下教师、学校管理层以及学生家长在学校家庭社会协同育人中的差异性表现。

二、调查工具

本研究的调研工具为自编的《学校家庭社会协同育人现状调查问卷》,依据不同群体(即学校管理层、教师、家长)编制了相应的内容。问卷主要包括三部分内容:第一部分是问卷说明,对调查问卷的目的、影响因素和保密情况做出说明;第二部分是对教师、学校管理层以及家长的基本情况的调查。除了基本的人口学变量,如性别等,这部分内容依据群体特点编制了不同的调查问题。第三部分是学校家庭社会协同育人的正式问卷内容。针对教师群体的问卷,主要探讨效能认知、沟通行为、资源分配、职责分工、观念传递这五个维度相关的问题。针对家长群体的问卷,主要包括理念认知、行为协同、资源分配三个维度的问题。针对学校管理层群体,问卷一共设置了四个维度的问题,包括观念引领、行动促发、制度支持、管理决策。量表统计采用的是李克特(Likert)五点量表法,分别依据程度或频率进行描述。

三、调查实施

本研究向全国各地区,如东北地区、华北地区、华中地区、华东地区、西北地区、西南地区的学校管理层、教师和家长进行了调查。在调研实施中,我们将《学校家庭社会协同育人现状调查问卷》编制成问卷星或者是纸质版本的问卷进行数据收集工作。本研究得到了各地区教育局的支持，相关领导和教研员通过微信将电子问卷转发至学校群、班主任群，以此为研究参与者提供参与途径。另有部分纸质问卷在同一线教师进行深度访谈、专家咨询过程中进行作答，从而征询到一线校领导和教师对于学校家庭社会协同育人现状的看法。问卷发放的过程严格遵守问卷调查的基本要求，考虑基础教育阶段学校领导、教师和家长对于技术使用情况的差异，采用网络平台问卷和访谈的方式获取相关数据。发放问卷的持续时间为一个月。通过作答时间进行筛选，最终选取的有效问卷包括中小学校管理层问卷 201 份，教师问卷 12219 份，家长问卷 660 份，数据量充足、样本分布均衡。

在学校管理层的 201 个调查对象中，其中有 68.2% 的管理层在一线从事教学工作，但是只有 8% 的学校管理层是班主任。在现有的学校管理层调查对象中，男性居多，占比 63.7%，女性管理层占比 36.3%。在所有调查对象中，小学教师管理层占比 66.7%，中学教师管理层占比 33.3%。在管理层中，平均教龄在 20 年以上的占比高达 90%。就教师的职称情况而言，以高级教师和一级教师为主，其中正高级教师 2 人，高级教师 121 人，一级教师 72 人，二级教师 6 人，分别占比 1%、60.2%、35.8%、3%。在所有教师中，本科生学历较多，占比 95.5%，博士生的学校管理层极少，占比 0.5%。就学校类型而言，其中涉及城镇学校达 116 所，乡村学校为 81 所，基本上达到均衡，兼顾到城乡地区的所有规格的学校。具体样本情况如表 4-1 所示。

表 4-1　学校管理层群体基本情况

变量	类型	人数（人）	百分比（%）
性别	男	128	63.7
	女	73	36.3

变量	类型	人数（人）	百分比（%）
年龄	30 岁及以下	2	1.0
	31—39 岁	13	6.5
	40—49 岁	132	65.7
	50 岁以上	54	27
教龄	10 年以下	4	2
	10—19 年	15	7.5
	20 年及以上	182	90.5
职称	二级	6	3
	一级	72	35.8
	高级	121	60.2
	正高级	2	1.0
是否在教学一线	是	137	68.2
	否	64	31.8
所在城乡位置	城镇	116	57.7
	乡村	85	42.3

在选取的教师对象中,共调研了 12219 名教师。其中 36.3%的教师为班主任,63.7%的教师不是班主任。其中绝大多数教师为女性教师,占比 83%,而男性教师仅有 17%。在所有学段的教师中,小学阶段的教师为 11274 人,初中阶段的教师为 945 人。就教师的职称情况而言,其中一级教师占比 44.2%,二级教师和高级教师分别占比 20.5%、27%,正高级教师较少,仅占比 2%。三级教师占比 8.2%。就教师的学历层次而言,高中以下学历 38 人,占比 0.3%,专科和本科层次学历的教师最多,分别为 2105 人、9819 人,分别占比 17.5%、97.9%。博士研究生学历的教师较少,仅有 7 人,占比 0.1%。就学校所在地域而言,同样辐射全国范围,包括东北地区、华北地区、华中地区、华南地区、华东地区、西北地区、西南地区,其中根据不同地区经济发展水平和学校

情况,着重考察了不同地区的代表性学校。在所有地区的学校中,城镇学校 6141 所,乡村学校 6078 所。最后,大多数的班级组建了家长委员会,7395 名教师所在的班级组建了家长委员会,占比 60.5%,有 4842 名教师所在班级没有建立家长委员会。具体样本情况如表 4-2 所示。

表 4-2 教师群体基本情况

变量	类型	人数(人)	百分比(%)
性别	男	2082	17.0
	女	10137	83.0
学历	高中及以下	38	0.3
	专科	2105	17.2
	本科	9819	80.4
	硕士	250	2.0
	博士	7	0.1
职称	三级	996	8.2
	二级	2501	20.5
	一级	5396	44.2
	高级	3296	27.0
	正高级	30	0.2
所在城乡位置	城镇	6141	50.3
	乡村	6078	49.7
组建家长委员会	是	7395	60.5
	否	4824	39.5
是否为班主任	是	4436	36.3
	否	7783	63.7

在调研的家长对象中,共收录有效数据 660 份。其中 18.2% 的家长为男性,81.8% 的家长为女性。其中有 84.4% 的调查对象是孩子的母亲,67.6% 的

家长的孩子不是独生。就家长所在地域而言,辐射全国范围,包括东北地区、华北地区、华中地区、华南地区、华东地区、西北地区、西南地区,其中根据不同地区经济发展水平全方位地选取研究对象,进行随机抽样,兼顾发达地区、次发达地区和西部地区。家长群体中,城市人口 32.4%,农村人口 67.6%,兼顾城市和农村的不同家庭。在所有家长中,大多数的班级组建了家长委员会,15.3%为家长委员会成员,84.7%不是家长委员会成员。另外,我们也考虑了家庭的不同收入情况和家长的工作情况,基本涵盖了不同身份的家长。具体样本情况如表4-3所示。

表4-3 家长群体基本情况

变量	类型	人数(人)	百分比(%)
性别	男	120	18.2
	女	540	81.8
是孩子的_____	父亲	98	14.8
	母亲	557	84.4
	其他	5	0.8
是否独生	是	214	32.4
	否	446	67.6
所在城乡	是	598	90.6
	否	62	9.4
是否为家委会成员	是	101	15.3
	否	559	84.7

第二节 学校管理层群体问卷

一、问卷调查的资料与数据处理

学校管理层的学校家庭社会协同育人问卷共分四个维度。观念引领维度主要调查学校或者校领导对于教育的相关观念、政策等的制定与宣传情况。行动促发维度主要调查学校管理层为协同教育的具体工作做出了怎样的实际行动,这些实际行动是否促进了协同教育的落地。除了行动上的促发与落实,制度上的支持对于协同教育的顺利开展也必不可少,针对这一点,问卷设置了制度支持维度,主要针对性调查了学校管理层为促进协同教育所制定政策的情况。各方共同制定教育相关制度或共同参与决策过程是协同教育的重要体现,基于此,我们对这个方面的情况进行了调查,并划分为管理决策维度。

对搜集的有效学校管理层问卷进行信效度分析,分析结果显示,学校管理层群体的学校家庭社会协同育人问卷整体上的信度系数较高,整体的克隆巴赫系数为 0.952。并且,学校管理层学校家庭社会协同育人问卷的四个维度,观念引领($\alpha = 0.967$)、行动促发($\alpha = 0.858$)、制度支持($\alpha = 0.949$)、管理决策($\alpha = 0.907$),也同样具有良好的信度。由此说明,学校管理层面的学校家庭社会协同育人问卷具有较高的内部一致性。

我们也对问卷进行了因子分析,以获取维度的合理性。分析结果显示,KMO 值为 0.923,Bartiett 球度检验显著($p < 0.001$),说明各信息之间的重叠程度较好,可以得出较为满意的因子分析模型。大部分的公因子方差提取都高于 80%,说明提取的题项中的因子是较为有效的。四个因子的解释率可以达到方差的 73.73%,基本可以代表学校家庭社会协同育人的基本情况。

二、调查结果

在数据处理过程中,研究主要运用 Excel、SPSS22.0 统计软件,对问卷数据进行分析,主要涉及对各维度信息进行描述性统计、各维度间的相关分析以及依据性别、学段、城乡等人口学信息为群体划分依据进行独立样本 t 检验等。

（一）调研数据的描述统计分析

利用 SPSS22.0 软件对搜集到的 201 份有效问卷进行分析，得出学校管理层群体在学校家庭社会协同育人的四个维度得分的相关情况。具体情况如表4-4 所示。

表 4-4　学校管理层群体在学校家庭社会协同育人问卷中的各维度得分情况

	N	均值 （M）	标准偏差 （SD）
观念引领	201	4.373	0.877
行动促发	201	4.111	0.859
制度支持	201	3.893	0.878
管理决策	201	3.620	0.667

整体上，从数据均值以及分布来看，四个维度的分数较为均衡，其中观念引领与行动促发的分数较高，制度支持与管理决策的分数较低，但都在中间选项 3 分以上。相对于观念引领和行动促发，制度和决策维度体现了更高层面的管理维度，是需要经过一定的实践与总结才能形成的。这种表现比较符合当前协同育人的发展情况，也就是说我们现阶段仍然处在尝试与推进协同育人的阶段，相关的制度及决策仍然处于不完善的水平。

（二）学校管理层群体在学校家庭社会协同育人问卷中的维度间相关分析

为了探究学校管理层群体在学校家庭社会协同育人的四个维度得分之间的关系，我们对四个维度的均分进行了皮尔逊相关分析。相关分析能够反映各维度之间的密切关联程度，表 4-5 为四个维度之间两两相关分析下的相关系数。

表4-5 学校管理层群体在学校家庭社会协同育人问卷中各维度的相关系数(r)

	观念引领	行动促发	制度支持	管理决策
观念引领	—			
行动促发	0.697*	—		
制度支持	0.593*	0.793*	—	
管理决策	0.398*	0.517*	0.579*	—

注:N = 201,* $p < 0.001$ 水平上,相关性显著。

总体来看,经过相关分析,我们可以发现,在观念引领、行动促发、制度支持以及管理决策这四个维度上,它们之间的两两相关均达到显著水平($p < 0.001$),说明这四个维度是紧密相关的。从相关系数来看,观念引领维度和制度支持维度分别与行动促发维度都具有较高的相关性,说明了观念与制度和行为落地是密切相关的。相比较之下,管理决策与其他维度的相关性稍弱,这可能潜在说明了,目前的管理决策与协同育人的其他方面相对关联稍弱,需要更先进、更有效力的管理决策办法。

(三)学校管理层群体的学校家庭社会协同育人情况的差异性检验

以性别、学段、城乡为变量,我们对学校管理层进行了群体划定,应用独立样本 t 检验,我们对四个维度下管理层群体的问卷得分进行了差异性检验。

1. 性别差异分析

表4-6 不同性别学校管理层群体的维度得分情况

维度	性别	N	平均值 (M)	标准差 (SD)
观念引领	男	128	4.341	0.871
	女	73	4.430	0.890
行动促发	男	128	3.997	0.874
	女	73	4.311	0.798

续表

维度	性别	N	平均值（M）	标准差（SD）
制度支持	男	128	3.789	0.889
	女	73	4.075	0.834
管理决策	男	128	3.572	0.641
	女	73	3.706	0.707

应用独立样本 t 检验，我们以性别为变量，对四个维度下学校管理层群体的问卷得分进行了差异性检验。结果发现，在行动促发层面，不同性别的学校管理层群体得分的差异显著（$t = -2.52, p < 0.05$），女性领导层在行动促发维度上的得分显著高于男性领导层。另外，在制度支持层面，不同性别的学校管理层群体得分的差异显著（$t = -2.25, p < 0.05$），女性领导层在制度支持维度上的得分显著高于男性领导层。未发现其他维度上的性别差异（$ps > 0.05$）。差异检验的结果表明了女性领导人在学校家庭社会协同育人方面的优势，这种优势主要体现在行动和制度层面。在教育中，女性视角可能更能够将学校教育与其他层面联系在一起，在行动上更加积极促进协同教育落地，在制度上也给予协同育人更多方面支持。

2. 学段差异分析

表 4-7 小学与初中学校管理层群体的维度得分情况

维度	性别	N	平均值（M）	标准差（SD）
观念引领	小学	134	4.403	0.818
	初中	67	4.313	0.987
行动促发	小学	134	4.172	0.869
	初中	67	3.990	0.831
制度支持	小学	134	3.966	0.869
	初中	67	3.746	0.885

续表

维度	性别	N	平均值（M）	标准差（SD）
管理决策	小学	134	3.683	0.667
	初中	67	3.495	0.655

应用独立样本 t 检验,我们以学段为变量,对四个维度下小学和初中的学校管理层群体的问卷得分进行了差异性检验。结果发现,在四个维度下,小学和初中的情况较为一致,未发现显著的差异。这说明虽然小学和初中有明显的教学等方面的差异,但是目前小学和初中在协同教育方面,学校管理层给予的支持水平是较为一致的($ps>0.05$）。

3. 城乡差异分析

表4-8 乡村与城镇学校管理层群体的维度得分情况

维度	性别	N	平均值（M）	标准差（SD）
观念引领	城镇	116	4.457	0.896
	乡村	85	4.259	0.841
行动促发	城镇	116	4.267	0.869
	乡村	85	3.898	0.855
制度支持	城镇	116	4.012	0.924
	乡村	85	3.731	0.788
管理决策	城镇	116	3.750	0.634
	乡村	85	3.443	0.674

应用独立样本 t 检验,我们以城乡为变量,对四个维度下管理层群体的问卷得分进行了差异性检验。结果发现,在行动促发层面,城镇与乡村的学校管理层群体得分的差异显著($t= 3.079, p < 0.01$）,乡村学校的领导层在行动促发维度上的得分显著低于城镇学校的领导层。在制度支持层面,城镇与乡村

的学校管理层群体得分的差异显著($t= 2.257, p < 0.05$),乡村学校的领导层在制度支持维度上的得分显著低于城镇学校的领导层。在管理决策层面,城镇与乡村的学校管理层群体得分的差异显著($t= 3.300, p < 0.01$),乡村学校的领导层在管理决策维度上的得分显著低于城镇学校的领导层。依据上述结果,我们发现乡村学校的领导层群体,在观念引领层面与城镇学校管理层没有显著差异,这说明在观念上城乡较为一致,但是在其他三个维度上,乡村学校在协同教育方面的发展落后于城镇学校。行动、制度与管理是观念应用于实际的保障,未来对乡村学校的相关扶持仍然是急需的。党的二十大报告提出"加快义务教育优质均衡发展和城乡一体化"①,优质均衡的义务教育成为我国新时代的当下之需。然而,文化的限制以及系统性变革的多重挑战,极易成为城乡义务教育中的堵点。② 在目前阶段,对于学校家庭社会协同育人的实施可能依然面临类似的问题,乡镇学校亟需在行动、制度和管理决策上实施具体可行的举措,促进协同教育的发展。

三、学校管理层群体的学校家庭社会协同育人情况的主要结论

通过实际调研,我们对学校管理层群体在学校家庭社会协同育人方面的情况有了一个基本的了解,这些信息主要包括该群体在问卷四个维度上的基本情况,以及一些以人口学变量为类别划分所了解的群体性差异。

观念引领维度上,90.23%的学校会向家长与社会宣传学校教育理念,93.02%的学校会向家长与社会传播协同育人理念,93.96%的学校与家长、社会共同把立德树人作为协同育人根本任务,92.09%的校领导表示自己了解学生家长的教育期待与需求,88.37%的学校会公开有关学校改革、校政及其运

---

① 习近平:《高举中国特色社会主义伟大旗帜 为全面建设社会主义现代化国家而团结奋斗——在中国共产党第二十次全国代表大会上的报告》,人民出版社2022年版,第34页。
② 李森、王雪玮:《我国义务教育优质均衡发展的现实困境与战略选择》,《中国电化教育》2024年第1期。

作、办学目标等的资料。在观念引领方面,学校在观念引领方面表现积极,大部分管理层重视教育理念的传播和协同育人的根本任务,体现了对国家政策和教育改革方向的响应。管理层的积极态度为构建良好的校家社关系奠定了基础,为实现学生的全面发展创造了良好的条件。

行动促发维度上,学校在行动实施中也展现出较为活跃的姿态,许多学校建立了沟通平台并鼓励家长和社会参与各类活动。这表明,管理层在推动协同育人的过程中,认识到实际行动的重要性,并在实践中不断探索有效的合作模式。然而,调查结果也揭示出制度支持与实际资源整合之间存在一定差距,学校在获取外部资源后,尚需改进,并将这些资源有效整合到协同项目和改革中。这一现象需要教育管理者深入反思,寻求更为系统化的资源整合策略,以提高协同育人的效率。例如,依据调查结果,79.07%的学校为校家社沟通建立了完善的校方平台,86.05%的学校鼓励家长参与学校活动(比如听课、参与领导讲座或活动、观看文艺演出等),83.72%的学校鼓励社会人士参与学校活动(比如听课、参与领导讲座或活动、观看文艺演出等)。在行动层面,我们从数据中也看到了学校的积极动态,大部分的学校都以实际的行动推动着协同教育的发展与进步,反映了先进协同教育的实施情况。

在制度支持上,依据调查的内容,我们了解到,63.26%的学校能够让家长和社会参与规划和改进学校项目,73.49%的学校能够作为资源协同中心整合校家社教育资源,80.46%的学校积极培养教职工使用校家社教育资源;73.49%的学校将协同工作开展情况纳入教师的评价标准,79.07%的学校在协同活动中,与社会建立起了长期合作关系,81.39%的学校有负责统筹协同育人活动的部门。较多的学校为了促进协同教育的发展,都制定了相应的政策,积极吸取家长的建议,积极与社会合作,同时也设立了鼓励教师参与协同教育的政策,这些方面的努力对长期的协同教育是一种保障。然而需要关注到的是,在这些制度中,学校在向外获取资源这一方面表现得更为积极,但是这些资源与信息能整合进入学校规划与改革中的比例是更低水平的。这表明了学校在获取其他途径资源与利用这些资源间出现了较大的差距。这种情况提示我们,应及时调整协同育人的模式,避免可能出现的低效劳动。

管理决策维度上,对于征集家长意见,79.54%的学校表示经常或总是如此,16.74%的学校表示偶尔如此,3.72%的学校表示很少如此。对于采纳家长意见,73.49%的学校表示经常或总是如此,19.53%的学校表示偶尔如此,6.98%的学校表示很少如此。对于征集社会人士意见,60.93%的学校表示经常或总是如此,25.12%的学校表示偶尔如此,13.95%的学校表示很少如此。对于采纳社会人士意见,57.68%的学校表示经常或总是如此,26.05%的学校表示偶尔如此,16.28%的学校表示很少如此。从这些内容中,我们可以发现学校对于家长意见的收集与采纳是更为频繁的,相比之下,学校对社会层面的各种意见的关注度较低。这可能是家庭教育与学校教育都以学生为中心,这种目标导向的结果使两者的联系更加紧密。社会则是个更大的活动载体,包含了更多种的社会活动,教育只是其中的一部分。但是随着社交媒体的快速发展,社会信息的更新会更加快速,这可能有助于今后在社会层面关于教育的意见更快速地流向学校和家庭。对于开展各类家长培训、研讨会等活动,55.81%的学校表示经常或总是如此,33.49%的学校表示偶尔如此,10.07%的学校表示很少如此。对于就校家社协同能力开展教职工培训,58.14%的学校表示经常或总是如此,29.3%的学校表示偶尔如此,12.56%的学校表示很少或从未如此。这些数据主要关注学校层面为协同教育开展培训相关工作的情况,约有一半的学校在这方面比较重视。目前,对于培训频率的问题,也在摸索阶段,如何在不过度增加教师和家长负担的情况下增加培训的效果,是比增加培训频率更为重要的问题。

对于群体差异,我们主要发现了女性学校管理层群体相对于男性学校管理层在学校家庭社会协同育人的优势。女性在家庭及学校环境中都具有育人的重要地位,这可能促进她们在面临多种角色时,能够多视角思考,理解教师、家长、学生的教育需求。城镇学校与乡村学校的学校管理层在学校家庭社会协同育人方面的差异引导我们要加强乡村学校在学校家庭社会协同育人方面相关的支持,引导乡村学校形成符合自身学校发展特点的学校家庭社会协同育人模式。

第三节　教师群体问卷

教师作为学校教育的践行者,在学校教育中起到最为主要和最为直接的育人作用,在学校家庭社会协同育人中担负着连接家庭教育和社会教育的重要角色。基于教师在学校教育和协同教育中的重要性,我们对教师群体进行了问卷调查。问卷主要调查关于协同教育的现状,主要探讨效能认知、沟通行为、资源分配、职责分工、观念传递这五个维度的相关问题。效能认知维度主要调查教师对协同育人的认知情况,对当前协同育人各个方面的实施情况以及协同育人对教师自身教育教学产生的作用的评价。沟通行为维度主要调查在行为层面上,教师群体参与协同育人相关活动的频率情况。资源分配维度主要针对在协同教育中,教师向家庭或社会提供教育资源或使用由非学校方提供的教育资源进行教育教学的情况。在协同教育中,不同的群体往往承担着不同的任务与职责,多方相互协作,相互配合,发挥所长,才能使协同教育高效合理地进行。在调查中,职责分工维度的设置主要是为了了解在与协同教育相关的活动中,教师群体如何分担相关的职责,以及一些协同育人工作内容的执行情况。在协同教育的过程中,教师往往承担着传递教育理念的重要职责,教育理念的相互融合是协同教育成功进行的保障。为此,我们设置了观念传递维度,调查了教师在家长和学校之间传递双方理念的情况。

一、问卷调查的资料与数据处理

在数据处理过程中,本研究主要运用 Excel、SPSS22.0 统计软件,对问卷数据进行分析,主要涉及描述性统计、相关分析和独立样本 t 检验等。

对搜集的有效教师问卷进行信效度分析,分析结果显示,教师群体的学校家庭社会协同育人问卷整体上的信度系数较高,整体的克隆巴赫系数为 0.980。教师群体的学校家庭社会协同育人问卷的五个维度,即效能认知($\alpha = 0.980$)、沟通行为($\alpha = 0.951$)、资源分配($\alpha = 0.924$)、职责分工($\alpha = 0.949$),观念传递($\alpha = 0.967$)也同样具有良好的信度。由此说明,教师群体的学校家庭社会协同育人问卷具有较高的内部一致性。

我们也对问卷进行了因子分析,以获取维度的合理性。分析结果显示,KMO 值为 0.956,Bartiett 球度检验显著($p < 0.001$),说明各信息之间的重叠程度较好,可以得出较为满意的因子分析模型。大部分的公因子方差提取都高于 80%,说明提取的题项中的因子是较为有效的。五个因子的解释率可以达到方差的 80.73%,基本可以代表学校家庭社会协同育人的基本情况。

二、调查结果

在数据处理过程中,研究主要运用 Excel、SPSS22.0 统计软件,对问卷数据进行分析,主要涉及对各维度信息进行描述性统计、各维度间的相关分析以及依据城乡、教师是否担任班主任、是否组建家委会等信息为群体划分依据进行独立样本 t 检验等。

(一)调研数据的描述统计分析

利用 SPSS22.0 软件对搜集到的 12219 份有效问卷进行分析,得出教师群体在学校家庭社会协同育人问卷的五个维度得分的相关情况。具体情况如表4-9所示。

表 4-9　教师群体在学校家庭社会协同育人问卷中的维度得分情况

	N	均值 （M）	标准偏差 （SD）
效能认知	12219	4.100	0.956
沟通行为	12219	3.482	0.824
资源分配	12219	2.769	1.055
职责分工	12219	3.840	0.989
观念传递	12219	4.199	0.779

总体上来说,在效能认知和观念传递维度上,教师群体的均分较高,说明教师群体认为目前的学校家庭社会协同育人进展顺利,并且他们在向不同群体传递学校家庭社会协同育人理念中起到了较为积极的作用。另外,从数据中可以看出,在资源分配维度,教师群体的均分较低,说明教师对于学校家庭社会协同育人资源的利用目前还是比较薄弱的。

（二）教师群体在学校家庭社会协同育人问卷中的维度间相关分析

为了探究教师群体在学校家庭社会协同育人问卷的五个维度得分之间的关系,我们对五个维度的均分进行了皮尔逊相关分析。相关分析能够反映各维度之间的密切关联程度,表 4-10 为五个维度之间两两相关分析下的相关系数。

表 4-10　教师群体在学校家庭社会协同育人问卷中各维度的相关系数（r）

	效能认知	沟通行为	资源分配	职责分工	观念传递
效能认知	—				
沟通行为	0.236*	—			
资源分配	0.131*	0.594*	—		
职责分工	0.500*	0.465*	0.427*	—	
观念传递	0.621*	0.313*	0.178*	0.642*	—

注:N = 12219,* $p < 0.001$ 水平上,相关性显著。

　　总体来看,经过相关分析,我们可以发现,在效能认知、沟通行为、资源分配、职责分工以及观念传递这五个维度上,它们之间的两两相关均达到显著水平($p < 0.001$),说明这五个维度是紧密相关的,相互影响的。从相关系数来看,观念传递维度与效能认知和职责分工这两个维度具有较高的相关性。效能认知与观念传递涉及对学校家庭社会协同育人的看法和传播,这两个维度是相辅相成、共同发展的。职责分工调查了教师在学校家庭社会协同育人中的具体工作,它与观念传递的较强相关性也说明了观念传递与工作的具体实施可能是同步产生的,理念与实际相互促进 。学校家庭社会协同育人涉及了三方群体的相互协作,在这个过程当中可能存在着教育理念等方面的差异与融合问题。增强三方之间的协同互信,促进达成育人共识是维系协同育人的必要过程①,在这个过程中教师群体的作用不可忽视。

（三）教师群体的学校家庭社会协同育人情况的差异性检验

1. 城乡差异分析

表 4-11　乡村与城镇学校教师群体的各维度得分情况

维度	城乡	N	平均值（M）	标准差（SD）
效能认知	城镇	6141	4.097	1.017
	乡村	6078	4.103	0.889
沟通行为	城镇	6141	3.407	0.874
	乡村	6078	3.558	0.762
资源分配	城镇	6141	2.712	1.080
	乡村	6078	2.828	1.025

---

　　① 贺明华、周杨力子、江毓君:《推动学校家庭社会形成高质量协同育人共同体的基础、困境与趋向》,《井冈山大学学报(社会科学版)》2023 年第 6 期。

续表

维度	城乡	N	平均值（M）	标准差（SD）
职责分工	城镇	6141	3.793	1.055
	乡村	6078	3.887	0.915
观念传递	城镇	6141	4.217	0.812
	乡村	6078	4.181	0.743

应用独立样本 t 检验,我们以城乡为变量,对五个维度下教师群体的问卷得分进行了差异性检验。结果发现,在沟通行为维度,城镇与乡村的教师群体得分的差异显著($t = -10.213, p < 0.001$),乡村学校的教师在沟通行为维度上的得分显著高于城镇学校的教师。在资源分配维度,城镇与乡村的教师群体得分的差异显著($t = -6.127, p < 0.001$),乡村学校的教师在资源分配维度上的得分显著高于城镇学校的教师。在职责分工维度,城镇与乡村的教师群体得分的差异显著($t = -5.272, p < 0.001$),乡村学校的教师在职责分工维度上的得分显著高于城镇学校的教师。在观念传递维度,城镇与乡村的教师群体得分的差异显著($t = 2.551, p < 0.001$),乡村学校的教师在观念传递维度上的得分显著低于城镇学校的教师。依据数据分析的结果,我们发现乡村学校的教师在沟通行为、资源分配及职责分工维度上的分数均高于城镇教师,这可能与教师学生配比、教师工作压力等因素相关,使乡村教师在与家长等沟通、协同育人方面更有充分的精力。在观念传递维度上,城镇教师更注重在各个方面传递协同育人理念,这对促进协同育人在各个层面的实施具有积极的影响。

2. 教师是否担任班主任的差异分析

表 4-12　班主任教师与科任教师群体的维度得分情况

维度	是否为班主任	N	平均值（M）	标准差（SD）
效能认知	是	4436	4.116	0.951
	否	7783	4.091	0.959
沟通行为	是	4436	3.750	0.619
	否	7783	3.329	0.885
资源分配	是	4436	2.716	1.073
	否	7783	2.800	1.043
职责分工	是	4436	3.976	0.876
	否	7783	3.762	1.040
观念传递	是	4436	4.258	0.756
	否	7783	4.166	0.789

　　应用独立样本 t 检验,我们以教师是否担任班主任职务为变量,对五个维度下教师群体的问卷得分进行了差异性检验。结果发现,在沟通行为维度,班主任教师与科任教师得分的差异显著($t = 28.020, p < 0.001$),担任班主任的教师在沟通行为维度上的得分显著高于科任教师。在资源分配维度,班主任教师与科任教师得分的差异显著($t = -4.229, p < 0.001$),班主任教师在资源分配维度上的得分显著低于科任教师。在职责分工维度,班主任教师与科任教师得分的差异显著($t = 11.520, p < 0.001$),班主任教师在职责分工维度上的得分显著高于科任教师。在观念传递维度,班主任教师与科任教师得分的差异显著($t = 6.280, p < 0.001$),班主任教师在观念传递维度上的得分显著高于科任教师。班主任在学校家庭社会协同育人中起到了非常重要的作用,是沟通、实施和观念传递的主要执行者,因此在相关维度上也获得了更高的分数。在资源分配上,科任教师的得分较高也可能与科任教师的工作模式相关,科任教师的教育重点可能更侧重于所在学科的内容上,因此具有获取各

种教育资源的习惯或偏好,教育更注重专业性,而班主任则需管理整个班级,学生在各个学科的表现都需要关注,更注重教育的全面性。

3. 教师是否组建家委会的差异分析

表 4-13 是否组建家委会的维度得分情况

维度	是否组建家委会	N	平均值（M）	标准差（SD）
效能认知	是	7395	4.164	0.987
	否	4824	4.002	0.898
沟通行为	是	7395	3.641	0.758
	否	4824	3.239	0.861
资源分配	是	7395	2.908	1.049
	否	4824	2.557	1.028
职责分工	是	7395	3.970	0.965
	否	4824	3.640	0.992
观念传递	是	7395	4.272	0.783
	否	4824	4.088	0.758

应用独立样本 t 检验,我们以是否组建了家委会为变量,对五个维度下教师群体的问卷得分进行了差异性检验。结果发现,两个群体在五个维度均表现出显著的差异性。在效能认知维度,在班级中组建了家委会的教师与未组建的教师得分的差异显著($t = 9.212, p < 0.001$),组建家委会的教师在沟通行为维度上的得分显著高于未组建的教师。在沟通行为维度,在班级中组建了家委会的教师与未组建的教师得分的差异显著($t = 27.146, p < 0.001$),组建家委会的教师在沟通行为维度上的得分显著高于未组建的教师。在资源分配维度,在班级中组建了家委会的教师与未组建的教师得分的差异显著($t = 18.245, p < 0.001$),组建家委会的教师在沟通行为维度上的得分显著高于未组建的教师。在职责分工维度,在班级中组建了家委会的教师与未组建的教师得分的差异显著($t = 18.287, p < 0.001$),组建家委会的教师在沟通行为维

度上的得分显著高于未组建的教师。在观念传递维度,在班级中组建了家委会的教师与未组建的教师得分的差异显著($t = 12.892, p < 0.001$),组建家委会的教师在沟通行为维度上的得分显著高于未组建的教师。由此分析可见,家委会的组建对学校家庭社会协同育人非常重要,组建家委会有利于在认知、沟通、分工、资源以及观念传递等方面促进协同育人的实施。

三、教师群体的学校家庭社会协同育人情况的主要结论

通过实际调研,我们对教师群体在学校家庭社会协同育人方面的情况有了一个基本的了解,这些信息主要包括该群体在问卷五个维度上的基本情况,以及一些以人口学变量为类别划分所了解的群体性差异。

在效能认知这一维度的问题中,我们首先调查了教师群体对于学校与家庭及学校与社会之间的沟通和互信情况的看法。结果表明①,85.16%的教师认为学校和家庭之间的沟通程度良好;83.11%左右的教师认可学校和社会之间的沟通程度良好;83.89%左右的教师认为学校和家庭之间的互信程度良好;83.15%左右的教师认为学校和社会之间的互信程度良好。从教师群体的视角出发,我们总体上认为,学校与家庭之间以及学校与社会之间的沟通情况良好,并且这些育人的主要载体之间能够形成互信的良好合作。另一方面,我们关注协同育人对教师教育教学的影响。经过调查,约有87.83%的教师认为在协同育人活动中,他们自身的教学能力得到了提升,约有87.36%的教师认为他们自身的班级管理能力得到了提升。总的来说,我们认为在效能认知维度上,从教师群体的视角出发,各个教育载体在沟通和信任层面达成了良好的合作模式,协同育人的活动也在一定程度上促进了教师教学和班级管理能力的发展。

在沟通维度上,对于家校线下交流活动(如在校面谈、家访、家长会议

---

① 以下所有百分比计算均为四舍五入下保留小数点后两位。

等),约有 54.2% 的教师经常或总是参加,约有 30.44% 的教师偶尔参加,很少参加或从不参加的教师占总体的 15.37%。对于主动联系家长、社会人士,以各种方式参与学校活动(如开办讲座、校园开放日等)的频率,约有 39.32% 的教师选择经常或总是参与,约有 34.07% 的教师偶尔参与,约有 26.6% 的教师很少或从不参加。对于向家长反映学生的一些情况,我们收集了关于学业表现、行为表现以及优势特长方面的信息。对于向家长反映学生的学业表现,约有 64.8% 的教师经常或总是反映,约有 22.8% 的教师偶尔反映,约有 12% 的教师很少或从不向家长反映学生的学业情况。对于向家长反馈学生的行为表现,约有 63.6% 的教师经常如此,约有 24.39% 的教师偶尔如此,约有 12.02% 的教师很少或从不向家长反映学生的行为表现。对于就学生的优势特长与家长沟通的问题,约有 61.41% 的教师经常或总是与家长沟通该问题,约有 26.93% 的教师偶尔与家长沟通该问题,约有 11.65% 的教师很少或从不与家长沟通学生的优势特长等相关问题。这些内容基本囊括了教师与家长之间以学生为中心进行沟通交流的主要话题。总体上,教师与家长沟通相对充分,交流频率在这三个主要方向上分布平衡。向家长收集一些关于学校或教师评价的信息,对于调整学校与家庭之间的沟通与联系起到了一定的导向作用,基于此,我们对这一方面的内容也进行了调查。对于与家长沟通,了解家长对家校合作的满意度这一问题,约有 58.22% 的教师表示经常或总是与家长沟通该问题,28.02% 的教师表示偶尔向家长了解该问题,约有 13.77% 的教师很少或从来没有向家长了解过其对家校合作的满意程度。在家长的视角下,教师的工作情况对协同教育具有重要的影响,据调查,约有 58.67% 的教师经常或总是向家长了解其对自己工作的反馈情况,约有 27.75% 的教师偶尔向家长了解这个问题,约有 13.58% 的教师很少或从不向家长了解家长对自己工作情况的反馈。关于向家长了解他们对于学校活动的反馈的情况,约有 56.82% 的教师经常或总是向家长了解他们对学校活动的反馈情况,约有 28.74% 的教师偶尔向家长了解这个问题,约有 14.43% 的教师很少或从来没有向家长了解过这个问题。

在资源分配维度,我们调查了教师提供资源的情况。有38.86%的教师经常或者总是为学生或家长提供关于社会机构、服务和项目的教育资源信息,26.4%的教师偶尔向学生或家长提供这类信息,34.75%的教师很少或从不向学生或家长提供这些信息。在指导家长参与使用社会(区)资源方面,33.6%的教师经常或总是对家长提供指导,31.85%的教师偶尔向家长提供指导,34.53%的教师很少或从不向家长提供这方面的指导。在利用或使用资源方面,我们也进行了系统的调查。在所调查的教师群体中,有23.92%的教师总是或经常与当地企业、图书馆、公园、博物馆等组织合作,开展社会实践活动,27.23%的教师偶尔与这些组织合作开展活动,48.85%的教师很少或从不与这些组织合作开展活动。在使用家庭提供的教育资源(如家长专业特长)方面,26.73%的教师经常或总是使用家庭提供的教育资源,29.18%的教师偶尔使用,24.1%的教师很少或从不使用家庭提供的教育资源。除了家庭提供的教育资源外,我们也收集了关于教师使用社会资源的情况。社会方面的教育资源,包括如公园、图书馆、博物馆等机构的自然资源与公共服务资源。在受调查的教师群体中,有31.04%的教师经常或总是使用社会提供的教育资源,30.81%的教师偶尔使用社会提供的教育资源,38.15%的教师很少或从不使用社会提供的教育资源。整体看来,教师对于向家长提供非学校方面的教育资源情况以及利用非学校资源进行教育教学方面,对于各个问题,教师群体的回答在频率分布上比较平均。从这些信息中不难看出,对于非学校资源的提供与利用并不是教师在教育和教学中非常关注的方面,由于一些政策或习惯的原因,教师自身在利用或提供这些资源时存在一定的顾虑,这些方面需要进一步的教育资源融合。

在职责分工维度,依据调查结果,79.43%的教师会建立正式的社交网络将所有家长联系起来(如微信群等),67.39%的教师会与家长共同制定明确的协同育人规则(如签订家校合作协议、制定家校合作规定等文本),68.31%

的教师会与家长因短期的活动建立活动协议或者分工,83%的教师会针对可能发生的安全事件提前与家长进行沟通,73.21%的教师会与家长之间就具体活动签订安全协议,68.36%的教师会和家长就班级管理建立长期的协议书、承诺书。从这些内容可以看出,对于协同育人活动,因许多流程更加专业化,教师群体分担着一定的组织、管理和策划工作,在这些工作中附加的沟通调解事务也会更多,这对教师的育人要求更高,教师除了作为学校的教育者进行日常的知识传递,也担负着协同育人工作中的许多任务。

在理念传递维度,我们调查了教师在家长和学校之间传递双方理念的情况。依据调查结果,86.08%的教师会去了解学生家长的教育期待与需求,91.16%的教师知道所在学校的教育理念,90.37%的教师认同所在学校的教育理念,90.38%的教师认同学校强调的协同育人理念(即在问卷调查中选择"完全符合"和"符合"的百分比的和)。在理念传递方面,从数据可以看出,教师群体在这个方面承担了重要的角色,教师们能够用积极的行动去理解和传递学校的教育理念,以及协同教育理念,这些在理念上的传递能够促进不同群体对先进教育思想的理解,为协同教育的实施打下奠基。

关于群体差异,我们主要有以下几点发现:首先,乡村教师与城镇教师在学校家庭社会协同育人方面表现出的差异较为明显,并且乡村教师在许多维度方面具有优势。我们发现乡村学校的教师在沟通行为、资源分配及职责分工维度上的分数均高于城镇教师。一直以来,我们多强调城镇学校的优势,但是乡村学校亦有属于自身特点的良好教育模式,我们应当挖掘各自的优势,相互学习优秀的教育模式,相互促进。其次,班主任教师相对于学科教师在学校家庭社会协同育人方面起着极其重要的作用,这种现象让我们看到班主任对班级管理的统领作用,也引导我们在未来,应关注和促进学科教师在学校家庭社会协同育人上发挥更大的作用。最后,家委会在学校家庭社会协同育人中起到了良好的作用,这种模式促进了教师与家长的沟通便利性和沟通效率,可以进行适宜的应用与推广。

第四节　家长群体问卷

在学校家庭社会协同育人中,家长在各个方面都起到了重要的作用。在孩子成长的过程中,家庭教育首先对孩子的发展起到影响,并且这种影响会终身陪伴孩子的发展,起到促进或阻碍的作用。家长在教育中的投资和规划,也会进一步影响学龄期儿童的学业发展。若家长能够在家庭教育中,适宜地调动学校和社会资源共同培养孩子,将有助于孩子平顺地从家庭走入学校,再从学校步入社会。相反,家长若与学校和社会方面不适宜地共同处理教育问题,将增加学校与社会方面的教育负担,最终错失孩子发展成长的最佳时机。基于家长角色在协同教育中的重要作用,我们对家长群体进行了问卷调查。问卷主要包括理念认知、行为协同、资源分配三个维度,以及一些在协同教育中关于实际开展情况的描述性信息。

一、问卷调查的资料与数据处理

在数据处理过程中,研究主要运用 Excel、SPSS22.0 统计软件,对问卷数据进行分析,主要涉及描述性统计、相关分析和独立样本 t 检验等。

理念认知维度主要考察家长对学校育人理念以及对协同育人理念的理解与认识。除了协同育人的相关理念,具体的行为表现更为重要,可以体现协同育人的真实情况。基于此,我们调查了家长群体在协同育人实际相关内容中所承担的职责,设置了行为协同维度。在协同教育中,利用各方资源或者为其他方提供校方教育资源都是协同教育落地的基础,家长群体如何利用多方或者为其他方创造教育资源成为我们关注的一个重点内容,我们针对这个方面进行了探究,设定了资源分配维度。

对搜集的有效家长群体问卷的信效度进行分析,分析结果显示,家长群体的问卷整体上的信度系数较高,整体的克隆巴赫系数为 0.924。家长群体的学校家庭社会协同育人问卷的三个维度,即理念认知($\alpha = 0.980$)、行为协同($\alpha = 0.951$)、资源分配($\alpha = 0.924$)也同样具有良好的信度。由此说明,家长群体的学校家庭社会协同育人问卷具有较高的内部一致性。

我们也对问卷进行了因子分析,以获取维度的合理性。分析结果显示,KMO 值为 0.936,Bartiett 球度检验显著($p < 0.001$),说明各信息之间的重叠程度较好,可以得出较为满意的因子分析模型。大部分的公因子方差提取都高于 80%,说明提取的题项中的因子是较为有效的。三个因子的解释率可以达到方差的 73.37%,基本可以代表学校家庭社会协同育人的基本情况。

二、调查结果

在数据处理过程中,研究主要运用 Excel、SPSS22.0 统计软件,对问卷数据进行分析,主要涉及对各维度信息进行描述性统计、各维度间的相关分析以及依据性别、孩子是否是独生子女、城乡等为变量等人口学信息为群体划分依据进行独立样本 t 检验等。

(一)调研数据的描述统计分析

利用 SPSS22.0 软件对搜集到的 660 份有效问卷进行分析,得出家长群体在学校家庭社会协同育人问卷的三个维度得分的相关情况。具体情况如表 4-14 所示。

表 4-14 家长群体在学校家庭社会协同育人问卷中的各维度得分情况

	N	均值（M）	标准偏差（SD）
理念认知	660	4.185	0.685
行为协同	660	4.120	0.769
资源分配	660	2.847	0.624

总体上来看,理念认知和行为协同在均分上比较高,说明家长群体对协同育人理念的认知和行动方面都比较关注。但是在资源分配方面,家长群体对于获取或提供教育资源仍然是较少执行或参与的。家长作为家庭教育的主要创建者,在孩子的发展过程中起着至关重要的作用,这些作用的影响贯穿个体的终身发展。然而,家长本身的教育程度或者教育能力是差异较大的,这些差异主要涉及家长能提供的教育资源。从目前的数据分析可以看出,总体上家长获取或提供的教育资源有限,推进家庭学校的建设,助力家长教育资源的开发可能是未来学校家庭社会协同育人的重要内容。

(二)家长群体在学校家庭社会协同育人问卷中的维度间相关分析及差异性检验

为了探究家长群体在学校家庭社会协同育人的三维度得分之间的关系,我们对三个维度的均分进行了皮尔逊相关分析。相关分析能够反映各维度之间的密切关联程度,下表为三个维度之间两两相关分析下的相关系数。

表 4-15　家长群体在学校家庭社会协同育人问卷中的维度相关系数(r)

	理念认知	行为协同	资源分配
理念认知	—		
行为协同	0.781*	—	
资源分配	0.323*	0.321*	—

注:N=12219,* $p < 0.001$ 水平上,相关性显著。

总体来看,经过相关分析,我们可以发现,在理念认知、沟通行为以及资源分配这三个维度上,它们之间的两两相关均达到显著水平($p < 0.001$),说明这三个维度是紧密相关的,相互影响的。从相关程度来看,理念认知和行为协同的相关程度更高,说明了行为和观念的一致性发展。

在差异性检验分析中,我们以性别、孩子是否是独生子女、城乡等为变量,对三个维度下家长群体的问卷得分进行了差异性检验,均未发现显著性差异($p > 0.05$)。

三、家长群体的学校家庭社会协同育人情况的主要结论

通过实际调研,我们对教师群体在学校家庭社会协同育人方面的情况有了一个基本的了解,这些信息主要包括该群体在问卷三个维度上的基本情况。

在理念认知维度,对于学校育人理念的了解情况,包括三个题目。对于对学校办学质量的看法,有 92.27% 的家长相信孩子所在学校的办学质量。在涉及家长对于学校办学理念的看法的问题中,有 92.43% 的家长知道学校的办学理念和目标。对于家长对学校所提供的教学理念和目标,92.42% 的家长认同学校所提出的教学理念和目标。对于学校家庭社会协同育人理念的看法,90.3% 的家长了解学校家庭社会协同育人理念,95.46% 的家长认为自己在孩子的教育与成长中承担着与学校不同的责任,96.51% 的家长认为家庭教育在协同育人中具有不可替代的作用。对于与其他家长交流的问题,25.10%的家长表示自己经常或总是通过电话、微信等多种线上渠道与其他家长交流孩子的教育问题,46.97% 的家长表示偶尔与其他家长进行线上交流,28.13%的家长表示自己很少或从不这样做。总体来说,从理念认知的角度来看,多数家长认可学校的教育理念,同时也认同协同教育的理念。他们也认识到作为家长,自己对孩子的成长所起到的重要影响。这种教育理念的正确认识倾向是多方协同教育、合作育才的良好开端。

在行为协同方面,我们调查了家长群体在协同育人实际相关内容中所承担的职责。这些具体的内容多与教师或学校沟通相关,92.42% 的家长表示教师会与其沟通孩子的在校学习表现,89.7% 的家长表示教师会与其沟通孩子的在校行为表现(包括纪律、交友等),86.37% 的家长表示自己了解学校的课程内容等信息,75.61% 的家长表示自己了解教师平时在学校的常规工作,76.52% 的家长表示自己了解学校实施的各项规定(比如校规、校纪、课堂纪律

等),77.42%的家长表示自己会将对学校的相关建议或意见反馈给学校,78.03%的家长表示学校会主动征集家长对学校的相关建议或意见。在行为协同方面,大多数家长能够与教师就孩子在学校的一些表现进行良好的沟通,这说明了家长对孩子在校表现的关注程度,并且关注的范围也较为全面。相对而言,家长对其他方面的重视略有减少,对于教师的常规工作和学校规范等,家长的了解程度是相对有限的,所以促成家长对教师和学校的了解可能是进一步促进协同教育的一个方向。

在资源分配维度,利用各方资源或者为其他方提供教育资源都是协同教育落地的基础,家长群体如何利用多方或者为其他方创造教育资源成为我们关注的一个重点内容。关于家长之间的资源分享,16.67%的家长经常或总是与其他家长线下面对面交流孩子的教育问题,46.06%的家长偶尔如此,37.27%的家长表示自己很少或从未与其他家长进行这样的沟通。学校与家长之间的良好互动,是协同教育中很重要的一环。为了促进家校沟通,一些学校会邀请家长参与教学活动(如听公开课或充当家长教师等),对于这样的互动形式,15.6%的家长表示经常或总是参加,44.09%的家长表示偶尔参加,40.3%的家长表示很少或从未参加过。对于家校协同活动(如亲子运动会),27.43%的家长表示自己经常或总是参加,47.42%的家长表示偶尔参加此类活动,25.16%的家长表示很少或从未参加过此类活动。除此之外,家长如何利用自身优势来助力学校的教育活动,也是值得关注的问题。据调查,25%的家长表示会发挥自身优势,支持学校的教育活动,38.18%的家长表示偶尔如此,36.82%的家长表示很少或从未如此。家长对于社会资源的利用也是协同教育的一个重要方面。据调查,17.57%的家长会带孩子参与公共学习或教育活动(比如读书会、志愿者、文体比赛等),50.3%的家长表示偶尔带孩子参加这类活动,32.13%的家长表示很少或从未带孩子参加过此类教育活动。对于网络资源的利用,据调查,26.81%的家长能够利用网络资源开展家庭教育(如科普教育资源等),44.7%的家长偶尔如此,28.48%的家长表示自己很少或从未利用网络资源进行过家庭教育。依据这些结果,家长参与学校组织的协同教育活动的频率是相对较低的。这个结果可能源于多种因素,学校教育一般有具体统一的进度和要求,因此,以学校为主场的协同教育只能作为一些教育活动来丰富学校的日常教育安排,过高的活动频率对校方和家长来说都有一定的负担。一些活动项目所带来的教育作用,如果浮于表面,问题得不到解决或实施过程僵化等都会影响家长与学校之间的信任,给后续的协同教育增加阻碍。这种协同教育活动的适宜频率是多少,以及何种方式更适合长久开展还需要依据多方面的情况协定。

第五节　学校家庭社会协同育人访谈

想要系统了解学校家庭社会协同育人的现状,需要结合多种研究方法。结合使用量化研究和质性研究的方法,可以使不同的研究方法在发挥优势的同时弥补另一种方法的局限。基于此,本研究采用定性与定量研究方法相结合的方式,对学校家庭社会协同育人的现状进行了全面且深入的研究。在上几节中,研究主要是运用问卷调查的手段考察了全国各地区学校家庭社会协同育人的现状的整体水平和差异情况,讨论了不同群体间和群体内的现状特点和主要问题。我们在获得了许多宝贵的信息的基础上,也考虑到了可能存在的局限性。例如,由于问卷调查中大部分内容被限定,因此缺乏一定的灵活性,对复杂的问题难以直接进行深入的讨论等。在此基础上,为了拓展性地了解协同育人的复杂问题并挖掘一些值得借鉴的做法,我们也进行了访谈研究,以此弥补单一方法的局限性。

一、访谈研究方法

本研究同时采用了访谈法对学校家庭社会协同育人的现状开展深入调查,访谈法的应用可以使我们获得更丰富和更深入的信息,赋予教师和学校管理层群体更多的自由度而不受问卷既定问题的限制,让不同地区、不同城乡位置的教师、学校管理层可以更加全面地表达对于目前学校家庭社会协同育人的看法,从而拓宽研究的内容。

(一)访谈对象的选取

访谈研究是研究者通过与研究对象的交谈来收集心理特征与行为数据资料的一种研究方法。[①] 在本研究中,访谈对象主要是在研究所涉及的学校中随机选取。主要通过非正式访谈和正式访谈两种途径开展。其中,非正式访谈中,没有固定流程,研究者充分利用督导、评估、来访、事务办理、专家咨询、现场调研等机会,与学校管理层群体和一线教师畅聊学校家庭社会协同育人的各方面情况,随后根据记录和录音对文字进行追记和整理。在正式访谈过程中,通过地方教育局、教研员和一线教师的主动沟通,开展督导、来访、咨询、调研等工作。通过大学团队和一线教师团队、学校管理层团队、地方教育局、教研部门的紧密沟通与合作,开展正式访谈。在工作之余,向部分学校的教师说明情况,并在教师同意的情况下,进行集体访谈,集体访谈人数在三人左右,专家咨询以及来访通常都是以团队形式和学校管理层及教师进行多对一、多对多的访谈和交流。

(二)访谈问题及议程说明

访谈旨在了解各地区学校的学校家庭社会协同育人的开展情况和技术赋能学校家庭社会协同育人的主要现状和需求。前期的非正式访谈没有固定的问题提纲,后期的正式访谈主要采用半结构化的访谈形式,结合问卷编制的过程,准备了部分问题框架,有固定的问题,其问题框架主要是依据学校家庭社会协同育人量表整理而成。设置的维度基本划分为协同育人观念、协同育人

---

① 黄希庭、张志杰:《心理学研究方法(第 2 版)》,高等教育出版社 2010 年版,第 162 页。

行为、制度与模式、资源获取与分配。具体来说主要涉及了以下一些方面的问题：

（1）谈谈您所在班级或者学校学中，学校家庭社会协同育人的基本情况？现在有没有相关的政策，各个学校没有落实，教师是如何认同的？（2）对于学校家庭社会协同育人有哪些技术需求？（3）您所经历的情况有哪些与问卷不相符？（4）不同学科或者班主任在学校家庭社会协同育人方面是否有区别？（5）是否明确过学校家庭社会协同育人的规则？等等。通过半结构化的正式访谈，让教师充分表述了对于当下学校家庭社会协同育人的现状的理解和困惑。

访谈的过程与问卷编制过程是同步的，研究团队深入一线，不断验证和调整量表的维度，对于访谈对象的选取，也着重调研了学校家庭社会协同育人情况较好的省级重点小学、技术赋能学校家庭社会协同育人的市级示范校和普通的县公立小学。以此进行阶梯化的深入了解，揭示不同层次学校、不同地区、不同城乡位置学校在学校家庭社会协同育人方面的现状和需求。

（三）研究实施及数据处理

访谈工作与问卷调研在同一时间段内开展。在此期间，本研究将非正式访谈和正式访谈交叉进行，考虑到一线教师对于研究的主题或者相关术语可能存在不能有效理解的情况，访谈主要是研究者亲自参与实施，以便在交谈中及时解释和沟通。如对吉林省某重点小学副校长的访谈中，研究者通过大学教师的身份和附属实验学校联系，得到了相关学校校长、副校长、教研室教师们的积极配合和大力支持。

具体访谈时，研究者与访谈对象积极沟通访谈时间、地点等事宜，充分尊重学校管理层和教师的原有工作安排。并在访谈结束后由专门人员对访谈录音进行了整理和对重点内容进行了补写。

二、访谈资料分析与观点提炼

在本研究中,我们对访谈资料进行了分析,在尽量尊重访谈对象的语言表达、观点呈现的过程中,对访谈信息进行观点提炼,将这些观点依照协同育人的观念、行动、运作模式、资源获取与分配这四大类别进行了归纳。

(一)协同育人观念

学校家庭社会协同育人的落地,需要多方教育群体在认知上达成共识。在访谈中,我们发现了在协同育人观念上,不同群体抱持的观念有一定的差异。Z老师谈到:"校家社协同育人,现在问我的时候,或者问一些普通老师的时候,第一个反应就是班级管理、学生管理上的校家社合作,但实际上更广泛,有教学,还有各种其他活动,还有资源。"另一位学校管理层的受访者(B老师)说道:"我认为老师们对家校协同的理解还没达到一定的高度。一提到校家社协同,无非就是班级管理和学生活动这两块。我觉得学生工作部的老师能想到这是关于学生活动的。作为科任学科的话,他可能也是跟班主任一样想到的,那校家社协同无非不就是这两个,但是其实它还包括教学理念、教育理念和教学资源。"

对于学校家庭社会协同教育的作用,学校管理层群体的感悟可能更加深刻。其中学校管理层的B老师表示:"对家长培训不是只是给老师增加负担,更重要的是这种活动下,你非常容易地就能向家长传递你的教学理念,这样家长可以更好配合你,要不然家长可能不能理解老师的一些做法和想法。让家长认同你之后他就有方法对孩子进行教育,你的教育理念就可以更好地传达下去。"

(二)协同育人行为

在协同行为方面,学校、家庭与社会的沟通是重点问题。家委会作为一个方便学校与家长群体沟通联系的组织,它的构建与运作对协同教育是非常重要的。在家委会的组织方面,校领导非常重视班主任在其中发挥的作用。一位受访的学校管理层 B 老师表达道:"我认为在班级的家长委员会里起协同作用的最重要的灵魂人物是班主任。班主任的作用是所有孩子在学校家庭社会协同教育里最关键的一点,就像我们大脑的司令。从校级家长委员会,班级家长委员会,然后再往下落,最前线的家长,当然其他学科也需要,最主要的组织者是班主任。比如说作为校长,如果我是一所学校管德育的校长的话,我要花 90%的力气去抓班主任这个群体,就是把班主任这个群体抓好了,就像打蛇打七寸似的,工作基本上十有八九就差不多了。但是班主任这个群体你要抓不好的话,你想让家长怎么样配合,或者组织家长参与一些学校家庭社会的协同教育的活动,想让社会提供怎样的资源,都是没办法落实的。总之,班主任有可能成为家庭和学校以及社会合作的最大助力,但是如果没有发挥好班主任的积极性,他们有可能是最大的障碍。学科老师一般只能针对解决相应学科的问题,比如英语老师要负责班级中与英语相关的各种问题,但是对于班级管理,学科老师并不是最为主要的负责人。那家校矛盾上的全部积压,都是需要班主任去承担的,假如班主任愿意解决班级的问题的话,他愿意投入爱、投入包容、投入智慧去解决问题的话,班级 90%的问题都能解决。班主任制度算是中国比较有特色的教育模式,其他很多国家并不会在班级设置这样一个职位,如果这个职位发挥好了,会有很大的能量辐射班级的每个学生和家长。"

除了上述直接沟通的方式外,其他的有关协同教育的一些落实措施,也被受访者提及。H 老师在讨论自己学校的一些协调育人的具体举措时,与访谈者讨论道:"家校沟通可能有一些渠道,我们以前最常用的渠道,可能就是电子邮件,我们以前还有留言板。其实以前我们想做成校长邮箱,校长可以直接看到,后来我们就转给负责特定职责的校长。像有关于我们的卫生间的一些问题,对于某些老师的一些评价沟通,这些话我们就转给相应的部门,通过文件直接转发,这是一个渠道。我们其实做的就这些,现在推进了,叫作家校通。"

如何协调三个群体之间的育人行为,是协同教育落地的支持性问题。受访者 B 老师表示:"校家社合作,需要我们进行全方位的考虑和行动。我们需要更多的理解和沟通,更多的合作和配合,才能更好地为孩子创造一个健康、和谐的学习环境。"促进三方教育群体的合作与互信,形成教育合力,是推动教育发展的重要驱动力。

(三)制度与运作模式

家长委员会的丰富作用也是在实践中不断丰富的,成为协同育人中的特色运作模式。一位校领导 B 老师在访谈中这样表达道:"我们有家长委员会是非常符合各个群体的需求的,我们学校需要与家长沟通,家长也希望更多参与学校的工作,更了解孩子在学校的动向。我们学校好多工作,也涉及许多决策方面的内容。家长委员会它是有一定的职能的,的确可以改进我们学校好多工作,其实我们之前家长的意见就是在班里面直接反馈给班里的家长委员会,或者家长可以利用家委会作为一个渠道来向学校进行反映,相当于一个传声筒。还有一个情况是,家委会也可以帮助我们获得一些学校外的资源,包括各种各样的教育资源和博物馆资源,这些我们之前都有尝试。其实这块我们有一个班主任叫孙＊＊老师,他在这方面的工作就做挺好的,他把他班里的所有的孩子的家长都发动起来了,每一周利用托管的时间,发动家长的优势帮助孩子们了解各个方面学校没有的信息。因为班级里的家长是各行各业的,孙老师就请家长们来学校给学生讲一讲自己熟悉领域的见闻。比如,有一个家长是个警察,就请他讲讲他作为警察的一些故事给孩子,这算是一种职业教育,对孩子们来说这也更加丰富了他们的眼界和认知。这是一个方面,然后还可以借助家长职业方面的丰富性,传达一些教育的内容。通过家委会,我们也和家长更加紧密,也可以通过家长来向孩子们提供一些社会的教育资源,反过来,家长也可以积极利用学校的教育资源。"

另一方面,学校家庭社会协同育人的合作模式和合作方向也是一个统领的问题,作为管理学校的负责人,受访者也有一些有价值的观点。X 老师表示:"校家社合作可能可以考虑一下与新课标的观念融合,新课标中有一个很重要的理念叫任务驱动,真实任务驱动。这个观念和学校家庭社会协同育人的关联我觉得还是挺大的。任务驱动的学习要求教育由真实的任务驱动和触发。包括语文数学等的许多学科,都是让学习融入真实情境,然后解决情境中的问题。这个观念是很好的,很先进的,但是如果只有学校一方努力,是很难实现的。有了任务驱动之后,各个学科所有的老师都可以尝试,比如数学。数学它就有真实任务驱动,比如说计算面积,一块操场它的面积到底有多大?我们计算公式就是长乘以宽。但是现实中可能问题更加复杂,操场它是不规则的,不规则图形是怎么计算面积的?就要解决真实的任务,让孩子拿着那种在装修上用到的工具,类似于激光笔的东西,测量两面墙之间的宽度。这个工具就是孩子在解决真实任务的时候用到的工具。这个工具可能学校没有,也不是每个孩子家里都有,但是可能有的家长可以接触到,就可以帮助孩子提供这些设备和资源。这种解决真实任务的任务驱动,对丰富孩子的知识以及提高他们的综合能力是非常重要的,完成这种模式的教育,需要许多教育方面的支持,比如社会方面和家长方面。还有一个是心理健康教育,很多心理问题的产生与家庭关联很大,单纯靠老师的批评教育或者鼓励,很难解决,非常需要家长的支持,然后学校和家长一起面对这个问题,解决问题。有的时候比如孩子情况比较严重,还需要社会上的一些资源介入。"

（四）资源获取与分配

利用多方资源,共同赋能教育,是教育合力形成和维系的重要过程。获取和利用这些资源的多元性、便捷性能够促进协同育人的成效。在访谈中,我们对于教育资源的获取与分配的问题给予了关注。一位受访者 B 老师认为:

"大类来说,资源可以是物类的和人类的。物质资源,比如专业的场馆和一些专业的一些仪器,也包括自然资源,自然地域的资源。然后是人力资源,主要就是相关的专业的人士。"这些资源都可以被用在教育人才的各个方面。

对于资源获取的方式,B老师表示:"获得途径的话,部分由个人联系获得,通常为社会普遍免费的设施,也有一些由教师、家长的个人关系获得。除此以外,需要校方形成了固定的合作,而不是单独的老师个人去联系。在联系各方资源的过程中,是需要先有这样的人来牵头的。比如,知道这个场馆,通过联系,然后才能达成合作,等一旦建立合作之后,相互之间的往来可能就会更加顺畅,最终成为一个教育基地。"另一位受访者H老师谈到:"我们会利用大学的资源,我们请很多专家,包括教育学部的、心理学院的老师做一些讲座。另一个很重要的资源就是家长资源,有很多家长在某一个方面都有自己擅长的领域和方向。还有就是要鼓励社会人士参与,因为社会人士其实就是一种人力资源。但是存在这个社会人员是否有类似的意向等问题。其实社会方面的话,我们主要和一些社会组织合作,包括各种各样的科技馆、博物馆,其实就是对社会资源的一个利用,可以让孩子们认识各种各样的场景,丰富见闻。一般来说获取社会资源,都是校方(学生工作中心)主动与社会组织沟通合作。"

在访谈中,我们也关注到,学校与家长对社会方面的资源获取并不那么顺畅。一位受访者B老师谈到:"这个社会人士的意见是比较少的,因为首先社会人士的利益与我们的教育的直接关联性较低,所以很多人可能并没有很多参与的热情。其次,我们需要对社会资源进行把关和筛选。有那种想跟学校有商业方面的合作的,我们从来都不接受,只要涉及商业的,哪怕有些是免费的,但是他们最后有商业目的的,我们都不能接受。一般来说,我们和社会方面的人士取得联系,可能并不一定是我们直接非常突兀地就去找他们,说我是什么学校,你是否跟我们合作之类的,我们一般都是通过各种各样的关系去对接,找到合适的人。"

三、访谈结果与主要结论

对于学校家庭社会协同育人的现状，我们进行了系统的调查，这些调查结果也为我们提供了丰富的信息。在协同育人的进程中，各个层面的相关群体都做出了相应的努力。特别是家长群体和学校层面，这两个群体之间的沟通是比较紧密的，通过班主任与家长的沟通或者家委会的组织，学校与家庭之间形成了良好的协同教育模式。社会资源在协同教育中的注入，一般来说依然需要学校或者家庭作为牵引来促进社会资源融入协同教育中。学校家庭社会协同育人以孩子的发展为中心，需要各方的努力和协作，也需要各方的相互尊重与扶持，在这个不断探索的过程中，孩子在成长中的需要就是协同教育工作的方向。

在我们取得了一些成效的同时，从访谈中，我们也关注到了一些仍待解决的问题。家庭、学校、社会之间尚未完全形成育人共识，各主体间存在着认知层面的差异，这对于三者之间形成信任关系是一个潜在的威胁。另外，教师群体，特别是班主任的角色尤为重要，这突出了班主任在育人中的重要贡献。但是，这可能预示一种不合理的合作关系。一种角色如果具有决定性作用，也说明了这种教育合力可能只是由少数人维系的，这可能是合力不稳定、难持续的原因。在访谈中，有一位受访者 Q 老师也提到了这个问题："之前都说学生安全，其实现在应该有一个校家社协同安全。应该强调教师也有自己的权利，我们不光要强调教师的责任，还要强调教师本身自我保护的一些权利。"这涉及了协同教育中的责任划分问题，教育合力不应是模糊或推脱教育责任的借口，三方力量要相互依仗、相互配合、相互协调。

第五章 技术赋能现状问卷与访谈分析

学校、家庭、社会三者都是教育的主体，只有三者协同共育才能达成解决过去学校教育中的如"双减"问题目标。同时，教育数字化转型的进程中，也同样对技术赋能学校家庭社会协同育人提出了新的要求。上一章中，对于校家社协同的现状进行了分析与考察，旨在分析好校家社协同所面对的主要问题与根源，以为本章讨论技术赋能校家社协同育人的现状做准备。尤其，在教育数字化转型的背景下，如何通过数字技术赋能学校家庭社会协同育人成为数字时代教育的应有之义。本章主要讨论技术赋能学校家庭社会协同育人现状及需求的问卷分析情况和访谈的基本情况。

第一节 问卷调查的设计与实施

技术赋能校家社协同的问卷主要以学校管理层、教师和家长为对象，通过问卷调查、访谈等多元途径对一线校家社协同育人情况进行调研，力求全面、准确把握我国各地区技术赋能学校家庭社会协同育人的基本现状，希冀为技术赋能学校家庭社会协同育人的策略提升和实践布置提供重要的依据。其中最为主要的研究方法就是问卷调查。问卷调查的设计与实施主要包括了调查对象的选取、调查目的确立、调研工具的设计与制定、调查实施这几部分。

一、调查对象及目的

本研究选取的调查对象是涉及全国范围内的学校管理层、任课教师和学生家长。通过抽样选取了涵盖东北地区、华北地区、华中地区、华南地区、华东地区、西北地区、西南地区的主要城市和乡镇学校,并进行了大规模调研。通过问卷调查的实施,主要达到以下几个目的。

1. 利用前述设计的技术赋能学校家庭社会协同育人的量表作为研究工具,对我国各地区的技术赋能学校家庭社会协同育人的现状进行深度考察。

2. 分析当前学校家庭社会协同育人在技术赋能方面的主要问题。

3. 分析不同背景变量下教师和管理层在技术赋能学校家庭社会协同育人中的差异。

二、调研工具

本研究采用的调研工具是自编而成的《技术赋能学校家庭社会协同育人现状调查表》,其主要依据是第四章量表编制中构建的技术赋能学校家庭社会协同育人的量表。第一部分是问卷说明,对调查问卷的目的、影响因素和保密情况作出说明;第二部分是教师、管理层、家长基本情况调查。第三部分是技术赋能学校家庭社会协同育人的正式量表,学校管理层学校家庭社会协同育人的量表包括四个维度,分别是沟通维度、媒介宣传、平台建构、资源支持。教师层学校家庭社会协同育人的量表包括三个维度,分别是沟通维度、平台建构、资源支持。家长层学校家庭社会协同育人的量表包括四个维度,分别是沟通交流、媒介宣传、平台构建、资源支持。量表统计采用的是李克特(Likert)五点量表法,5代表完全符合,4代表比较符合,3代表基本符合,2代表基本不符合,1代表完全不符合。

三、调查实施

截至2024年1月统计,本研究涵盖全国各地区如东北地区、华北地区、华中地区、华东地区、华南地区、西北地区、西南地区的学校管理层、教师和家长，出于研究工作需要，本研究通过筛选剔除掉答题时间低于两分钟的问卷，最终选取有效问卷包括中小学校管理层的问卷 201 份，教师问卷 12219 份，家长有效问卷 660 份，问卷数量和质量足以说明全国范围内中小学的技术赋能校家社协同育人情况。将《技术赋能学校家庭社会协同育人现状调查问卷》编制成问卷性或者是纸质版本的问卷，求助于各地区教育局和教研员，本研究得到了各地区教育局的支持，通过领导的微信转发至学校群、班主任群进行电子问卷的发放和作答。并且通过各种方式进入教育现场进行现场咨询和访谈，对问卷进行调整。其中有部分纸质问卷在同一线教师进行访谈、专家咨询过程中请他们进行作答，从而征询到一线学校管理层和教师对于技术赋能学校家庭社会协同的现状的看法。问卷发放的过程严格遵守问卷调查的基本要求，考虑基础教育阶段学校管理层、教师和家长对于技术使用情况的差异，采用网络平台问卷和访谈的方式获取相关数据。发放问卷的持续时间为一个月。

第二节　学校管理层群体问卷

学校管理层是参与学校家庭社会协同和促进学校家庭社会协同的重要主体，对技术赋能学校管理层参与学校家庭社会协同的程度有着重要的影响。本节主要对学校管理层群体问卷进行数据处理。

一、问卷调查的资料与数据处理

在学校管理层的 201 个调查对象中，其中有 68.2% 的管理层在一线从事教学工作，但是只有 8% 的学校管理层是班主任。在现有的学校管理层调查对象中男性居多，占比 63.7%，女性管理层占比 36.3%。在所有调查对象中，小学管理层占比 66.7%，中学管理层占比 33.3%。在管理层中人员的平均教龄都在 20 年以上，占比高达 90.%。就教师的职称情况而言，以高级教师和一级教师为主,其中正高级教师 2 人,高级教师 121 人,一级教师 72 人,二级教师 6 人,分别占比 1%、60.2%、35.8%、3%。在所有教师中,本科和硕士学历较多,占比 95.5%,博士生的学校管理层极少,占比 0.5%。就学校所在地域分布情况而言,涉及的地域辐射全国范围内,东北地区、华北地区、华中地区、华南地区、西北地区、西南地区,尤其关注到了西北地区和东北地区的乡村学校、东部沿海发达地区的学校。在所涉及的地区中,其中涉及城镇学校高达 116 所,乡村学校为 81 所,基本上达到均衡,兼顾到城乡地区的所有规格的学校。

表 5-1　学校管理层基本情况

变量	类型	人数(人)	百分比(%)
性别	男	128	63.7
	女	73	36.3
年龄	30 岁及以下	2	1.5
	31—39 岁	13	6.5
	40—49 岁	132	65.7
	50 岁以上	54	27.0
教龄	10 年以下	4	2.0
	10—19 年	15	7.5
	20 年及以上	182	90.5
职称	二级	6	3.0
	一级	72	35.8
	高级	121	60.2
	正高级	2	1.0
是否在教学一线	是	137	68.2
	否	64	31.8
所在城乡位置	城镇	116	57.7
	乡村	85	42.3

通过对搜集的有效学校管理层问卷进行信度分析,研究结果显示,中小学校管理层技术赋能校家社协同量表整体上的信度系数较高,整体的克隆巴赫系数($\alpha=0.846$),学校管理层层次的技术赋能校家社协同的量表的四个维度中,沟通维度、媒介宣传、平台建构、资源支持的克隆巴赫系数 α 系数在0.910—0.979 之间。也同样具有良好的信度。由此说明,技术赋能校家社协同育人具有较高的内部一致性。

技术赋能学校管理层学校家庭社会协同育人因子差异性检验,KMO 值为0.926,说明各信息之间的重叠的程度较好,可以得出较为满意的因子分析模型。大部分的公因子方差提取都高于 80%,说明提取的题项中的因子是较为有效的。四个因子的解释率可以达到方差的 82.246%,因此足以描述技术赋能校家社协同育人的基本情况。

二、调查结果

本部分旨在呈现技术赋能学校管理层学校家庭社会协同育人的得分情况。数据处理中,研究主要运用 Excel、SPSS22.0 统计软件,对问卷数据进行整理,主要涉及平均数、标准差、方差分析、相关分析和独立样本 t 检验、单因素方差分析等。

(一)调研数据的描述统计分析

技术赋能学校管理层学校家庭社会协同育人的得分情况分析。利用SPSS22.0 软件对搜集到的 201 份有效问卷进行分析,可以得出四维度情况。具体情况如表 5-2 所示。

表 5-2　技术赋能学校管理层校家社协同育人基本统计信息

	N	M 均值	标准差	方差
沟通交流	201	3.847	0.799	0.639

续表

	N	M 均值	标准差	方差
媒介宣传	201	4.023	0.965	0.931
平台构建	201	3.455	1.001	1.002
资源支持	201	3.684	0.713	0.508

在技术赋能学校家庭社会协同育人的沟通维度上,其平均值高于3.84分,四个维度中,媒介宣传维度的平均值最高,为4.02分,平台建构维度的平均值最低,为3.45分。从整体水平来看,技术赋能校家社协同育人,在学校管理层的整体水平的平均值是高于3分,如果按60%和合格线算,很多数值均高于合格线,但是幅度差异并不明显。只能说整体中等偏上,与研究预期可能有出入,究其原因,第一,调研时样本远高于量表制作时的样本量,且与学校管理者等不同视角有关;第二,施测过程为线上填写,尽管已经告知不会泄露个人信息和学校信息,但是由于存在社会期望性偏差,学校管理层可能会考虑学校的影响力和个人声誉,填写较高的数值,造成数据整体偏高。第三,学校管理层对于技术赋能校家社协同育人的情况掌握较好,而且普遍予以高度重视,如其中,媒介宣传维度的得分最高,为4.02分,可见技术赋能学校管理层进行媒介宣传的效果是比较明显的。

(二)技术赋能学校管理层学校家庭社会协同育人四维度间的相关分析

技术赋能教师/学校管理层学校家庭社会协同育人的四维度之间的相关程度,能够比较准确地反映各维度之间的密切关联程度,通常以皮尔逊系数进行表示,系数越大,相关程度越高。因此,通过计算得出相关基本情况,如表5-3所示。

表5-3 技术赋能学校管理层校家社协同育人四维度皮尔逊相关系数

	沟通交流	媒介宣传	平台构建	资源支持
沟通交流	—			
媒介宣传	0.690[**]	—		
平台构建	0.684[**]	0.668[**]	—	
资源支持	0.492[**]	0.417[**]	0.530[**]	—

注:N=201,[**] 在 $p < 0.01$ 级别(双尾),相关性显著。

由上表可知,技术赋能学校家庭社会协同育人在管理层的皮尔逊相关系数 $r \in [0.417, 0.690]$,说明四维度之间在整体上处于关联度较一般的相关状态。其中媒介宣传与沟通交流的相关性较好,r 值为 0.690,说明学校的媒介宣传促进了校家社之间的沟通交流。但是也有些相关系数很低,如资源支持和沟通交流、媒介宣传的相关系数,r 值分别为 0.492、0.417,这意味着媒介技术宣传和沟通交流并没有很好地服务于资源支持。技术赋能校家社协同育人,要进一步关注在校家社之间的沟通和资源支持的互动、媒介宣传与资源支持之间的互动的力量。总体上来看,技术赋能校家社协同育人的四维度在管理层上是科学合理的。其结果基本符合客观事实和访谈的结果。其细微差异在整体上并不影响研究开展,因此不做进一步分析,但需要说明的是并非没有进行细致探究的必要。

(三)技术赋能学校管理层学校家庭社会协同育人的人口学变量差异检验

根据数据显示,不同性别、不同年龄、不同职称学校管理层技术赋能学校家庭社会协同育人的差异状况并无显著性差异。从整体上看,一级、二级教师的管理层技术赋能校家社协同育人情况较好一些,尤为关注媒介宣传维度。不同学历学校管理层技术赋能学校家庭社会协同育人的差异状况并没有明显差别,但是数据表明,硕士层次的管理层对于技术赋能校家社协同育人的得分均值较高。是否是一线教师的学校管理层技术赋能学校家庭社会协同育人的差异状况也并没有显著性差异。不同城乡位置学校管理层/教师的技术赋能学校家庭社会协同育人的差异状况无显著性差异,但是可以看到整体上城市的技术赋能学校家庭社会协同育人现状的得分要高于乡镇,技术赋能媒介技术宣传维度上的结果并不显著。存在显著性差异的人口学变量如下。

1. 不同性别对技术赋能学校管理层校家社协同育人存在显著性差异

表5-4 不同性别对技术赋能学校管理层校家社协同育人差异状况分析

维度	男(128)		女(73)		t	p
	M	SD	M	SD		
沟通交流	3.767	0.810	3.988	0.765	-1.901	0.059
媒介宣传	3.898	0.979	4.241	0.905	-2.452	0.015
平台构建	3.382	0.969	3.585	1.049	-1.386	0.167
资源支持	3.624	0.696	3.790	0.733	-1.596	0.112

对学校管理层性别进行独立样本 t 检验,管理层性别不同对技术赋能学校家庭社会协同育人的差异状况具有显著性差异。在媒介宣传维度,与女性管理层($M=3.988, SSD=0.765$),男性管理层($M=3.766, SD=0.810$)的得分普遍更低, $t=-2.452, p=0.015$,女性管理层在技术赋能媒介宣传方面的程度要优于男性管理层。在平台建构和资源支持方面,不同性别的管理层并无显著性差异,在技术赋能沟通交流维度上,不同性别的管理层没有显著性差异。从平均值来看,在沟通交流方面、平台构建和资源支持方面,女性管理层相比男性管理层而言并无太差别。

2. 不同学段对技术赋能学校管理层校家社协同育人存在显著性差异

表5-5 不同学段对技术赋能学校管理层校家社协同育人差异状况分析

维度	小学（134）		初中（67）		t	p
	M	SD	M	SD		
沟通交流	3.917	0.755	3.707	0.871	1.755	0.081
媒介宣传	4.110	0.924	3.848	1.025	1.830	0.069
平台构建	3.534	0.979	3.299	1.033	1.575	0.117
资源支持	3.769	0.699	3.512	0.714	2.444	0.015

由表5-5可知，就整体而言，不同学段的学校管理层的技术赋能学校家庭社会协同育人存在显著性差异。在资源支持方面，技术赋能不同学段的管理层的校家社协同育人有显著性的差异，在资源支持维度上，与中学学段相比（M=3.512,SD=0.714），小学学段（M=3.769,SD=0.699）的得分更高，t=2.444,p=0.015，说明小学学段管理层技术赋能资源支持的程度更好，技术对于促进校家社协同育人的资源支持起到了较好效果。

整体来看，小学管理层在沟通交流、媒介宣传、平台建构、资源支持方面的技术赋能效果较初中更高一些，在分维度上，沟通交流、媒介宣传和平台建构并无显著性差异（p>0.05）。初中阶段尤其低的是平台建构，均值为3.299。总体结果在研究预设之中。存在显著性差异的资源支持维度，小学管理层得分比初中阶段的管理层得分要高。为何会有显著性差异呢？研究进一步分析认为，可能小学阶段教师与家长沟通更为频繁，小学阶段有丰富的课外、校外实践活动，因此，对于技术赋能资源支持的情况较多，而初中阶段由于学业任务紧张，同时更倾向于学校内的学习和实践活动，因而技术赋能的现状较为一般。

3. 是否是城镇对技术赋能学校管理层校家社协同育人存在显著性差异

表5-6　是否是城镇对技术赋能学校管理层校家社协同育人差异状况分析

维度	城镇（116）		乡村（85）		t	p
	M	SD	M	SD		
沟通交流	3.948	0.821	3.709	0.751	2.112	0.036
媒介宣传	4.217	0.926	3.757	0.957	3.425	0.001
平台构建	3.598	0.998	3.260	0.977	2.385	0.018
资源支持	3.809	0.676	3.513	0.730	2.956	0.003

对是否是城镇的管理层进行独立样本 t 检验，数据显示，管理层所在学校处于城市还是乡镇对技术赋能学校家庭社会协同育人的状况具有显著性差异。

在沟通交流维度上，城市和乡村管理层的得分都相对较高，与乡村学校相比（M=3.709，SD=0.751），城市管理层（M=3.948，SD=0.821）的得分更高，t=2.112，p=0.03，说明城市管理层技术赋能沟通交流的程度更好，对于促进校家社协同育人的沟通交流起到了较好效果。

在平台构建维度上，城市管理层的媒介宣传分数非常高，与乡村管理层相比（M=3.757，SD=0.957），城市管理层（M=4.217，SD=0.926）的平均分较低，t=3.425，p=0.001，说明城市管理层的技术赋能媒介宣传的程度更好，对于促进校家社协同育人的城市学校的媒介宣传起到了较好效果。

在平台构建维度上，与乡村学校相比（M=3.260，SD=0.977），城市管理层（M=3.597，SD=0.998）的得分更高，t=2.385，p=0.018，说明城市管理层技术赋能平台构建的程度更好，对于促进校家社协同育人的平台构建起到了较好效果。

在资源支持维度上，与乡村学校相比（M=3.513，SD=0.730），城市管理层（M=3.808，SD=0.676）的得分更高，t=2.956，p=0.003，说明城市管理层技术赋能管理层资源支持的程度更好，对于促进校家社协同育人的资源支持起到了较好效果。这些数据基本符合本研究的研究假设和访谈的进展。

三、技术赋能管理层学校家庭社会协同育人状况的主要结论

从整体上看,在管理层层面,技术赋能学校家庭社会协同育人在沟通维度、媒介宣传维度的现状较为理想,在平台建构和资源支持方面仍需要继续提高。在媒介宣传维度上,男性管理层比女性管理层的得分较低;在资源支持方面,小学学段比中学学段的管理层得分要高;在沟通交流维度上,乡村管理层要比城市管理层得分低;在平台构建维度上,城市管理层的得分要比乡村管理层的得分高,因此应该注重不同性别管理层对于技术赋能学校家庭社会协同育人的需要,以及不同学段的管理层、不同城乡位置的管理层差异性需要。

此外,本研究还对技术赋能学校管理层的一些基本现状进行了统计。如70.2%的学校都运用了线上渠道使家长参与到学校活动中,如70.1%的学校管理层认为技术可以使家长更方便参与到学校活动中。45.2%的管理层认为线上平台的运营增加了学校的工作负担;38.8%的管理层在线上平台运营过程中对新技术的选取和运用感到迷茫。这些都在一定程度上可以说明技术赋能校家社协同育人具有一定的效果,但也存在着一定的问题,需要进一步加大技术支持和国家引导,以减轻学校管理层和相关工作人员的负担。

总体来看,对于学校管理层而言,存在的问题主要体现在技术结构性赋能和领导型赋能不足。在组织管理领域,通过组织行为学、管理学、领导学等学科专家的探究,学者们通常把赋能在本质上看作是授权赋能,其核心是授权和权力下放,它主要包括结构赋能和领导赋能两种方式。其一,要优化资源配置,实现结构赋能,通过政策引导和资源整合,减少城乡、学校之间的差异,实现资源的均衡分配。加强技术与教育需求的对接,通过调研和反馈机制,确保技术应用能够满足学校管理层的实际需求。其二,建立完善的沟通机制,实现个体领导赋能。建立和完善校家社之间的沟通渠道,确保信息的及时传递和有效沟通,要充分考虑发达地区、中西部地区、城市地区、乡村地区的特殊需

要,通过技术赋能平台构建和资源支持来促进高质量的、个性化的学校家庭社会协同,使各级学校管理层都能成为协同育人主体。

面对以上复杂的学校家庭社会协同育人困境,需要进一步发挥国家引导力量,充分利用、发掘国家级别教育平台的协同育人功能,教育技术的平台化是当前教育数字化转型下赋能学校管理层校家社协同育人最直观、最具可操作性的步骤。需要通过技术赋能来解决学校家庭社会协同育人中平台构建和资源支持不足的现实困境,确保学校家庭社会协同育人技术平台的系统架构设计的功能性、安全性和扩展性,增强系统的灵活性和适应性,以提高平台的使用效率,以此来满足政府决策、督导学校家庭社会形成育人合力的需要。

第三节　教师群体问卷

教师是参与学校家庭社会协同育人的重要主体,在具体的学校家庭社会协同育人活动中扮演着重要的角色,对技术赋能教师参与学校家庭社会协同育人的程度有着重要的影响。本节主要对教师群体问卷进行数据处理。

一、问卷调查的资料与数据处理

在选取的教师对象中,共调研了12219名教师。其中36.3%的教师为班主任,63.7%的教师不是班主任。其中绝大多数教师为女性教师,占比83%,而男性教师仅有17%。在所有学段的教师中,小学阶段的教师为11274人,初中阶段的教师为945人。就教师的职称情况而言,其中一级教师占比44.2%,二级教师和高级教师分别占比20.5%、27%,正高级教师较少,仅占比2%。三级教师占比8.2%。就教师的学历层次而言,高中以下学历38人,占比0.3%,专科和本科层次学历的教师最多,分别为2105人、9819人,分别占比17.5%、97.9%。博士生学历的教师较少,仅有7人,占比1%。就学校所在地域而言,同样辐射全国范围,包括东北地区、华北地区、华中地区、华南地区、华东地区、西北地区、西南地区,其中根据不同地区经济发展水平和学校情况,着重考察了不同地区的代表性学校。在所有地区的学校中,城镇学校6141所,乡村学校6078所,充分照顾到了城乡不同发展背景下的技术赋能校家社协同育人的现状和问题。最后,大多数的班级组建了家长委员会,7395名教师所在的班级组建了家长委员会,占比60.5%,有4824名教师所在班级没有建立家长委员会。

表5-7 教师基本情况

变量	类型	人数(人)	百分比(%)
性别	男	2082	17.0
	女	10137	83.0
学历	高中及以下	38	0.3
	专科	2105	17.2
	本科	9819	80.4
	硕士	250	2.0
	博士	7	0.1
职称	三级	996	8.2
	二级	2501	20.5
	一级	5396	44.2
	高级	3296	27.0
	正高级	30	0.2
所在城乡位置	城镇	6141	50.3
	乡村	6078	49.7
组建家长委员会	是	7395	60.5
	否	4824	39.5
是否为班主任	是	4436	36.3
	否	7783	63.7

本次调研与管理层问卷同时发放。利用 SPSS22.0 软件对搜集到的 12219 份有效问卷进行分析,可以得出中小学教师技术赋能校家社协同育人的三维度情况。研究结果显示,中小学教师技术赋能校家社协同育人量表整体上的信度系数较高,克隆巴赫系数 $\alpha = 0.971$,教师的技术赋能校家社协同育人量表的三个维度中,沟通维度、媒介宣传、平台建构、资源支持的克隆巴赫系数(α)系数在 0.951—0.975 之间。也同样具有良好的信度。由此说明,技术赋能教师校家社协同育人具有较高的内部一致性。

技术赋能教师学校家庭社会协同育人因子差异性检验 KMO 值为 0.615,大于 0.5,说明各信息之间的重叠的程度较好,可以得出较为满意的因子分析模型。大部分的公因子方差提取都高于 80%,说明提取的题项中的因子是较为有效的。四个因子的解释率可以达到方差的 82.246%,因此足以描述技术赋能校家社协同育人的基本情况。三个因子累计可以解释总方差的 82.724%,因此足以描述教师层面技术赋能校家社协同育人的基本情况。

二、调查结果

本节主要对技术赋能教师层群体的数据进行处理,研究主要运用 Excel、SPSS22.0 统计软件,对问卷数据进行整理,主要涉及平均数、标准差、方差分析、相关分析和独立样本 t 检验、单因素方差分析检验等。

(一)调研数据的描述统计分析

在技术赋能教师学校家庭社会协同育人的沟通维度上,其平均值高于 4.02 分,三个维度中,沟通交流维度的平均值最高,为 4.02 分,资源支持维度的平均值最低,为 2.94 分。说明了技术赋能在资源支持方面存在着明显的不足。从整体水平来看,技术赋能校家社协同育人,在教师的整体水平的平均值是高于 3 分的,如果按 60% 和合格线算,很多数值均高于合格线,但是幅度差异并不明显,整体得分为中等偏上,与研究预期基本上一致,基本上反映了当下在数字化教育转型进程中,一线教师对于教育技术赋能资源支持的迫切需要。

表5-8 技术赋能教师校家社协同育人的得分情况分析

	N	范围	均值	标准偏差	方差
沟通交流	12219	4	4.019	0.827	0.684
平台建构	12219	4	3.782	0.976	0.954
资源支持	12219	4	2.944	1.006	1.012

(二)技术赋能教师学校家庭社会协同育人的三维度间的相关分析

技术赋能教师学校家庭社会协同育人的三维度之间的相关程度,能够比较准确地反映各维度之间的密切关联程度,通常以皮尔逊系数进行表示,系数越大,相关程度越高。因此,通过计算得出相关基本情况如表5-9所示。

表5-9 技术赋能教师校家社协同育人因子相关程度分析

	沟通交流	平台建构	资源支持
沟通交流	—		
平台建构	0.785[**]	—	
资源支持	0.405[**]	0.498[**]	—

注:N=201,[**] 在 $p < 0.01$ 级别(双尾),相关性显著。

由表5-9可知,技术赋能教师学校家庭社会协同育人在管理层的皮尔逊相关系数 $r \in [0.405, 0.785]$,说明三维度之间在整体上处于关联度较一般的相关状态。其中平台构建与沟通交流的相关性较好,r值为0.785,由此说明技术赋能校家社的沟通交流的同时,促进了教育平台的构建,或者平台构建的过程促进了沟通交流。但是也有些相关系数很低,如资源支持和沟通交流、平台构建的相关系数,r 值分别为 0.405、0.498,这意味着平台构建和沟通交流并没有很好地服务于资源支持,技术赋能校家社协同育人要进一步关注在校家社之间的沟通、平台构建过程中与资源支持的互动,提高技术赋能校家社的资源支持。总体上来看,技术赋能校家社协同育人的三维度在教师层面上是科学合理的。其结果基本符合客观事实和访谈的结果。

(三)技术赋能教师学校家庭社会协同育人的人口学变量差异检验

1. 是否是班主任对技术赋能教师校家社协同育人存在着显著性差异

表 5-10　是否是班主任对技术赋能教师校家社协同育人的差异

维度	是班主任(4436)		不是班主任(7783)		t	p
	M	SD	M	SD		
沟通交流	4.092	0.762	3.978	0.858	7.584	<0.001
资源支持	2.942	0.988	2.946	1.016	−0.223	0.824
平台构建	3.748	1.006	3.802	0.958	−2.915	0.040

对是否是班主任进行独立样本 t 检验,是发现班主任与科任教师技术赋能学校家庭社会协同育人的状况存在显著性差异。

在沟通维度上,与不是班主任的科任老师相比(M = 3.978,SD = 0.858),班主任(M = 4.092,SD = 0.762)的技术赋能情况更好,且分布较均匀,t = 7.584,p<0.001。

在资源支持方面,与不是班主任的科任老师相比(M = 2.946,SD = 1.016),班主任(M = 2.942,SD = 0.988),二者在技术赋能平台建构的得分几乎一致,说明班主任在技术赋能资源支持方面与非班主任的教师基本相同,没有显著性差异。

在平台建构方面,与不是班主任的科任老师相比(M = 3. 802,SD = 0. 958),班主任(M=3. 747,SD = 1. 006)技术赋能平台建构的得分普遍更低,$t=-2.915$,$p=0.004$,这反映了班主任教师对于平台建构的需要更为迫切和必要。

2. 教师性别不同对技术赋能教师校家社协同育人存在显著性差异

表 5-11 教师性别不同对技术赋能教师校家社协同育人的差异

维度	男(2082)		女(10137)		t	p
	M	**SD**	**M**	**SD**		
沟通交流	4. 007	0. 855	4. 022	0. 821	−0. 731	0. 465
平台构建	3. 844	0. 957	3. 769	0. 979	3. 259	0. 001
资源支持	2082	3. 140	10137	2. 904	9. 782	<0. 001

对教师性别进行独立样本 t 检验,发现教师性别不同对技术赋能学校家庭社会协同育人存在显著性差异。

在平台建构方面,与女性教师相比(M = 3. 769,SD = 0. 979),男性教师(M=3. 844,SD=0. 957)在技术赋能平台建构的得分普遍更高,$t=3.259$,$p = 0.001$($p<0.05$)这反映了男性教师对于技术赋能平台建构的程度要高于女性教师,女性教师对于平台构建的协同需要更为明显。

在资源支持方面,与女性教师相比(M = 2. 907,SD = 1. 002),男性教师(M=3. 1406,SD=1. 00203)技术赋能资源支持的得分普遍更高,$t=9.782$,$p<0.001$($p<0.05$),这反映了男性教师认为技术赋能资源支持的程度要高于女性教师,女性教师对于资源支持的协同需要更为明显。应关注不同性别教师的技术赋能在平台沟通和资源支持上的差异。

在沟通交流方面,从平均值来看,男性教师的得分情况和女性教师相比并无差别。

3. 是否组建家长委员会对技术赋能教师校家社协同育人存在显著性差异

表 5-12　是否组建家长委员会对技术赋能教师校家社协同育人的差异

维度	组建家长委员会（7395）		未组建家长委员会（4824）		t	p
	M	SD	M	SD		
沟通交流	4.111	0.812	3.879	0.829	15.291	<0.001
平台构建	3.872	0.969	3.644	0.971	12.695	<0.001
资源支持	3.075	0.996	2.745	0.988	17.939	<0.001

对是否组建了家长委员会进行独立样本 t 检验，是否组建家委会对技术赋能学校家庭社会协同育人的状况均具有显著性差异。

在沟通交流维度，与未组建家长委员会的班级教师（M = 3.879，SD = 0.829）相比，组建家长委员会的班级教师（M = 4.111，SD = 0.812）的技术赋能沟通交流的得分普遍更高，t = 15.291，p < 0.001，这反映了建立家长委员会的班级教师对于技术赋能沟通交流的程度要高于未建立家长委员会的班级教师。

在平台建构方面，与未组建家长委员会的班级教师（M = 3.644，SD = 0.971）相比，组建家长委员会的班级教师（M = 3.872，SD = 0.969）的技术赋能平台建构的得分普遍更高，t = 12.695，p < 0.001，这反映了组建家长委员会的班级教师对于技术赋能平台建构的程度要高于未组建家长委员会的班级教师。未组建家长委员会的班级教师对于平台构建的协同需要更为明显。

在资源支持方面，与未组建家长委员会的班级教师（M = 2.745，SD = 0.988）相比，组建家长委员会的班级教师（M = 3.075，SD = 0.996）的技术赋能资源支持的得分普遍更高，t = 17.939，p < 0.001，尽管二者在技术赋能教师资源支持的平均得分都一般，但是未组建家长委员会的班级教师对于平台构建的协同需求更为明显。

4. 不同职称教师对技术赋能教师校家社协同育人存在显著性差异

表 5-13 不同职称教师对技术赋能教师校家社协同育人的差异

维度	职称	个案数（人）	平均值	标准偏差	平均值的95%置信区间下限	平均值的95%置信区间上限
沟通交流	三级	996	4.199	0.797	4.150	4.249
	二级	2501	4.061	0.856	4.028	4.095
	一级	5396	3.988	0.856	3.965	4.011
	高级	3296	3.985	0.751	3.960	4.011
	正高级	30	3.819	0.960	3.460	4.178
资源支持	三级	996	3.256	1.005	3.193	3.318
	二级	2501	3.025	1.008	2.986	3.065
	一级	5396	2.876	0.997	2.849	2.902
	高级	3296	2.903	0.997	2.869	2.937
	正高级	30	2.809	1.047	2.418	3.200
平台建构	三级	996	4.072	0.890	4.017	4.128
	二级	2501	3.893	0.976	3.854	3.931
	一级	5396	3.728	1.002	3.701	3.755
	高级	3296	3.701	0.930	3.669	3.733
	正高级	30	3.461	1.192	3.016	3.907

对不同职称的教师进行单因素 ANOVA t 检验，数据显示，不同职称的教师对于技术赋能教师学校家庭社会协同育人有显著性差异，且在各个维度上的差异都很显著。

在沟通交流维度上，三级教师的得分（M=4.199）明显高于其他职称的教师，尤其高于二级教师（M=4.061, $p<0.001$）、一级教师（M=3.988, $p<0.001$）和高级教师（M=3.985, $p<0.001$）且差异性显著。说明在技术赋能教师沟通交流方面，职称低的教师的效果较好。三级教师和二级教师、一级教师具有显著性的差异。但正高级教师对技术赋能沟通交流的影响并不明显，原因可能是正高级教师的数量较少。

在资源支持维度上,整体的得分并不高,集中在平均分 3 分上下,说明技术赋能教师资源支持情况不理想。同样三级教师的得分($M = 3.256, p < 0.001$)、高于二级教师($M = 3.025, p < 0.001$)一级教师($M = 2.876, p < 0.001$)和高级教师($M = 2.903, p < 0.001$)且差异性显著。说明在技术赋能教师资源支持方面,职称低的教师的效果较好。三级教师和二级教师、一级教师具有显著性的差异。虽然其也高于正高级教师,但正高级教师对技术赋能资源支持的影响并不明显,原因可能是正高级教师的数量较少。其中一级教师和高级教师在此维度上并没有显著性差异。

在平台构建维度,三级教师的得分($M = 4.072, p < 0.001$)高于二级教师($M = 3.893, p < 0.001$)、一级教师($M = 3.728, p < 0.001$)和高级教师($M = 3.701, p < 0.001$)且差异性显著。说明在技术赋能教师平台构建维度上,职称低的教师的效果较好。三级教师和二级教师、一级教师具有显著性的差异。虽然也高于正高级教师($M = 3.461$),但正高级教师对技术赋能平台构建的影响并不明显,原因可能是正高级教师的数量较少。其中一级教师和高级教师并没有显著性差异。

尤其明显的是正高级教师的得分偏低。这基本符合本书的预设,数据得分较低,或许和正高级教师的样本较少有关,但是整体上可以体现出正高级教师在技术赋能程度上有待提高。三级教师的平均得分最高,一级教师和高级教师之间的差异并不明显,基本符合事实。

5. 是否是城镇对技术赋能教师校家社协同育人存在显著性差异

表 5-14　是否是城镇对技术赋能教师校家社协同育人的差异

维度	城镇		乡村		t	p
	M	SD	M	SD		
沟通交流	4.002	0.880	4.036	0.769	−2.254	0.024
平台构建	3.744	1.034	3.820	0.912	−4.259	<0.001
资源支持	2.857	1.027	3.032	0.976	−9.649	<0.001

对是否是城镇的教师进行独立样本 t 检验,数据显示,教师处于城市还是乡镇对技术赋能学校家庭社会协同育人的状况具有显著性差异。

在沟通交流维度上,城市和乡村教师的得分都相对于 3 分较高,与乡村教师相比(M=4.036,SD=0.769),城市教师(M=4.002,SD=0.880)的平均分较低,p=0.024,t=−2.254,说明乡村教师的技术赋能沟通交流的程度更好,对于促进校家社的沟通交流起到了较好效果。

在平台构建维度上,城市和乡村教师的得分都相对于 3 分较高,与乡村教师相比(M=3.820,SD=0.912),城市教师(M=3.744,SD=1.034)的平均分较低,p<0.001,t=−4.259,说明乡村教师的技术赋能平台构建的程度更好,对于促进校家社的沟通交流起到了较好效果。

在资源支持维度上,城乡教师的整体平均分都较低,与乡村教师相比(M=3.032,SD=0.976),城市教师(M=2.857,SD=1.027)的平均分更低,p<0.001,t=−9.649,说明乡村教师的技术赋能资源支持的程度更好,对于促进校家社的沟通交流起到了较好效果。

总体来看,技术赋能学校家庭社会协同育人方面乡村教师的效果和现状要明显优于城市。这一点与我们的预期略有不同,结合访谈的内容,原因或许在于乡村对于学校家庭社会协同育人的程度和城市教师要求学校家庭社会协同育人的程度是不同的,城乡显现出了不同的学校家庭社会协同育人的需要和程度,乡村教师普遍对技术赋能学校家庭社会协同育人的需求要低于城市教师,因此,呈现出的得分程度较高。

三、技术赋能教师学校家庭社会协同育人的情况的主要结论

在教师层面,技术赋能教师校家社协同育人,在沟通交流、平台构建维度上的现状较为理想,但是在资源支持方面存在着普遍性的问题。教师是否是班主任对于技术赋能教师校家社协同存在着显著差异,在媒介宣传维度,班主任在沟通交流维度的技术赋能得分较高,而在技术赋能平台建构的得分显著

低于非班主任。这意味着班主任对于平台构建有着迫切的需要。

第一,教师性别不同对技术赋能教师校家社协同育人存在显著差异。在平台构建和资源支持方面,女性教师的得分比男性教师的得分显著降低,反映了女性教师对于技术赋能平台构建和资源支持的需要更明显。第二,是否组建家长委员会对于技术赋能教师校家社协同育人的差异显著。尤其在资源支持方面,没有家长委员会的教师在技术赋能资源支持方面的得分比有家长委员会的教师显著降低,而且普遍低于 3 分。没有组织家长委员会的教师对于资源支持有着非常迫切的需要。第三,不同职称的教师对于技术赋能教师校家社协同育人也存在着差异。在沟通交流、平台构建和资源支持维度上,高职称的教师的技术赋能水平显著比低职称教师更低。第四,是否是城镇的教师对于技术赋能教师校家社协同存在着显著性差异。乡村教师在沟通交流、平台构建和资源支持方面的技术赋能程度都比城市教师要好。这一结果尽管体现出了技术赋能乡村学校的整体水平,但是与研究预期并不相符,笔者与研究团队在访谈过程中进行了细致讨论。因此需要考虑不同职称教师、不同性别教师、是否组建家长委员会的教师、是否是班主任的教师以及城乡教师的不同情况,从而提供技术赋能协同育人的不同方案。

此外,本研究还调查到,其中 57.9%的教师认为线上沟通占用了自己的空闲时间,61%的教师认为线上沟通增加了自己的工作量,50.4%的教师认为线上沟通增加了教师的焦虑。均值均高于 3,因此,在技术赋能学校家庭社会协同育人的同时如何减轻教师的负担,减少教师的焦虑与合理利用教师的工作时间是有待进一步研究的。

总的来看,教师作为学校教育的践行者,在学校教育中起到最为主要和最为直接的育人作用,在校家社协同育人中担负着连接家庭教育和社区教育的重要角色。一方面,要考虑不同性别、不同职称教师的个性化需要,通过技术为教师参与学校家庭社会协同育人工作赋能,从增强教师的自我效能感出发,提高个体教师参与学校家庭社会协同育人的动机。与学校管理层的结构赋能、授权赋能不同,技术赋能教师的学校家庭社会协同育人应由"授权赋能"向"激发能力"转变。

另一方面,考虑教师面临的负担,应提高教师参与学校家庭社会协同育人的能力。如定期为教师和家长提供技术培训,帮助他们掌握新技术,提高技术应用能力等。沿用赋能即激发能力的观点,把技术赋能视为社会治理的方式或手段,关注重点在于如何实现技术赋能,为教师参与学校家庭社会协同育人活动提质增效。

第四节　家长群体问卷

家长是参与学校家庭社会协同的重要主体,是每一个学生在参与学校家庭社会协同中的第一责任人和承担对象,对技术赋能家长参与学校家庭社会协同育人的程度有着重要的影响。本节主要对家长群体问卷进行数据处理。

一、问卷调查的资料与数据处理

表5-15　家长基本情况

变量	类型	人数(人)	百分比(%)
性别	男	120	18.2
	女	540	81.8
与孩子的关系	父亲	98	14.8
	母亲	557	84.4
	其他	5	0.8
是否独生	是	214	32.4
	否	446	67.6
所在城乡	城镇	214	32.4
	乡村	446	67.6
是否为家委会成员	是	101	15.3
	否	559	84.7

在家长对象中,经过筛选,最终选取了 660 名家长作为研究对象。其中 18.2% 的家长为男性,81.8% 的家长为女性。其中有 67.6% 的家庭不是独生。就家长所在地域而言,辐射全国范围,包括东北地区、华北地区、华中地区、华南地区、华东地区、西北地区、西南地区,并根据不同地区经济发展水平全方位地选取研究对象,进行随机抽样,兼顾发达地区、次发达地区和西部地区。其中城市人口 32.4%,农村人口 67.6%,兼顾城市和农村的不同家庭。在所有家长中,大多数的班级组建了家长委员会,15.3% 为家长委员会成员,84.7% 不是家长委员会成员。尤其考虑了家庭的不同收入情况和家长的工作情况,基本涵盖了不同身份的家长。

本次调研工作与管理层问卷、教师问卷同时发放。利用 SPSS22.0 软件对搜集到的 660 份有效问卷进行分析。可以得出技术赋能家长学校家庭社会协同育人的四维度情况。通过对最终获得有效的研究结果显示,家长技术赋能校家社协同育人量表整体上的信度系数较高,克隆巴赫系数 $\alpha = 0.874$,家长的技术赋能校家社协同育人量表在沟通维度、媒介宣传、平台建构、资源支持的克隆巴赫系数(α)系数平均值也高于 0.900,具有良好的信度。由此说明,技术赋能教师校家社协同育人具有较高的内部一致性。

技术赋能家长学校家庭社会协同育人因子差异性检验,KMO 值为 0.956,大于 0.5,说明各信息之间的重叠的程度较好,可以得出较为满意的因子分析模型。大部分的公因子方差提取都高于 80%,说明提取的题项中的因子是较为有效的。四个因子的解释率可以达到方差的 77.374%,因此足以描述家长层面技术赋能校家社协同育人的基本情况。四个因子累计可以解释总方差的 77.374%,因此足以描述技术赋能校家社协同育人的基本情况。

二、调查结果

本节主要对技术赋能家长群体的问卷进行数据处理,研究主要运用 Excel、SPSS22.0 统计软件,对问卷数据进行整理,主要涉及平均数、标准差、方差分析、相关分析和独立样本 t 检验、单因素方差分析检验等。

（一）调研数据的描述统计分析

表 5-16　技术赋能家长校家社协同育人的得分情况分析

	N	范围	合计	均值	标准偏差	方差
平台构建	660	4	2601.8	3.942	0.827	0.685
沟通交流	660	4	2739.9	4.151	0.714	0.510
资源支持	660	3.5	2282.1	3.457	0.591	0.350
媒介宣传	660	4	2773.7	4.203	0.746	0.557

在技术赋能平台构建维度上，其平均值为 3.942。四维度中，沟通交流为 4.151，媒介宣传的平均值最高为 4.203，资源支持的平均值最低为 3.457，说明了技术赋能在资源支持方面存在着明显的不足。从整体水平来看，技术赋能校家社协同育人在家长层面的整体水平平均值是高于 3 分的，如果按 60% 和合格线算，很多数值均高于合格线。整体中等偏上，与研究预期基本上一致。

整体来看，技术赋能家长在资源支持、媒介宣传维度的得分都很高，但是在资源支持上还存在一定的欠缺，数据基本上反映了当下在数字化教育转型进程中家长对于教育资源技术支持的现状和需要。

（二）技术赋能家长学校家庭社会协同育人的四维度间的相关分析

技术赋能家长学校家庭社会协同育人的四维度之间的相关程度，能够比较准确地反映各维度之间的密切关联程度，通常以皮尔逊系数进行表示，系数越大，相关程度越高。因此，通过计算得出相关基本情况如表 5-17 所示。

表 5-17　技术赋能家长校家社协同育人的四维度之间的相关程度

	平台构建	沟通交流	资源支持	媒介宣传
平台构建	—			
沟通交流	0.783**	—		
资源支持	0.513**	0.549**	—	
媒介宣传	0.685**	0.740**	0.537**	—

注:N=660,** 在 p<0.01 级别(双尾),相关性显著。

由表 5-17 可知,技术赋能家长学校家庭社会协同育人的皮尔逊相关系数 r∈[0.513 ,0.783],说明四维度之间在整体上处于关联度较一般的相关状态。其中平台构建与沟通交流的相关性较好,r 值为 0.783,由此说明技术赋能校家社协同育人沟通交流的同时,也促进了教育平台的构建,或者说是平台构建的过程促进了校家社之间的沟通交流。但是也有些相关系数很低,如资源支持和沟通交流、平台构建、媒介宣传的相关系数的 r 值分别为 0.513、0.549、0.537,这意味着平台构建、媒介宣传、沟通交流并没有很好地服务于资源支持。技术赋能家长的学校家庭社会协同育人,要进一步关注在校家社之间平台构建、沟通交流和媒介宣传的过程中,促进资源支持的发展,提高技术赋能校家社的资源支持的程度。总体上来看,技术赋能家长校家社协同育人的四维度是科学合理的。其结果基本符合客观事实和访谈的结果。其细微差异在整体上并不影响研究开展,因此不进一步做分析。

（三）技术赋能家长学校家庭社会协同育人的人口学变量差异检验

家长是开展学校家庭社会协同育人的重要层面,随着数字智能技术的发展,技术赋能家长进行学校家庭社会协同育人的情况也成为当下学校家庭社会协同育人的重要内容。

1. 家长性别不同对技术赋能家长校家社协同育人存在显著性差异

表 5-18 家长性别不同对技术赋能家长校家社协同育人的差异

维度	男（120）		女（540）		t	p
	M	SD	M	SD		
平台构建	3.947	0.873	3.940	0.817	0.079	0.937
沟通维度	4.067	0.815	4.169	0.689	−1.416	0.157
资源支持	3.349	0.633	3.481	0.579	−2.234	0.026
媒体宣传	4.077	0.811	4.230	0.728	−2.03	0.043

对家长性别进行独立样本 t 检验，性别不同对技术赋能学校家庭社会协同育人的状况具有显著性差异。不同性别在平台构建（$p=0.937$）、沟通交流（$p=0.157$）维度上并没有显著性差异。从这两个维度的平均值来看，女性家长相比男性家长的得分情况并无太差别。

在资源支持维度，不同性别存在着显著性差异，与女性家长相比（$M=3.481$，$SD=0.579$），男性家长（$M=3.349$，$SD=0.633$）技术赋能资源支持的得分普遍更低，$t=-2.234$，$p=0.026$（$p<0.05$），这反映了男性家长对于技术赋能资源支持的程度要低于女性家长，男性家长对于技术赋能资源支持的协同需要更为明显。

在媒介宣传维度，不同性别存在着显著性差异，与女性家长相比（$M=4.230$，$SD=0.728$），男性家长（$M=4.077$，$SD=0.811$）技术赋能媒介宣传的得分普遍更低，$t=-2.03$，$p=0.043$（$p<0.05$），这反映了男性家长对于媒介宣传的技术赋能程度要低于女性家长，男性家长对于技术赋能媒介宣传的协同需要更为明显。

2. 家长是否为父母对技术赋能家长校家社协同育人存在显著性差异

表5-19　家长是否为父母对技术赋能家长校家社协同育人的差异

维度	父亲（98）		母亲（557）		t	p
	M	SD	M	SD		
平台构建	3.951	0.852	3.937	0.824	0.151	0.88
沟通交流	4.067	4.064	4.163	0.695	−1.272	0.204
资源支持	3.327	0.640	3.480	0.577	−2.368	0.018
媒介宣传	4.057	0.801	4.225	0.735	−2.047	0.041

对家长是为孩子父亲、母亲进行独立样本 t 检验，身份不同对技术赋能学校家庭社会协同育人的状况具有显著性差异。在平台构建（$p = 0.880$）、沟通交流（$p = 0.256$）维度上二者并没有显著性差异。从这两个维度的平均值来看，家长作为母亲相比父亲家长的得分情况并无太差别。

在资源支持维度二者存在着显著性差异，与母亲身份家长（M = 3.480，SD = 0.577）相比，父亲身份家长（M = 3.327，SD = 0.640）技术赋能资源支持的得分普遍更低，$t = −2.368$，$p = 0.018$（$p < 0.05$），这反映了男性家长对于技术赋能资源支持的程度要低于女性家长，男性家长对于技术赋能资源支持的协同需要更为明显。

在媒介宣传方面也存在着显著性差异，与母亲身份家长（M = 4.225，SD = 0.735）比，父亲身份家长（M = 4.057，SD = 0.801）技术赋能媒介宣传的得分普遍更低，$t = −2.407$，$p = 0.041$（$p < 0.05$），这反映了男性家长对于技术赋能媒介宣传的程度要低于女性家长，男性家长对于技术赋能媒介宣传的协同需要更为明显。

3. 家长是否为家长委员会成员对技术赋能家长校家社协同育人存在显著性差异

表5-20　家长是否为家长委员会成员对技术赋能家长校家社协同育人的差异

维度	是家委会成员（101）		不是家委会成员（559）		t	p
	M	SD	M	SD		
平台构建	4.040	0.802	3.924	0.831	1.300	0.194
沟通维度	4.271	0.673	4.129	0.719	1.842	0.066
资源支持	3.590	0.567	3.433	0.593	2.456	0.014
媒体宣传	4.316	0.765	4.181	0.741	1.675	0.094

对家长是否为家长委员会成员进行独立样本 t 检验,是否为家委会成员对技术赋能学校家庭社会协同育人的状况具有显著性差异。是否为家委会成员在平台构建（$p=0.194$）、沟通维度（$p=0.066$）、媒介宣传维度（0.094）上并没有显著性差异。

是否为家长委员会成员在资源支持维度存在着显著性差异,与不是家长委员会成员的家长（$M=3.433,SD=0.593$）比,是家长委员会成员的家长（$M=3.590,SD=0.567$）技术赋能资源支持的得分普遍更高,$t=2.456,p=0.014$（$p<0.05$）,这反映了家长委员会对于技术赋能资源支持的程度要高于非家长委员会成员的家长,非家长委员会成员的家长对于技术赋能资源支持的协同需要更为明显。家长委员会在技术赋能资源支持方面有很重要的作用。

问卷中"孩子母亲的最高学历是:＿＿＿＿"一题对母亲和学历进行了调查,其中对母亲最高学历进行 ANOVA 检验分析,母亲学历对于技术赋能资源支持维度上存在显著性差异。整体来看,学历更高的母亲家长,在资源支持维度的得分要更高一些,博士研究生（$M=3.562$）、硕士研究生（$M=3.476$）、本科生（$M=3.578$）、专科生（$M=3.466$）、高中（$M=3.347$）、初中生（$M=$

3.259)、小学(M=3.328),小学以下学历仅有一人,得分为 M=2.75,存在着偶然,因此在数据处理时将其删除。

初中生(M=3.259,SD=0.538)与本科生(M=3.578,SD=0.620)相比,在技术赋能资源支持的程度明显较低,$p<0.001$。二者存在着显著性差异。初中生(M=3.259,SD=0.538)与专科生(M=3.466,SD=0.589)相比在技术赋能资源支持的程度明显较低,0.023,二者存在着显著性差异。高中生(M=3.328,SD=0.538)与本科生(M=3.578,SD=0.620)相比在技术赋能资源支持的程度明显较低,二者存在着显著性差异。整体来看,学历越高的母亲,对于技术赋能资源支持的程度更高。因此要注意到不同学历家长的在资源支持维度上的差异性需要。可能母亲身份特殊,参与子女教育的过程更多,因此母亲学历会影响子女教育资源的获得。

值得一提的是,在本次调研的过程,不同的工作单位、城乡和地域的家长在技术赋能学校家庭社会协同育人方面都没有显著性的差异。一方面,表现出了不同职业和地域的家长在技术赋能水平上是趋同的。如在沟通交流维度上家长得分普遍较高。另一方面,也可以看出家长对于资源支持的技术赋能需要具有一致性,都面临着一些共同的问题。

三、技术赋能家长参与学校家庭社会协同育人的情况的主要结论

技术赋能家长学校家庭社会协同育人在平台构建、沟通交流和媒介宣传维度都情况较好,但是在资源支持维度得分相对较低,有待继续改善。不同性别的家长对于技术赋能校家社协同育人有显著性差异,尤其在资源支持方面,男性家长需要得到更多的技术赋能资源支持。家长作为父母的角色不同也同样影响技术赋能学校家庭社会协同育人情况。是否为家长委员会成员对技术赋能校家社协同育人有显著性差异。非家长委员会成员在资源支持上得分明显更低,相对于家长委员会成员,非家长委员会成员在资源支持方面有着更多

技术赋能的需要。母亲的学历也对技术赋能情况产生了影响,母亲学历高,子女获得技术赋能资源支持的程度显著性高于低学历的母亲。因此需要考虑不同学历、不同性别、不同父母角色在技术赋能学校家庭社会协同育人的需求。

此外,本研究也发现,81.9%的家长认为网络平台的使用使家长更好地处理家庭教育中的问题,增加了其对于学校的认可,但是也有56.3%的家长认为网络平台和技术产品的使用为自己带来了很多负担。如何减轻家长的负担,这是在技术赋能过程中需要考虑的。

总体来看,第一,在技术赋能家长学校家庭社会协同育人层面,需要进一步实现教育资源的丰富化,使家长可以通过网络平台获取丰富的教育资源,如在线课程、教育讲座、家庭教育指导等,这些资源有助于家长更好地参与到孩子的教育过程中,进一步实现参与方式的多样化,技术赋能为家长提供了多种参与教育的方式,包括线上家长会、虚拟参观、远程参与学校活动等,增加了家长参与教育的灵活性。

第二,进一步完善教育决策的共商化,使家长可以通过技术平台参与到学校、社会的教育决策中,如通过在线投票、问卷调查等方式,对学校政策和活动提出意见和建议。家庭教育的个性化,家长可以利用技术工具为孩子提供个性化的学习支持,如使用教育软件进行辅导、通过数据分析了解孩子的学习进展等。教育支持的专业化,技术赋能使得家长可以获得更多专业的教育支持,如在线咨询、专家讲座、心理健康指导等,提升家庭教育的质量。

第三,为家长提供技术培训,定期为教师和家长提供技术培训,帮助他们掌握新技术,提高技术应用能力,建立和完善校家社之间的沟通渠道,确保信息的及时传递和有效沟通,以此来减少家长在面临技术使用过程中的额外负担。

第五节　技术赋能学校家庭社会协同育人访谈

技术赋能学校家庭社会协同育人现状调查是需要运用多种方法予以进行

的,其中,既涉及定量研究方法,也涉及定性研究方法,每种方法各有其优势与局限,可以达到一定程度的互补。因此,本研究采用定性与定量研究方法相结合的方式,对技术赋能校家社协同的现状进行全面深入的研究。上一节中,研究主要是运用问卷调查法调查了全国各地区技术赋能学校家庭社会协同育人的现状的整体水平和差异情况,讨论了不同样本的现状特点和主要问题。但是,同样受到了问卷研究方法的局限,题目被限定,选项被限定,不能灵活、深入地体现被调查者的真实选择和实际情况,尤其是无法对复杂问题进行深入的讨论,尽管问卷的编制与发放已经尽量考虑学校管理层、教师、家长的特点,充分注意避免造成歧义、不清晰等情况,但是线上的问卷填写确实存在着阅读题目不顺畅、理解有误、答题无法集中注意力的情况,从而使本研究无法获得更翔实的数据支持资料。

一、访谈的设计与实施

本研究同时采用了访谈法对技术赋能学校家庭社会协同育人的现状开展深入调查,赋予教师和学校管理层更多的自由度,让不同地区、不同城乡位置的教师、学校管理层、家长能够尽情表达其对于技术赋能学校家庭社会协同育人的看法,从而全面探讨技术赋能学校家庭社会协同育人在学校管理层、教师、不同区域、不同城乡之间的实际情况和显著的问题。

(一)访谈对象的选取

访谈研究是研究者通过与研究对象的交谈来收集心理特征与行为数据资料的一种研究方法。[①] 本研究中,研究对象主要是在研究所涉及的学校中随机选取。主要通过非正式访谈和正式访谈两种途径开展访谈。其中,非正式访谈中,没有固定流程,研究者充分利用督导、评估、来访、事务办理、专家咨

---

① 黄希庭、张志杰:《心理学研究方法(第2版)》,高等教育出版社2010年版,第162页。

询、现场调研等机会,与访谈学校管理层和一线教师畅聊技术赋能学校家庭社会协同育人的各方面情况,随后根据印象和录音对文字进行追记和整理。在正式访谈过程中,研究者通过地方教育局、教研员和一线教师的主动沟通,开展督导、来访、咨询、调研等工作。通过大学团队和一线教师团队、学校管理层团队、地方教育局、教研部门的紧密沟通与合作,开展正式访谈。在工作之余,向部分学校的教师说明情况,并在教师同意的情况下,进行集体访谈,集体访谈人数在三人左右,专家咨询以及来访通常都是以团队形式和学校管理层、教师进行多对一、多对多的访谈、交流。

(二)访谈问题及议程说明

访谈旨在了解各地区学校的学校家庭社会协同育人的开展情况和技术赋能学校家庭社会协同育人的主要现状和需求。前期的非正式访谈没有固定的问题提纲,后期的正式访谈主要采用半结构化的访谈形式,结合问卷编制的过程,准备了部分问题框架,有固定的问题,其问题框架主要是依据技术赋能学校家庭社会协同育人量表整理而成。最初设置的维度较为分散,包括教学协同、环境协同、分工协同、沟通协同、管理与决策协同、理念协同、资源协同、评价协同以及家长教育培训等方面,在访谈逐步深入进展和量表制作的进一步完善过程中,实际上学校管理层的技术赋能校家社协同主要聚焦在沟通交流、平台建构、媒介宣传、资源支持这四个维度上,教师方面技术赋能学校家庭社会协同育人主要聚焦在了沟通交流、平台建构和资源支持这三个维度上。

通过访谈来了解技术赋能学校家庭社会协同育人的各个维度的情况,具体来说笔者及研究团队主要设计了以下一些方面的问题。通过半结构化的正式访谈,让教师充分表达了他们对于当下学校家庭社会协同育人的现状和困境的看法,以及对于技术赋能的需求,进而为技术赋能校家社协同育人提供策略支持。

(1)谈谈您所在班级或者学校在学校家庭社会协同育人方面的基本情

况。现在有没有相关的政策,各个学校有没有落实,教师是如何认同的? (2)对于学校家庭社会协同育人有哪些技术需求? (3)您所经历的情况有哪些与问卷不相符? (4)不同学科或者班主任在技术赋能学校家庭社会协同育人方面是否有区别? 等等。(5)是否组织过什么校家社协同育人的组织或者载体? (6)是否明确过哪些学校家庭社会协同育人的规则?

访谈的过程与问卷编写和量表制作的过程是同步的,研究者深入一线,不断验证和调整量表的维度,访谈对象的选取,也着重选取了学校家庭社会协同育人情况较好的省级重点小学、技术赋能校家社协同育人的市级示范校和普通的县公立小学进行阶梯化的深入了解,揭示不同层次学校、不同地区、不同城乡位置学校对技术赋能学校家庭社会协同育人的不同现状和需求。

(三)研究实施及数据处理

访谈工作将非正式访谈和正式访谈交叉进行,考虑到部分一线教师对于研究课题可能不能有效理解,访谈主要是研究者亲自参与实施。如在 6 月 13 日对吉林省某重点小学副校长的访谈中,通过大学教师的身份和附属实验学校联系,得到了相关学校校长、副校长、教研室教师们的积极配合和大力支持。

具体访谈时,研究者与访谈对象积极沟通访谈时间、地点等事宜,充分理解学校管理层和教师的工作的紧张与忙碌。并在访谈结束后由专门人员对访谈录音进行了整理和对重点内容进行了补写。

(四)研究信效度及伦理

质性研究谈到研究信效度,通常指那些可信、可靠性的定性研究。本研究的访谈对象主要是在最大范围内随机选取的,基本能够反映不同学校管理层和教师对于技术赋能学校家庭社会协同育人现状。问卷的初步发放和访谈同步进行,基本上得到了一致的反馈,因此,本访谈的研究结果能够被明确解释,具有一定的参考价值,说明内在效度和外在效度良好,最终在生成的量表所测量的数据和维度,与访谈的结果基本可以达成一致。因此具有一定的参考价值,可以作为了解技术赋能学校家庭社会协同育人现状的重要指标。

研究伦理是人文社科研究中的重要话题。本研究坚持双方地位平等原则;确保受访教师信息安全、不外露;坚持受访教师自愿原则。在整个访谈过程中,研究者自始至终遵循着公正和平等的伦理规范,给予受访教师足够的尊重、平等和信息安全保护,使教师群体切实感受到受访的价值,使访谈工作在轻松愉悦的氛围中顺利完成。

二、访谈资料分析与观点提炼

访谈资料的分析尽量遵循访谈对象的语言表达习惯,使其观点呈现更为清晰,在访谈对象的自然语言的表达中可以提取到其最重要的需求和有待解决的问题。

(一)受访教师和管理层技术赋能学校家庭社会协同育人的整体情况分析

第一,通过访谈可以看到,不同层次的学校校家社协同育人的情况和对技术赋能学校家庭社会协同育人的现状是有很大区别的。重点学校的学校家庭社会协同育人开展有较好的理念基础和实施。如省级重点大学的学校管理层老师提及,"首先,在课程上已经为老师们铺好了路,尤其是咱们这种附属学校,他这个东西就更能推到一个程度,不是简单参观什么的,咱们有很多的大学老师,包括学生家长,咱师大的老师,他们直接就进入学校,或是请进来,或者我们走过去",教师基本上都可以做到比较深入。而乡镇学校则情况有很大的区别,市级的小学也有较好的校家社协同育人的理念与实践,乡村的校家社协同育人情况和技术赋能校家社协同育人的现状不容乐观。"现在不敢利用社会资源举办校家社活动,怕出安全事故,教师风险很大"。

第二,校家社协同育人的情况在城乡是不同的,因此技术赋能校家社协同育人也是有区别的。学校管理层 B 老师提及,学校的校家社协同育人活动会结合劳动实践课、心理健康课进行。农村和城镇的校家社协同育人情况不同,以社会实践为例,"你比如说农村劳动,你到地头去干活,农村比如说镇里的中学或村里的中学家长啥都认识,是吧"。但是,农村的家长对城市中的一些实践活动就不一定了解。学校管理层 B 老师提及,"但是农村它好在哪?它好在农村的家长非常想让孩子有出息,靠学习考出去"。

第三,校家社协同育人了解的、认同的和所做的之间是有区别的。"赋能可能口号比做得好。""了解得多,做得落实得少。""信息平台建设我们也有,但是具体落实情况比较一般。""硬件我们也都有了,但是没人用。"

第四,技术赋能校家社协同育人是有效的,管理层和教师对社会平台和技术资源使用较多,对国家建设的平台还有一定的期望。比如很多教师提到了,"现在可以肯定的是技术赋能。""对,这个想法真好。现在咱们用的第三方平台是微信。"但是都对个人平台有很多意见,对国家平台建设有进一步的要求。

第五,在政策的落实和过去的政策之间有一些矛盾,导致教师的思想很凌乱。比如"应该有一个具体的操作手册指标,这种其实应该给每个老师发一个,比如说我遇到什么情况,我需要跟家人沟通,怎么沟通,对,完了我什么情况下你不需要沟通,完了比如说我留作业,我什么情况下的家校合作是合理的,给家庭范围内,完了什么情况是不可以的,别到时候你家长在网上一搜,你说老师把责任全推给我们,拉着我们干这干那,以前是不允许打电话,现在又要提倡协同合作"。

第六,不同的教师之间,"班主任比一般教师更倾向于家校合作"。不只主科教师倾向于校家社合作,劳动课、实践活动课、科学课也都对学校家庭社会协同育人有很高的要求。因此技术赋能也有不同的科目和教师层面的多元需要。

第七,不同的班级也有不同的需要,各班在学校家庭社会协同育人的情况也不尽相同。"现在我教的六年级里边 11 班和 12 班就是两个班,12 班是明显地感觉到学生学习没有任何的动力,从家长那块跟老师直接提的要求,他能初中毕业就行了。他定的目标就是初中毕业,这种情况下,孩子他会怎么想,他能初中毕业就不错了,家长的表达,我走完义务教育就行,他也不指望着孩子有什么出息,所以孩子在这边老师手里没有任何要求,然后你去督促他鼓励他的时候,他对自己的未来没有一个明确的目标。"所以校家社协同育人,因班级情况、学术情况不同,也面临着不同的困难。

(二) 技术赋能学校家庭社会协同育人的不同维度的基本情况

通过访谈资料的整理,主要概括了以下几个维度,可以进一步反映技术赋能学校家庭社会协同育人的基本情况。

1. 沟通交流

长期沟通交流与短期沟通交流相结合。家校沟通和资源支持维度上,教师层面主要是通过技术赋能教师和家长、社会的沟通,以获得资源支持。长春市某小学科学课 W 教师的访谈十分深入。该老师也指出了教师、家长在学校家庭社会协同育人的现状是分阶段的,而且与国外的很多规定是不同的。如该老师指出了"我自己的孩子在上完小学之后,实际上这些要求是一个阶段一个阶段的"。校家社协同育人在不同阶段的学校有不同的形式。该老师也指出了,许多国外的文本表述如和家长制定协同育人的规则,不一定符合国内的情况。比如"国内会有纸质或者电子的文本""我们临时也加过一些临时的微信群,家长们提点什么建议,但是这种没有现成的"。

关于技术赋能校家社协同,该教师举例如下:

要真正按协议来说,比如说我带孩子们去做一个比赛,临走之前需要跟家长做一个协议说明,然后家长是有签过知情同意书的,然后需要学校这边责成我们跟学生家长做一个说明,这种可能是但又不像明确去制定的协同规则,这块感觉是一个比较长期的,我们要是做一个项目的话,就这一件事情,然后这一个事情持续两个月,然后这里边渐渐的家长们经过不断触碰、交流,微信里边或者最后签订协议,其实它有个共同的方向,但是绝对不是说我先去签了一个协议,然后大家奔着协议去努力,就不是这样的一个过程。

在对资源的使用上,该教师提及了利用学校和大学之间的便利关系,会充分利用大学和社会资源,如科技馆的物理、生物等技术设备。在日常的校家社之间的沟通交流维度上,通常是线上和线下相结合的方式进行,尤其是在后疫情时代的学校家庭社会协同育人,数字化技术的应用对此有所促进。

在以上基础上进入到微观世界,我们就得借用一下师大的这里边的更专业的电子显微镜,我要带孩子们去体验专业的电子显微镜。但是在获取这些场地的信息的时候,会通过线上的资源平台。在没有出现这样的通道的这个过程中,需要咱们首先有这样的信息,知道有这个场馆,一旦建立之后可能就是有更多的往来。

H老师指出了在疫情期间学校的很多校家社协同活动都是在线上进行的,所以包括疫情期间跟家长的协议说明,没有疫情之后线下渠道重新运行,然后致家长的一封信。该教师指出了在学校的课程实施过程中也会通过直播的方式向家长、社会展示。属于有直播成功率。像这种一般应该都是短时性的。

2. 媒介宣传

媒介宣传与沟通交流相互结合。长春市某小学管理层B老师在接受访谈时也十分重视沟通交流维度,在沟通交流和媒介宣传维度上,该领导认为媒介宣传与沟通交流是相互结合进行的。学校的媒介宣传起到了宣传学校教育理念的作用,媒介宣传平台应该起到沟通的作用。

管理层B老师:一般的微信或者这种沟通,还有什么技术赋能的,是我们不了解,主要还是我们就只能看身边老师怎么跟家长沟通。比如微信、钉钉。还有一些比如线上平台,然后通过微信公众号、腾讯会议。其实很多社会上比如说抖音,给你提供的一些教育观念可能跟学校的是理念是违背的。比如说资本宣传,比如说我们提供双向教育,但是网上就说你这孩子再不上辅导班就废了。学校的公众号就特别重要了,可以促进理念协同。我们学校有抖音、官网、公众号,我感觉它也不光是一个宣传工具,它也可以在上面有沟通。我们官网现在刚刚上线试运行,你们说沟通的作用我觉得特别好,过去像发帖,我们传统的那一版里边是有学生发帖、教师发帖和家长发帖的功能,沟通是很重要的。包括我认识我们学校的本部的这些老师挺多都通过线上沟通。学校叫家长委员会,学校层面的,然后有年级层面的家长委员会,不光年级,班级也有班级层面的家长委员会。班主任是协同的关键。从实践来看只有中国有班主任制度,像美国的小学很多就走班制,没有固定班主任。

管理层 B 老师:沟通有不同的维度,要是仅仅把这个限定在微博、钉钉,沟通主要就是指布置作业。技术赋能可能有更多的维度。我觉得你们的核心目标是放在技术上。

媒介宣传的官方化。学校通过官方化的媒介宣传可以更好地引领教育观念和教育价值的传播。非官方化的媒介宣传存在着商业因素和危险性。

B 老师:我们这种其实现在这么多强调是宣传网站,其实我们的公众号,包括我们的抖音,包括我们的视频号,我们通过这些渠道主要是宣传学校的教学理念,宣传一下学生的这种在校的学习的那种状态,然后起到一个价值引领的作用,可能这个是有的。我们的抖音号现在的关注人数挺多的了,我们现在觉得微信、抖音这些是比较好的一个平台。我们可能更多倾向于我们要宣传学校的教育理念,但论坛是这样子的,论坛是公开的,它不像留言板,留言以后我们需要审核以后才能体现出来。然后这样的话就特别不好进行严格的管理,风险很大。

H 老师:对,把链接分享给大家能看到,其实它这边有我个人感觉它有商业因素,它也是公司做的。

H 老师:评论但是要审核才能弄。所有的公众号都是要审核才能显示的。其实线上的这个东西非常不可控,是把双刃剑。

媒介宣传的信息化、技术化。 对于媒介宣传需要进一步强化技术赋能,当下学校媒介宣传主要依托于官网,需要进一步扩展媒介宣传的渠道,尤其是信息化的渠道。

H 老师:征集家长意见,其实有一个是主动的公开的渠道,这个渠道并没有特别地去宣传,就是说并没有给家长宣传说我们学校有一个反馈的渠道,你们可以通过什么网站留言板进行一个反馈。可能这块工作还不到位,现在大部分还是通过家委会。就没有太多用信息技术的手段,但是有些可能不太适合用这种方式反馈的,他可能就是以匿名的方式如通过邮件。

H 老师:应该是按学期,一学期可能有个三四件四五件的样子,也是这样子,这里面涉及一个学校管理方面的,他提过一些意见,这种方式有个比较好的优点,就是可以匿名。

3. 平台构建

在沟通交流和平台构建维度上各个访谈者都有较深入的讨论,体现出了教师、学校管理层对于技术赋能校家社沟通交流和平台构建的必要性和急需性,以减轻教师的负担。

平台的社区性。 数字技术赋能教育平台的建立要体现其社区性质,真正让家长、学校、教师、社会融入互动之中。应该建立公共性的、社区性的平台,供各类群体访问和互动。

学校管理层 B 老师:因为学校是引领,学校是一个统筹的,有些资源不应该摒弃的,也应该告诉我,比如说不太好的那种网络上,包括一个观念上的协同,比如说告诉家长顺应教育到底指的是啥?未来孩子竞争力在哪？我认为像老师们对家校协同的理解就没达到你这个高度。一提到校家社协同，无非就是班级管理和学生活动这两块。我脑子里边有个画面感，就是如果有这样一个平台，这个平台是打破班级的界限的，就是以年级为界限的，然后大家解决这一个问题，小视频也好，图片也好，方法策略也好，老师发布任务也好，我这好几个群，一个班一个群，QQ 群发啥，微信群发啥，然后弄得工作量是非常大的。如果有这样一个平台，我直接面对的就是全体。要是有一个在线平台，你给它分成等级，一级通知我马上要办的，二级、三级，你就通过这个 APP 直接待办事项做完就一打钩。然后上面还可以有督促提醒，还有几天作业就到期了，这样减轻了很多老师的工作量，减轻工作量的前提下，老师们就愿意去做了。教案的目标可以放到这个平台上，让家长了解。

平台的教育性。在平台构建维度上，由于社会资源和技术资源都太过泛化了，要充分发挥数字教育平台的作用，就要突出平台的教育性，不仅针对个人对技术的使用，还要真正促进各方在教育上的协同。学校管理层 B 老师在接受访谈时，指出：

> 我们中国现实，比如说现在我个人觉得学校起的肯定是纽带作用。按照技术类型是偏智能化的技术，而不是冷冰冰的技术，比如说就像大数据推送，比如我一搜索相关的数据都能给我推过来一些我需要的一些东西。这个是对家长影响更多，对家庭教育影响更大的。微信、微博、公众号、微信等线上沟通，然后就没有别的了，还有国家资源平台，就不知道有没有别的了。老师教学技术赋能，家庭教育啥的这种就更大了，感觉范围太大了。

平台的安全性。在平台构建管理层最为关注的就是其安全性，私人性的教育平台的开放性和隐私性无法保证，需要保护学校、家长、学生、教师各方面的信息安全和利益。而且也要避免错误的信息、虚假信息介入教育平台之中，降低协同育人的质量、增添协同育人的困难。

　　管理层 B 老师在访谈时也指出：私人的教育平台，如微信的开放性太强了，自己做的教育平台一点隐私都没有。如果有这么一个第三方平台，既保护家长又保护教师，这样的话我觉得能够促进它的家校合作，不然现在教师是弱势群体，家长这边诱导了一下之后，他就有可能把他的片面性的东西就发到网络上去了，有一个网络社区平台，就是学科老师、科研老师跟家长也能有一个对专门的沟通群。家长和老师对安全性现在已经是草木皆兵的状态了。咱们应该加个维度，之前都说学生安全，其实现在应该有一个家校协同安全。应该是强调教师也有自己的权利，就是因为我们不光要强调教师的责任，还要强调教师本身自我保护的一些权利。

　　管理层 B 老师：现在可以肯定的是技术赋能。但是没有专门的软件，都靠抖音、QQ、微信太杂乱了。而且你控制不了，其实背后原因就是太开放了，任何人都可以在上面不负责任地发任何消息。而且也分辨不出真假。你比如说我以前就搜留学，搜"留学"时它给我传达的信息就是你不去留学你就废了。现在的教育智慧平台就是一个资源库。

平台构建的公共服务性。平台构建不是为了盈利，而是为了公共服务。可以连接到各个地区的供应与需求，以促进学校家庭社会协同育人。

　　H 老师：线下的相当于是咱们北方相对于人情社会，中介平台不是很完善，比如像深圳的话，它有完善的中介平台，比如说我世界500 强有这个平台入驻到这个平台里，我可以通过教育局或者区教育局直接就联系到我，不需要自己去找社会公共服务。而且我也不知道有的单位它是有这种宣传的，它有个职能，这种宣传的都是单位应该做的，像图书馆它有这个方面的一个考核的公益性，对公益性的这种单位他有考核的，他也愿意和我们和学校进行合作，线上渠道帮助我们收集到一些信息。我觉得我们作为一个信息部门,其实有的时候不是我们主动要去做,更多的是作为一个服务,他们某一个部门想做什么,然后看我们能提供什么支持。家校教育资源数据库这块我还是不确定,但是我们的确是在入学的时候,我们会了解一下,收集一下。我们有数据库,入学有招生系统,我们都收了3年、4年了。但是社会资源数据库不太确定。

4. 资源支持

资源支持助力家长个性化需要。由于技术的快速变革,不同年代的家长对于技术的使用和资源支持的理解是不同的,当下,亟须成长型的技术资源为家长提供个性化的资源支持。

校管理处 B 老师指出:

> 觉得你这个技术要分类,普通类的、资源获取类的,第三个就是公众号属于资源还是发布新闻还是什么? 在里边既具有社交属性,也具有综合性。我们想建立的东西,整个它是一个那种 APP,然后整体把这几个属性能够容纳到一起或者什么的,比如说现在用的微博或者什么那种的,类似于这种随时沟通,然后包括有一些宣传的属性和资源提供的属性,那种大的什么。不是 APP 技术,它有点像知乎,我有很多不懂的问题的时候,比如上知乎里边去找,我觉得知乎里边思维的含量就非常高,我一看大家的回答,其实包括很多人都不用知乎,就是抖音。我现在特别爱用抖音搜索,比如说孩子厌学怎么办? 我就在抖音里边一打厌学,抖音的短视频就出来了,出来之后我特别愿意看啥,就看下边评论。我是看视频特别爱看评论,评论里边总有特别闪光的那个点,就感觉他思维捕捉那个角度,你从来不会那么想问题。比如说我家小孩现在初一了,青春期怎么办? 我作为家长之后没有人给我提供,比如我去问我的父母,我父母说现在这个环境也变了,我教育你们那时候也没有出现用手机玩游戏,出现这种情

况,不知道咋整。有成长性的技术,可以帮助一个人提供想法,解决问题。这个属于类似于那种在线社区,能开放讨论的。

资源支持的智能化、国家化。实际上随着信息化的发展,很多硬件和软件学校已经具备了,但是进一步发展的各种数字资源,需要智能化的、国家化的数据库和资源,来促进资源的有效使用。学校管理层 B 老师指出,我们的硬件资源都有了,但是没有使用。在资源支持维度和沟通交流维度上,学校管理层 B 老师指出:

> 对,这样的话,其实一个理想的平台,比如说让学生做实验,比如有的智慧化,对你都能用上,完了之后材料直接就在里面就出来那种。我通过对学生特性的认定,比如说有的人比较外向,有的人比较内向,有的人善于计算,有的人善于动手,我给你来匹配,完了组织团队,完了之后,甚至进行一些像美国有那种学术学业网站是给你发勋章,就像玩游戏排位有什么黄金白银等,如果国家教育智慧平台能够替代微信抖音的话,家长那边也可以放心地让孩子们使用,现在就是微信、抖音、QQ 等这些商业化太明显。

H 老师也指出:

> 像网址、官网公众号、微信号我们都有,但是平台就没有了。我觉得应该有校家社教育资源数据库的。对于一线老师操作的时候就更容易,要不然一线老师在操作的时候也是散兵,大家都是零散的,我觉得有了这个库的话,大家就能主动的。尤其是科任老师,你像班主任还能掌握一个班家长资源。

资源支持的负担效应。当下诸如抖音、快手、微信、电子游戏等各种平台也有可能干扰学生的学习、家长的教育理念,其中存在着很多隐蔽的危险,资源支持同样会造成技术使用以及更复杂的协同育人的麻烦。因此,要注意资源支持同样具有负担效应,需要妥善处理。学校管理层 B 老师指出:

> 我们的硬件资源都有了,但是没有使用。然后老师们如果不只

在线上进行沟通的话,老师家长会很担心他拿着这个东西就干别的
事儿了。

　　说和做是不同的,我确实认为线上平台使用提升了我与家庭社
会协作育人的效果,但是我很少使用。为什么它协同育人的效果好,
我还很少使用,因为存在隐忧,家长不放心孩子。

资源影响的社会化。优质资源可以通过数字智能技术使其影响社会化,
不仅面向某一学校或者某一群体,而是可以将地方的资源共享到社会层面之
中。H老师作为信息组的教师表示:

　　因为我们想自己做,我们好多的信息系统想自己来做、自己来开
发,但是我们想实现这样的一个东西,我们不想使用人人通,我们想
实现的是在微信平台,上面有个插件,关注完以后,有些东西可以在
这里面进行使用,就不用老师再去。从技术角度就两个部门,像如果
落实到学校都是两个部门之间是怎么协作的。正常的话这个活动就
是它的受众面是比较窄,现在进入直播的话,尽量让所有的家长都可
以去学习。

　　像我们请一些教育的专家,因为我们这块有很好的便利条件,他
会给六年级的这些全体的家长来说一说小初衔接我们应该注意的
问题。

三、访谈的结果与主要结论

基于对不同地区、不同类型学校的学校管理层及一线教师的访谈,我们可
以初步得出以下结论:第一,不同教师、不同地区、不同规格的学校的学校家庭
社会协同育人的情况开展不尽相同,对于技术赋能的要求和现状也有很大的
差异。尤其在校家社的沟通和资源支持上,技术的使用在协同育人的需要和
层次上都不同。第二,被访谈者对于技术赋能存在着普遍性的需要,但是对什
么样的技术可以被使用,有很多的顾虑。如何使技术能够保障学生的发展、教

师的安全、家庭的便利和社会的公平是需要考虑的关键问题。第三,技术赋能校家社协同,也存在着有技术而不实用,"有名无实"的现状,因此,要紧密结合学校家庭社会协同育人来开展技术的赋能,如对于教育资源、教育平台建设的需要是当下的急需。第四,无论是学校家庭社会协同育人,还是技术赋能学校家庭社会协同育人,都是具有阶段性、时效性的,也是因人而异、因地而异、因教师不同而存在差别的。但是其中的一些共性规律是可以参考的。本研究通过问卷调查发现技术赋能学校家庭社会协同育人在管理层和教师层的维度与访谈的结果是高度契合的。因此互相构成了内部的一致性和可靠性。第五,资源支持是非常重要的技术赋能维度,资源支持如何个性化、智能化、资源支持的影响如何普及到社会层面,国家平台的建立在其中起着关键作用。对于技术赋能在安全性上的考虑也应该被突出出来。

在信息化教育背景下,校家社协同育人是一个长期的过程。第一,要以政府为主导,充分发挥国家级教育技术平台的协同育人价值,2022 年 3 月 28 日,国家智慧教育平台正式升级上线,教育平台是教育的"软基建"升级,正朝向智慧云校的逻辑与架构演化[①]。第二,教育技术的平台化是当前教育数字化转型下校家社协同最直观、最具可操作性的步骤。通过技术赋能构建校家社协同育人平台,使之作为一种新型教育技术工具,将会逐渐成为促进学生全面发展的重要手段。因此,需要通过校家社协同育人技术平台的系统架构设计来确保其功能性、安全性和扩展性的基础。需要构建学校家庭社会协同育人的技术平台,使之具备良好的可持续性和扩展性,具体来看可能需要从系统架构、用户界面设计、数据保护措施和可持续性架构等多方面进行全面考虑。第三,为了确保这一平台能够在更广泛的范围内得到应用,需要制定科学有效的推广策略和用户培训方案,以满足学校、家庭、社会多元主体协同的需要和学校管理层、教师、家长等多元主体的个性化需要,最终,为学生在数字智能时

---

① 祝智庭、林梓柔、闫寒冰:《新基建赋能新型教育公共服务平台构建:从资源平台向智慧云校演化》,《电化教育研究》2021 年第 10 期。

代的全面发展奠定良好的育人环境,打造良好的发展空间。

　　总之,进入数字化时代,我国教育面临着教育数字化转型的挑战,同时在传统学校教育中也存在着许多的问题如应试教育、校外培训等,如何通过技术赋能学校家庭社会协同育人,一定程度上解决过去学校教育中的问题,与此同时,应对新时代数字化教育中的挑战,技术赋能学校家庭社会协同育人是一个最基础的教育问题,也是一个数字时代最基础的教育架构。本部分主要分析并探讨技术在学校家庭社会协同育人中的现状和影响因素,由此来分析当前实践中的经验与不足,并提出未来发展的路径。

第六章　技术赋能学校家庭社会协同育人的数字生态建设

　　教育技术的平台化是当前教育数字化转型下学校、家庭、社会协同最直观、最具可操作性的步骤。数字技术的发展与应用,不仅依靠人工智能技术,同时还需要大数据分析、用户画像等网络技术的介入。那么,教育数字化转型中的教育技术除了具备"人—机"的互构形态,还具备"人—机—人"的互构状态。尤其在学校家庭社会协同育人的目标之下,技术平台的构建更符合"人—机—人"的互构状态,能具备更强的信息定向筛选、类别整合与精准推送的特质。平台化维度下的学校、家庭、社会协同是由传统"人—人""人—机"的形式转型为"人—机—人"的网络形式,一方面技术在学校、家庭、社会之间的沟通中充当了具有能动性的调节中介,另一方面教育数字化平台并非"资源包下载中心"的传统网站,而应是具备用户画像分析功能与信息精准推送功能的智能化平台。因此,技术赋能学校家庭社会协同育人应以平台建构为架构基础,以技术的推广与培训为赋能途径,以伦理规范为技术应用准绳,以"培养人"为目标,通过技术赋能学校、家庭、社会紧密合作,同向发力,在数字化转型这一新的时代格局下为未来培养人。

第一节　学校家庭社会协同育人的
技术平台建构

在学校、家庭、社会协同技术平台的建设层面,需要通过"提高异构数据互操作能力,培养发展一批面向不同场景的数据应用产品,持续提升数据开发利用能力"①。教育的平台化发展不能仅仅局限于单一形式,而是应该立足教育政策,通过多个分层架构与微服务架构促进学校、家庭、社会技术平台的异构数据交互操作,构建协同育人导向的大教育平台。需以"育人"为核心意向设计平台的功能模块与集成,保证平台的适用性、易用性与系统性。

一、学校家庭社会协同育人技术平台设计原则与架构

学校家庭社会协同育人的技术平台以系统的架构设计为基础。学校家庭社会协同育人技术平台的系统架构设计需确保其功能性、易用性、安全性和扩展性。

基于功能性的考虑,在学校家庭社会协同育人技术平台的建设中,应以适应性为指向搭建综合网络平台,以保证平台的"效率"与"反馈"。② 教育数字化平台不仅仅是一个资源整合的网络空间,更是一个支持学校、家庭、社会三方实时互动的多功能平台。平台应采用分层架构设计与微服务架构相结合的形式,以满足不同主体的需求并实现灵活的功能扩展。分层架构是平台设计中的常用模式,通过将系统分为表现层、业务逻辑层、数据层等多个层次,明确

---

① 中央网络安全和信息化委员会:《"十四五"国家信息化规划》,见 http://www.cac.gov.cn/2021−12/27/c_1642205314518676.htm。

② 罗江华、冯瑞:《智慧教育平台的适应性服务框架和实施路径探析》,《中国电化教育》2024 年第 6 期。

各层的职责,从而实现系统的高内聚低耦合。在学校家庭社会协同育人平台中,表现层主要负责用户交互和界面显示,业务逻辑层处理平台的核心功能,如家校信息交流、学生表现跟踪和教育资源共享;数据层则负责数据的存储、查询和管理。通过这种分层架构设计,平台可以更好地应对复杂的业务需求,并提高系统的维护性和可扩展性。为了增强系统的灵活性和适应性,平台还应采用微服务架构。微服务架构通过将系统拆分为独立的小型服务,每个服务专注于特定的功能,如学校、家庭、社会沟通、课程管理、学生行为分析、资源共享等。这种架构的优势在于,服务之间相互独立,可以单独开发、部署和扩展,从而提高系统的可扩展性和弹性。例如,在教育政策或用户需求发生变化时,平台可以通过更新或替换某个服务来快速响应变化,而无需对整个系统进行大规模调整。

基于易用性的考虑,用户界面(UI)设计是学校家庭社会协同育人技术平台能够广泛使用与获取成果的关键,因为它直接影响用户的体验和参与度。易用性和可访问性是衡量一个平台用户界面设计质量的两个重要维度。易用性(Usability)指的是用户能够轻松学习、理解和操作系统的能力。对于学校家庭社会协同育人技术平台来说,易用性的核心在于设计一个直观、简洁且功能明确的界面。具体来说,平台的导航系统应当清晰易懂,用户能够在最少的操作步骤内找到所需的信息或完成特定的任务。例如,平台可以通过使用统一的设计语言、清晰的图标和合理的页面布局,帮助用户快速适应平台的操作方式①。此外,平台还应提供有效的帮助系统和用户指南,帮助新用户快速上手。可访问性(Accessibility)则强调系统对所有用户群体的友好程度,特别是对于那些有特殊需求的用户群体,如视力障碍者、听力障碍者或老年用户。根据万维网联盟(W3C)发布的 Web 内容无障碍指南(WCAG),平台设计应确保

---

① Nielsen J,*Usability Engineering*,Cambridge:Academic Press,1993,pp.ix–xiv.

在视觉、听觉和操作等方面对不同用户都能友好支持①。例如，平台可以提供高对比度的视觉主题、屏幕阅读器支持、键盘快捷键操作以及字幕和语音提示等功能，以确保所有用户都能无障碍地使用平台的功能。通过关注用户界面的易用性和可访问性，学校家庭社会协同育人平台不仅能够提升用户体验，还能促进用户的持续参与，从而实现更好的教育协同效果。

基于安全性的考虑，数据保护是学校家庭社会协同育人技术平台建设中不可忽视的关键环节。考虑到平台需要处理大量涉及学生、家长和教师的敏感数据，确保数据的机密性、完整性和可用性至关重要。对此，平台需要在数据保护方面采取一系列安全措施，主要包括加密技术和数据存储策略。首先，加密技术是保护数据在传输和存储过程中免受未授权访问的有效手段。为了确保数据在传输过程中的安全性，平台应采用传输层安全协议（Transport Layer Security, TLS），通过加密通信通道，防止数据在网络传输过程中被窃取或篡改。此外，对于存储在平台服务器上的数据，平台应使用全盘加密技术，将数据加密存储，以防止数据泄露。例如，可以采用高级加密标准，如对称加密算法（Advanced Encryption Standard, AES）对数据进行加密处理，从而提高数据的安全性。在数据存储策略方面，平台应遵循分布式存储和备份原则，确保数据的高可用性和可靠性。分布式存储可以通过将数据分片并存储在多个地理位置不同的服务器上，来提高数据的访问速度和系统的容错能力。当某个节点发生故障时，其他节点可以迅速接管其任务，确保系统的正常运行。此外，平台还应制定定期数据备份计划，定期将数据备份至异地存储，以应对可能的数据丢失或灾难恢复场景。通过采用这些数据存储策略，平台能够有效降低数据丢失和系统中断的风险，保证平台的稳定性和连续性。

基于扩展性的考虑，学校家庭社会协同育人是一个长期的过程，为了确保

---

① World Wide Web Consortium (W3C)：Web Content Accessibility Guidelines (WCAG) 2.2，见 https://www.w3.org/WAI/standards-guidelines/wcag/#intro。

学校家庭社会协同育人技术平台的长期发展,平台的架构设计必须具备良好的可持续性。在这一方面,云计算和模块化设计是两个至关重要的技术选择。云计算提供了灵活的资源管理和高可用性的服务模式,使得平台能够根据实际需求动态分配计算、存储和网络资源,从而避免了资源浪费和性能瓶颈。通过云计算,平台可以轻松实现横向扩展,即根据用户数量的增长,增加更多的计算节点,从而提高平台的并发处理能力。此外,云计算还支持自动化运维,如自动备份、故障切换和性能监控等功能,减少了平台维护的复杂性和运营成本。模块化设计则通过将平台功能拆分为独立的模块,使得系统具备高度的扩展性和灵活性。在学校家庭社会协同育人平台中,模块化设计允许开发团队针对不同的用户需求快速开发和部署新功能,而不会影响其他模块的正常运行。例如,当教育政策变化或用户需求发生调整时,平台可以通过更新或替换某个功能模块来快速适应新环境,而无需对整个系统进行大规模重构。模块化设计还带来了可维护性的优势。由于每个模块独立运行,平台的维护工作可以更为高效且风险更低。开发团队可以在不影响其他模块的情况下,针对特定模块进行优化和升级,从而实现平台的持续改进和创新。

学校家庭社会协同育人技术平台的建设必须从系统架构、用户界面设计、数据保护措施和可持续性架构等多方面进行全面考虑。通过采用分层架构、微服务架构和云计算等先进技术,结合易用性和可访问性设计,以及严密的数据保护策略,平台不仅能够有效满足当前用户的需求,还能为未来的发展提供强有力的技术支撑。同时,模块化设计为平台的扩展性和可持续发展奠定了基础,使其能够在快速变化的教育环境中保持竞争力。通过这些技术措施,学校家庭社会协同育人平台将能够更好地实现教育资源的整合与共享,推动学校家庭社会协同育人模式的深入发展。

二、平台功能模块与集成

学校家庭社会协同育人平台的构建不仅仅是一个技术系统的搭建,更是为教育主体之间的协作提供一个高效的工具。为了实现这一目标,平台必须包括一系列关键功能模块,涵盖实时沟通工具、资源共享系统以及学生健康追踪系统。这些模块的设计和集成应从实用性、互动性和数据可视化三个维度进行全面考量,以确保平台能够有效支持学校、家庭、社会三方的协同育人目标。

实时沟通工具是学校家庭社会协同育人平台的重要组成部分。校家社之间的有效沟通是实现协同育人的基础,从前面的问卷调查与访谈中得见,有效沟通是学校、家庭与社会最为迫切的需求。调查发现,当前学校、家庭、社会协同的沟通工具以微信为主,线上沟通不畅、教师工作量大、功能零散等问题导致了技术赋能"有名无实"等现象。因此,该模块的设计应注重互动性、实用性、综合性。第一,即时消息功能。可以实现学校、家庭、社会三方之间的快速信息传递,支持文字、图片、文件和音频等多种信息形式的传递。如美国的ClassDojo 平台,教师可以通过这一应用程序与家长分享学生的表现、学习进度和课堂活动照片。① 即时消息工具不仅能提高家校沟通的频率,还能提高沟通的质量,从而促进学生的学业和行为表现。第二,视频会议功能。线上视频会议能够进一步提升学校、家庭、社会之间的互动性,与传统的面对面会议相比,视频会议能够突破时间和空间的限制,为家长、教师与社会力量提供更加灵活的交流方式。这一功能可以应用于远程家长会、教师培训和设计教育活动等多种场景,有助于促进家庭、社会对学校教育活动的积极参与。② 第三,群组聊天与讨论区功能。以支持学校、家庭、社会三方的集体互动。通过

---

① ClassDojo 是一家教育科技公司,该公司通过多种通信功能将小学教师、学生和家长联系起来,例如提供学校日的照片和视频信息。它还使教师能够记录有关学生技能的反馈,并为学生创建档案,以便家长可以了解与教师会面之外的学校活动,详见:https://www.classdojo.com/zh-cn/? redirect=true。

② Chen J., Rivera-Vernazza, D. "Communicating Digitally: Building Preschool Teacher-Parent Partnerships Via Digital Technologies During COVID-19." *Early Childhood Education Journal*, Vol. 51, No.6 (June 2022), pp.1189-1203.

在平台构建具有系统性、长时性的家长群、年级群或班级群,学校、教师与社会可以同时向多层级、多范畴的主体传达重要信息,家长可以在群组中分享经验、提出问题或参与讨论、社会力量可以进行相关活动与信息的宣传与传播。讨论区功能为用户提供了一个开放的空间,便于就特定主题进行深入讨论,从而增强平台社区成员之间的互动性和凝聚力。①

用户资源共享与生成性资源系统是协同育人平台中的关键模块。该系统的设计应充分考虑实用性和数据可视化两个维度,以支持教育资源的高效分配和使用,并促进学校、家庭、社会之间的合作。第一,设置课程资源库。作为资源共享系统的核心组成部分,课程资源库能提供丰富的教育资源,如教学视频、课件、习题集和参考资料等。这些资源的集中存储和分类管理,方便了教师和家长查找和使用适合学生个性化学习需求的资源。课程资源库还应支持多媒体资源的存储与展示,以满足不同学习风格的学生需求。此外,这一模块有必要链接教育专用智能大模型,应用人工智能扮演私人导师、智能学伴及贴身助教等角色,配合教师、家长实现对学生的个性化学习方案定制、促进深层次知识建构以及协助家长、学生选择差异化教学资源等工作。② 第二,构建生成共享性资源库。该平台不仅仅是传统意义上的资源共享平台,还应支持用户自发生成和分享内容,形成多方互动的教育生态。例如,家长可以通过平台分享家庭教育的经验,教师可以上传教学视频和课件,社会组织可以发布教育活动信息。这些用户生成的内容可以通过平台进行审核和分类管理,确保资源的质量和适用性。在此基础上,用户生成性资源平台还可以通过大数据技术实现资源的精准推荐和推送。例如,平台可以根据学生的学习情况、家长的参与度和社会活动的特点,向相关用户推荐适合的教育资源和活动,进一步促

① Clark R. C.,& Mayer R. E., *E-learning and the Science of Instruction:Proven Guidelines for Consumers and Designers of Multimedia Learning*,New York:John Wiley & Sons,2016,pp.299-309.

② 孙立会、周亮:《生成式人工智能融入国家中小学智慧教育平台的实践逻辑》,《中国电化教育》2024 年第 8 期。

进学校、家庭、社会的协同合作。

学生学习与健康监测模块是协同育人平台中的核心模块。这一模块通过搭建学生情况追踪的智能分析模型与看板，以数据可视化工具构建长期性的学生个性化情况追踪系统。通过大数据和人工智能技术，平台能够建立智能分析模型，长期实时监测学生的学习情况和健康状态。一方面，基于数据挖掘技术，平台可以分析学生的学习行为数据，从中提取学习轨迹、学习兴趣点等信息，为家长和教师提供个性化的干预建议。这种智能分析模型可以通过数据可视化看板展示，帮助家长、教师和社会教育组织成员直观了解学生的发展情况，做出及时的调整和干预。智能看板系统可以整合多方数据资源，将校家社三方的数据进行合理呈现，并且实现定向推送。平台可以结合用户的画像，通过不同的维度展现学生的学习进展、家庭参与度、教师的教育反馈、社会资源的利用程度等内容，从而形成全面的育人机制。这种方式既提升了数据利用的效率，也保证了数据应用的准确性和及时性。通过学习曲线图、成绩分布图和学习多模态分析图，平台能够将学生的学习结果数据和学习过程数据进行图表化处理，使教师和家长能够直观地了解学生的学习进展与学习状态。这不仅帮助学校、家庭、社会三方及时发现学生的学习问题，还为制定个性化教育方案提供了数据支持。另一方面，学生的身心健康是学校家庭社会协同育人中的重要关注点，也是该系统的重点关注模块。通过心理健康评估工具和身体活动监测，以数据可视化方式帮助学校、家庭、社会三方全面掌握学生的健康状况，并及时进行干预和调整。心理健康评估工具基于科学的心理测量理论，能够识别潜在的心理问题，并结合定期评估和即时反馈机制，帮助家长和教师及时了解学生的心理健康状况。这一工具可以与学校的心理辅导系统对接，提供针对性的心理辅导建议和支持①。与此同时，身体活动监测工具

---

① Kessler R. C., Berglund P., Demler O., Jin R., & Walters E. E. , "Lifetime Prevalence and Age-of-onset Distributions of DSM-Ⅳ Disorders in the National Comorbidity Survey Replication", *Archives of General Psychiatry*, Vol.62, No.6（June 2005）, pp.593-602.

通过记录学生的日常运动量和体育活动参与情况,帮助家长和教师了解学生的身体健康水平。这一工具可以与可穿戴设备相结合,实时跟踪学生的运动数据,并生成运动报告。研究表明,定期的身体活动对学生的身体健康和学业表现具有积极影响[1]。健康数据整合与预警系统将心理健康评估工具和身体活动监测工具的数据进行整合分析,形成学生健康的全景视图,并在检测到健康数据异常时自动发出警报,建议家长或教师采取相应的干预措施[2]。预警系统的应用不仅提高了健康问题的早期发现率,还减少了健康风险。

因此,学校家庭社会协同育人平台的功能模块设计需要充分考虑实用性、互动性和数据可视化三个维度,通过实时沟通模块、资源共享与生成模块和学生学习与健康监测模块的集成与应用,平台能够有效促进学校、家庭、社会三方的沟通合作,全面支持学生的身心发展。各模块之间的紧密集成不仅提高了平台的功能性,还增强了用户的参与度和满意度,从而为学校家庭社会协同育人模式的持续发展提供了强有力的技术支持。

第二节　技术赋能学校家庭社会协同育人的对策建议

随着数字化技术的快速发展,学校家庭社会协同育人的教育模式正在迅速变革。技术的广泛应用为实现协同育人提供了更为高效的工具,但如何确保这些技术能够切实赋能各方、促进实际教育效果,仍然是当前研究的核心议题。通过调查与访谈发现,在肯定技术在赋能校家社协同方面推动作用的同

---

① Sallis J. F., Prochaska J. J., & Taylor W. C., "A Review of Correlates of Physical Activity of Children and Adolescents", *Medicine & Science in Sports & Exercise*, Vol. 32, No. 5 (May 2000), pp. 963-975.

② Mauriello L. M., Driskell M. M., Sherman K. J., & Prochaska J. M., "Acceptability of a School-based Intervention for the Prevention of Adolescent Obesity", *Journal of School Nursing*, Vol. 25, No. 1 (October 2009), pp. 46-56.

时,有超过半数的家长与教师认为技术为其增添了负担与焦虑。一方面原因在于当前技术平台本身的系统性、易用性与实用性不足,另一方面在于缺乏科学有效的大规模技术推广与培训机制,而调研发现,大多数学校并未将对教师校家社协同能力的培养作为重要的工作,导致技术未能有效实现协同育人的提质增效。为了实现技术有效赋能学校、家庭、社会三方协同育人的目标,必须制定科学合理的推广对策与培训方案。有效的技术平台推广与用户培训不仅能确保平台的广泛应用,还能提升用户的使用体验与参与度,进而促进育人目标的实现。因此,技术赋能学校家庭社会协同育人不仅仅是一项技术革新,更是一项涉及政策引导、资源分配与持续优化的系统性工程,要求政府、学校、家庭与社会力量多方协调,紧密结合,联合发力。

一、技术平台推广与用户培训

在信息化教育背景下,学校家庭社会协同育人平台作为一种新型教育技术工具,将会逐渐成为促进学生全面发展的重要手段。为了确保这一平台能够在更广泛的范围内得到应用,制定科学有效的推广策略和用户培训方案至关重要。

从技术平台的推广层面,需要采取分阶段推广与重点区域试点相结合的方式,从而促进平台建构与使用的示范化、实用化与持续化,在应用过程中需持续不断进行反馈,以促进技术平台的持续调整与优化。首先,为了确保学校家庭社会协同育人平台的推广工作能够顺利开展,应制定分阶段推广计划。推广初期,重点选择教育资源较为丰富、学校家庭社会合作基础较好的地区作为试点,通过试点推广验证平台的实用性与可行性。试点推广后,根据实际反馈进行平台功能的调整与优化,随后逐步扩大推广范围,将平台推广至更大区域乃至全国范围内。此分阶段推广计划有助于减少推广初期可能出现的技术故障与应用问题,提高用户对平台的接受度与信任感。

具体而言,初期试点应选取若干个具有代表性的地区或学校,这些地区可以是教育信息化程度较高的发达地区,也可以是学校家庭社会协同育人需求强烈的教育相对薄弱地区。通过对不同地区的试点推广,可以全面了解平台在不同教育环境中的应用效果,从而为后续的全国推广提供依据和参考。此外,在试点过程中,应重点关注用户体验与反馈,通过问卷调查、座谈会等形式收集用户的实际使用感受,以便及时调整平台功能与推广策略,确保平台在推广过程中能够逐步优化和完善。

其次,重点区域试点推广是技术平台推广策略中的关键环节。通过选择具有典型代表性的区域,集中资源进行平台推广,可以在较短时间内形成示范效应,从而为其他地区的推广提供可参考的成功经验。具体而言,应选择一些教育信息化基础较好的城市作为试点,如北京、上海、广州等地。这些城市不仅具备良好的技术基础,而且学校家庭社会协同育人理念已经深入人心,推广效果较易显现。此外,还可以选择一些城乡接合部或偏远地区作为试点,以测试平台在不同环境下的适应性与推广效果。在重点区域推广中,应充分发挥教育行政部门的协调作用,确保各相关方的积极参与。同时,应鼓励地方政府与教育机构合作,成立专门的推广小组,负责平台的应用推广、技术支持与用户培训。推广过程中,还应利用各类媒体平台进行叙事性宣传,营造积极的数字化景观,增强社会公众对学校家庭社会协同育人平台的认知与理解,从而为平台的推广营造良好的舆论环境①。

最后,推广过程中的反馈机制是确保技术推广策略顺利实施的重要保障。通过建立完善的反馈机制,可以及时掌握用户在使用平台过程中遇到的问题与困难,从而为平台的优化与改进提供依据。具体来说,推广过程中应设置多渠道的反馈机制,如在线反馈表、用户意见箱、服务热线等,确保用户能够方便、快捷地表达意见与建议。同时,还应设立专门的反馈分析小组,负责收集与分析用户反馈,并及时将分析结果反馈给技术开发团队,进行必要的功能调

---

① 张敬威、濮丹阳:《"双减"路上的功绩性"白噪音"》,《湖南师范大学教育科学学报》2023年第3期。

整与优化。此外,反馈机制还应包括对推广效果的定期评估与总结。推广小组应定期对推广区域内的使用情况进行调研与分析,通过问卷调查、座谈会等形式了解用户对平台的接受度与使用效果,从而为后续推广工作提供参考依据。通过不断完善反馈机制,技术推广策略可以更加科学有效地执行,确保学校家庭社会协同育人平台能够顺利推广并在实践中发挥应有的作用。

用户培训是平台推广过程中不可或缺的环节,培训内容的适应性设计尤为重要。不同用户群体(如教师、家长、社会工作者等)在使用平台时有不同的需求与技术基础,因此培训内容应根据用户群体的特点进行个性化设计。对于教师,培训内容应侧重于平台的教学功能与数据分析工具的使用,帮助教师熟练掌握平台的教学资源共享、学生心理健康评估与学业进展追踪等功能。对于家长,培训内容应更多地关注如何通过平台参与到孩子的教育中,如如何使用即时通信工具与教师沟通、如何查看学生的学习与心理健康报告等。对于社会工作者,培训内容应包括如何通过平台参与学校的管理与社会活动组织等方面。

为了提高培训的实效性,培训内容的设计还应结合实际案例进行讲解,通过展示实际操作过程与成功案例,帮助用户更好地理解与掌握平台的各项功能。例如,可以通过案例分析的形式,展示如何通过平台进行学校、家庭、社会三方的高效沟通与合作,如何利用平台的数据分析功能追踪学生的心理健康变化等。这种案例教学法不仅能够增强培训的针对性与实用性,还能够提高用户的学习兴趣与参与度[1]。

在用户培训的过程中,采用多样化的培训形式能够有效提高培训的覆盖面与参与度。线上培训与线下培训相结合的形式可以最大限度地满足不同用户的需求。线上培训可以通过录制视频教程、在线直播课程与远程互动等方式进行,用户可以根据自己的时间安排自由选择参与。这种培训形式特别适

---

① Guskey T. R.,"Professional Development and Teacher Change",*Teachers and Teaching：Theory and Practice*,Vol.8,No.3（August 2002）,pp. 381–391.

合时间较为紧张的教师与家长,通过灵活的时间安排,他们可以在工作之余进行学习。线下培训则可以通过实地培训、工作坊与集中培训等形式进行,特别适合对信息技术较不熟悉的用户群体,通过面对面的指导与互动,帮助他们更快地掌握平台的使用方法。

此外,培训形式的设计还应考虑到用户的技术基础与学习习惯。对于技术基础较弱的用户,培训内容应尽量简单易懂,避免过多的专业术语;而对于技术基础较好的用户,培训则应深入讲解平台的高级功能与使用技巧。为了提高培训的效果,还可以设计一些互动环节,如实操练习、模拟场景等,帮助用户在实际操作中加深理解与记忆。[①]

为了确保用户培训的效果,建立科学的培训评估机制至关重要。培训评估机制不仅可以帮助了解用户的学习效果,还可以为后续培训内容的调整与优化提供参考。评估机制的设计应从多个维度入手,如用户的满意度、学习成果与实际操作能力等。可以通过在线测试、问卷调查与实际操作考核等方式,对用户的学习效果进行评估。对于在线培训,可以通过设立测试题库与在线考试系统,实时评估用户的学习效果;对于线下培训,可以通过实际操作考核与模拟场景测试,了解用户的掌握程度。

评估结果应及时反馈给培训组织者与平台开发团队,以便根据用户的反馈对培训内容与形式进行必要的调整与优化。同时,评估结果还应与用户的后续使用效果结合起来,通过跟踪用户的实际操作情况,了解培训的长期效果与用户对平台的熟练度。只有通过不断完善培训评估机制,才能确保用户培训的持续性与有效性,进而为学校家庭社会协同育人平台的广泛推广与应用提供有力支持。

由此可见,学校家庭社会协同育人平台的技术推广与用户培训策略是

---

① Desimone L. M.," Improving Impact Studies of Teachers' Professional Development: Toward Better Conceptualizations and Measures", *Educational Researcher*, Vol. 38, No. 3 (April 2009), pp. 181-199.

平台成功应用的关键环节。通过分阶段推广计划与重点区域试点推广,可以逐步扩大平台的应用范围,积累推广经验。建立完善的反馈机制,可以确保推广策略的科学有效执行。在用户培训方面,通过适应性设计培训内容、采用多样化的培训形式与建立培训评估机制,可以提高用户的学习效果与平台的应用水平。未来,在推进学校家庭社会协同育人平台的过程中,必须结合实际情况不断优化推广与培训策略,以确保平台的广泛应用与长期发展。

二、政策支持与合作机制

在全球信息化浪潮的推动下,教育领域正在经历深刻变革。学校家庭社会协同育人技术平台作为促进学生全面发展的关键工具,不仅需要技术创新的支持,更需要政策保障与多方合作的有效机制。在中国,随着国家教育信息化政策的深入推进,如何在这一政策框架下构建科学合理的合作机制,成为学校家庭社会协同育人技术平台建设中的重要课题。

中国的教育信息化政策为学校家庭社会协同育人技术平台的建设提供了强有力的政策支持。近年来,国家发布了一系列政策文件,明确提出要加强信息技术在教育领域的应用,推进教育信息化建设。这些政策为技术平台的开发与应用奠定了坚实的基础。例如,《教育信息化 2.0 行动计划》明确提出要构建"网络化、数字化、个性化、终身化"的教育体系,并强调信息技术与教育教学的深度融合。这一政策为学校家庭社会协同育人技术平台的建设提供了方向指导和政策保障。

同时,政策还鼓励地方政府和学校在教育信息化建设中发挥主体作用,推动信息技术在教育管理与教学中的广泛应用。通过政策引导,各地教育部门与学校积极探索信息技术在学校家庭社会协同育人中的应用模式,不断优化平台功能,提升平台的用户体验与应用效果。这种政策驱动下的创新实践,为技术平台的广泛推广与应用奠定了基础。

在国际层面,各国政府与国际组织也在积极推动教育信息化政策的实施,并为学校家庭社会协同育人技术平台的建设提供了经验与借鉴。联合国教科文组织(UNESCO)在其发布的《教育2030行动框架》中,强调了信息通信技术(ICT)在促进优质教育和终身学习中的重要作用,并呼吁各国加强教育信息化建设,推动教育公平与包容性发展。这一框架为全球范围内的教育信息化合作提供了政策指导,同时也为中国的教育信息化建设提供了国际视野。此外,一些发达国家的教育信息化政策也为中国提供了宝贵的经验。例如,美国的《教育技术计划》明确提出要通过信息技术促进家庭、学校与社区之间的合作,提升学生的学习体验与教育质量。这些国际政策为中国学校家庭社会协同育人技术平台的建设提供了重要的参考,使我们能够在全球教育信息化浪潮中借鉴国际经验,优化平台建设与合作机制。

在学校家庭社会协同育人技术平台的建设中,资源配置是确保平台有效运行的关键因素。地方政府与学校之间的资源共享,是平台建设中必须解决的重要问题。地方政府作为教育信息化建设的主体之一,承担着资源整合与配置的责任。通过政策引导,地方政府可以整合各类教育资源,如信息技术基础设施、教育云平台、教师培训资源等,为学校家庭社会协同育人技术平台的建设提供支持。

学校作为教育信息化的主要实施者,在平台建设中起着至关重要的作用。学校不仅需要将自身的教育资源与技术平台相结合,还需要通过平台实现与地方政府和社会组织的资源共享。例如,学校可以通过技术平台将优质教育资源向家庭与社会开放,实现教育资源的最大化利用。同时,地方政府也可以通过政策支持,鼓励企业、科研机构与学校合作,共同推动平台建设与功能优化,为学校家庭社会协同育人技术平台的持续发展提供强有力的资源保障。

家庭与社会是学校家庭社会协同育人技术平台的重要组成部分,其资源的整合与合作对于平台的成功应用具有重要意义。家庭作为学生的第一课堂,在学生的教育与成长过程中起着基础性作用。通过技术平台,家庭可以更加便捷地参与到学生的教育过程中,与学校和社会保持紧密联系,共同促进学生的全面发展。

社区与各种社会组织作为社会教育的重要场所,可以通过技术平台与学校和家庭实现教育资源的共享与合作。社区及社会组织可以利用平台发布各类教育活动信息,如家长讲座、社会组织的教育课程等,吸引家庭与学生参与。同时,社区及社会组织还可以通过平台为学校提供社会实践资源,如志愿服务、社会调研等,帮助学生在实际生活中提升综合素质。通过这种家庭与社会的紧密合作,可以形成学校家庭社会协同育人的合力,推动学生的全面发展与健康成长。

合作持续性是学校家庭社会协同育人技术平台建设中必须考虑的重要因素。为了确保合作机制的持续性,政策支持与资源配置的长期性至关重要。在政策层面,政府应出台长期的教育信息化发展规划,将学校家庭社会协同育人技术平台的建设纳入国家教育发展战略,并通过立法保障其持续发展。同时,地方政府应制定相应的实施细则,确保政策在基层的落实与执行。在资源配置方面,政府应加大对教育信息化的投入,确保技术平台建设所需的资金、技术与人力资源的长期供给。通过建立稳定的资金保障机制,可以确保平台在建设过程中不因资源短缺而中断。此外,政府还应通过政策激励措施,鼓励企业、科研机构与社会力量参与平台建设,为平台的持续发展提供多方面的资源支持。

为了确保学校家庭社会协同育人技术平台合作机制的持续性,合作机制必须具备动态调整与优化的能力。在平台建设的不同阶段,合作机制应根据实际情况进行适时调整。例如,在平台推广初期,合作机制应注重资源的集中配置与合作的深度整合;在平台逐渐成熟后,合作机制可以更加灵活多样,适应不同地区与学校的具体需求。此外,合作机制的持续性还需要依赖于各参与方的积极参与与支持。地方政府、学校、家庭与社会相关组织应定期召开合作会议,评估平台的应用效果,探讨合作中的问题与困难,并提出改进建议。通过这种持续的沟通与合作,可以确保学校家庭社会协同育人技术平台在长期发展中不断优化,适应教育信息化发展的新要求。

因此,学校家庭社会协同育人技术平台的建设不仅需要强有力的政策支持,还需要科学合理的合作机制。通过分析国家教育信息化政策的支持力度与地方政府、学校、家庭、社会组织之间的资源共享与合作,可以为平台的建设提供有力保障。同时,合作机制的持续性需要依赖于政策与资源的长期支持以及合作机制的动态调整与优化。在未来的实践中,应不断完善政策支持与合作机制,以确保学校家庭社会协同育人技术平台在中国教育信息化进程中的顺利推进与持续发展。

三、资源配置与持续改进

随着信息技术在教育领域的广泛应用,学校家庭社会协同育人技术平台成为促进学生全面发展的重要工具。然而,平台的成功运营不仅依赖于先进的技术,还需要合理的资源配置与持续改进机制。从资源配置上,首先,技术支持是学校家庭社会协同育人技术平台稳定运行的基石。在平台建设初期,技术支持的主要任务是确保平台的开发与部署。这包括选择适合的平台架构、开发高效的用户界面以及部署稳定的服务器与网络环境。在运营阶段,技术支持的重点则转向平台的日常维护与故障排除。例如,技术团队需要定期更新平台软件、修复安全漏洞并提供全天候的技术支持,以确保平台的高可用性和安全性。[1] 技术团队还应关注平台的扩展性与兼容性。随着平台用户数量的增加,技术团队需要不断优化平台的性能,确保其能够应对高并发用户的需求。同时,平台的设计应具有良好的兼容性,以便支持不同设备和操作系统的用户使用。这种技术支持策略不仅能够提升平台的稳定性与用户体验,还

---

① Liu Y., & Yuan Y., "A Survey on Cloud Computing Security: Issues, Threats, and Solutions", *IEEE Transactions on Services Computing*, Vol.11, No.1(November, 2020), pp.8-24.

能为平台的持续发展提供有力保障。[1]

其次,人力资源是学校家庭社会协同育人技术平台运营中的核心要素。平台的开发、运营与维护都需要专业技术人员的支持,包括软件开发工程师、用户体验设计师、安全专家等。在平台建设初期,充足的人力资源投入能够确保平台按时上线并具备高质量的功能。同时,运营阶段也需要专门的技术支持团队来解决用户在使用过程中遇到的问题。除了技术人员,平台的推广与培训工作还需要教育专家与管理人员的参与。他们负责制定推广计划、组织用户培训、并协调家庭、学校与社会之间的合作关系。通过合理的人力资源配置,可以确保平台在各个阶段的顺利推进,提升平台的使用效果与用户满意度。

最后,充足的资金保障是学校家庭社会协同育人技术平台可持续发展的重要前提。平台的建设与运营需要大量的资金投入,包括硬件采购、软件开发、技术支持、人力资源等各方面的开支。在建设初期,资金主要用于平台的开发与基础设施的搭建;在运营阶段,资金则需要覆盖平台的维护、更新与推广费用。为了确保资金的长期稳定供应,可以采取多元化的资金来源策略。一方面,政府应通过教育信息化专项资金或公共财政预算为平台提供基础资金支持;另一方面,可以吸引企业、社会组织的参与,通过公私合作模式(PPP)实现资金的多元化供给。此外,还可以通过平台的增值服务,如提供个性化学习资源或教育咨询服务,获取一定的运营收入,以支持平台的持续运营与改进。

为保证学校家庭社会技术协同育人平台持续稳定地运行,并进行大规模的应用,需要制定具有长效性的持续改进机制,保证用户体验、持续进行技术更新、及时对问题进行反馈与处理。首先,用户体验是衡量学校家庭社会协同

---

① Kim W., Kim S. D., Lee E., & Lee S., "Adoption Issues for Cloud Computing", *Proceedings of the 7th International Conference on Information Technology: New Generations*, 2009, pp.134-139.

育人技术平台成功与否的关键标准之一。为了提升用户体验,平台应建立持续的用户反馈机制,定期收集家庭、学校与社会组织用户的使用意见与建议。例如,可以通过在线问卷、用户调研、焦点小组等方式,了解用户在使用平台过程中遇到的困难与需求,并根据反馈进行相应的功能调整与优化。用户体验的提升还需要技术团队与教育专家的紧密合作。在技术更新过程中,技术团队应与教育专家共同探讨用户体验的改进方向,确保技术调整能够真正满足用户需求,提高平台的易用性与互动性。

其次,技术更新是学校家庭社会协同育人技术平台保持竞争力与持续发展的重要手段。随着信息技术的快速发展,平台需要不断引入新的技术手段,如人工智能、大数据分析、虚拟现实等,以提升平台的功能与用户体验。技术更新不仅可以为用户提供更加丰富的功能,还能提高平台的安全性与稳定性,防范网络攻击与数据泄露。为了保证技术更新的有效性,平台应制定明确的技术更新计划,并定期进行技术评估。通过引入先进技术与优化现有功能,平台可以不断提升自身的技术水平,满足用户日益增长的需求,并在教育信息化领域保持领先地位。

最后,在学校家庭社会协同育人技术平台的运营过程中,问题反馈与处理是保证平台稳定运行与持续改进的关键环节。平台应建立完善的问题反馈机制,确保用户能够及时、便捷地反馈在使用过程中遇到的问题。例如,可以在平台内设置在线客服、问题提交表单等功能,方便用户随时反馈问题。对于用户反馈的问题,技术团队应迅速响应并进行处理,确保问题能够在最短时间内得到解决。对于较为复杂或涉及多个用户的问题,可以通过定期发布平台公告或在线沟通会议的方式,向用户解释问题的原因与解决方案,以提升用户对平台的信任与满意度。

学校家庭社会协同育人技术平台的建设与运营不仅依赖于先进的技术支持,还需要科学合理的资源配置与持续改进机制。在资源配置方面,应从技术支持、人力资源与资金保障三个维度进行全面考量,确保平台在各个阶段都能够获得充足的资源支持。在持续改进方面,则应从用户体验、技术更新与问题反馈三个维度进行设计,通过不断优化平台功能与服务,提升用户满意度与平台竞争力。通过合理的资源配置与有效的持续改进机制,学校家庭社会协同育人技术平台将能够在未来的教育信息化进程中发挥更加重要的作用。

第三节　技术赋能学校家庭社会
协同育人的伦理规范

在技术平台广泛应用于学校家庭社会协同育人的过程中,数据隐私保护、平台使用中的伦理挑战以及技术与人文关怀的平衡问题日益凸显。技术赋能教育的背后,隐含着对学生隐私和数据安全的高度依赖,这使得如何构建有效的伦理规范成为不可忽视的关键议题。伦理规范不仅关系到数据的合规使用和平台的持续运营,更关乎教育过程中的公平性与人文关怀。随着人工智能、大数据等技术的深入应用,数据滥用、技术依赖和数字鸿沟等问题正在挑战现有的教育伦理框架。因此,在推动技术赋能学校家庭社会协同育人时,必须建立严格的伦理审查机制,并在平台设计、推广与应用的各个环节中,始终坚持技术与教育核心价值观的有机结合,确保技术在促进教育发展的同时,尊重个体差异,维护学生的权益和福祉。

一、数据隐私与安全保障

随着学校家庭社会协同育人技术平台在教育领域的广泛应用,数据隐私与安全保障问题愈发受到重视。在调查与访谈中发现,调查群体十分关注技术的安全性,他们认为私人性的教育平台其开放性和隐私性无法保证,并强调要保护学校、家长、学生、教师各方面的信息安全和利益。而且也要避免错误的信息、虚假信息介入教育平台之中,降低协同育人的质量。技术平台在促进家庭、学校与社会之间的有效沟通与合作的同时,必然收集并存储了大量学生与家庭的敏感数据。这些数据的隐私保护与安全性问题直接影响到用户的信任度与平台的可持续发展。因此,如何确保数据在采集、存储与使用过程中的安全性成为平台建设中亟待解决的重要课题。

在学校家庭社会协同育人技术平台中,数据的采集是平台运作的基础。学生的个人信息、学习记录、心理健康数据以及家庭的背景信息等敏感数据都需要通过平台进行采集。因此,在数据采集过程中,必须严格遵循隐私保护原则,确保用户的隐私不被侵犯。首先,在数据采集前,应向用户明确告知数据的采集目的、使用范围与保存期限,并征得用户的明确同意。这不仅符合全球范围内的隐私保护法规,如《通用数据保护条例》[1],也能增强用户的信任感与参与意愿。平台还应通过隐私政策文件的形式,将数据采集过程中的权利与义务向用户详细说明,并确保用户能够方便地访问与理解这些信息。[2] 其次,数据采集过程中应尽可能减少对敏感数据的采集,采用最小化数据原则。平台应只采集与教育活动密切相关的数据,并避免采集可能引发隐私风险的冗余信息。此外,为了防止数据在采集过程中的泄露,平台应采用传输加密技术,如 SSL/TLS 协议,确保数据在传输过程中的安全性。[3]

数据存储是学校家庭社会协同育人技术平台数据生命周期中的重要环节。由于平台需要长时间存储大量用户数据,因此在数据存储过程中,必须采取有效的安全措施,防止数据泄露、篡改与丢失。首先,平台应对存储的数据进行加密处理。数据加密是防止未经授权访问数据的重要手段之一。通过使用先进的加密算法,如高级加密标准(Advanced Encryption Standard, AES),可以将用户的敏感数据进行加密存储,即使数据被非法获取,也无法被轻易解

---

① 《通用数据保护条例》(General Data Protection Regulation,简称 GDPR)为欧洲联盟的条例,前身是欧盟在 1995 年制定的《计算机数据保护法》。

② Solove D. J.,"Privacy Self-Management and the Consent Dilemma",*Harvard Law Review*,Vol.126,No.7(May,2013),pp.1880-1903.

③ Liu Y.,& Yuan Y.,"A Survey on Cloud Computing Security: Issues,Threats,and Solutions",*IEEE Transactions on Services Computing*,Vol.13,No.1(November,2016),pp.8-24.

读。此外,平台还应定期更新加密算法与密钥管理策略,以应对不断变化的安全威胁。其次,平台应建立完善的访问控制机制。访问控制旨在确保只有授权人员才能访问特定数据,从而有效防止数据被非法访问与使用。平台可以采用基于角色的访问控制(RBAC)模型,根据用户的身份与权限,灵活设置数据的访问权限。[1] 例如,教师可以访问学生的学习记录与评价数据,但不能查看学生的家庭背景信息;家长则可以访问自己子女的教育信息,但无法查看其他学生的数据。通过严格的访问控制,可以有效防止数据的滥用与泄露。

此外,为了确保数据存储的合规性,平台还应根据不同地区的法律法规,制定相应的数据保护政策。例如,在欧盟地区,平台应遵循 GDPR 的要求,确保数据存储与处理的透明度与合法性。[2] 通过合规的数据存储策略,平台不仅能够提高用户的信任度,还能降低法律风险与运营成本。

在学校家庭社会协同育人技术平台中,数据的分享是实现家庭、学校与社会三方协作的重要途径。然而,数据分享也带来了潜在的隐私风险与安全挑战。因此,平台在数据分享过程中,必须采取有效的安全机制,确保数据的安全性与隐私性。首先,平台应对数据分享进行严格的访问控制与审计记录。在数据分享过程中,平台应明确分享的对象、目的与范围,并对分享的全过程进行记录与监控。通过审计记录,平台可以追踪数据的访问与使用情况,一旦发现异常行为,可以及时采取措施进行处理。[3] 此外,平台还应为用户提供数据分享的控制权,用户可以自主决定是否分享数据,以及分享的具体内容与对象,从而增强数据分享的透明度与可控性。其次,平台应采用数据匿名化与去

---

① 　Goyal V.,Pandey O.,Sahai A.,& Waters B. ,"Attribute-Based Encryption for Fine-Grained Access Control of Encrypted Data",*Proceedings of the* 13*th ACM Conference on Computer and Communications Security*,(October 2006),pp.89-98.

② 　Voigt P.,& Von dem Bussche,A.,The EU General Data Protection Regulation (GDPR),见 https://www.consilium.europa.eu/en/policies/data-protection/data-protection-regulation/。

③ 　Cavoukian,A.,Privacy by Design:The 7 Foundational Principles,https://privacy.ucsc.edu/resources/privacy-by-design---foundational-principles.pdf.

标识化技术，以降低数据分享过程中的隐私风险。数据匿名化是指通过删除或掩盖数据中的个人标识信息，使数据无法与特定个人直接关联。例如，在分享学生的学习数据时，平台可以对学生的姓名、学号等信息进行去标识化处理，从而降低数据泄露带来的隐私风险。① 这种技术不仅可以保护用户的隐私，还能在不损害数据价值的前提下，实现数据的安全分享。此外，平台还应与数据接收方签署数据保护协议，明确各方在数据保护中的责任与义务。数据保护协议应包括数据的使用范围、保存期限、安全措施等内容，并规定一旦发生数据泄露，接收方应承担相应的法律责任。通过这种方式，平台可以在数据分享过程中有效保护用户的隐私与权益。

学校家庭社会协同育人技术平台的数据隐私与安全保障是其建设与运营中的核心问题。通过在数据采集、数据存储与数据分享三个环节采取有效的隐私保护与安全措施，平台可以确保数据的安全性与合规性，增强用户的信任感与参与度。在数据采集过程中，平台应严格遵循隐私保护原则，采用最小化数据与传输加密技术；在数据存储过程中，平台应通过数据加密与访问控制机制，确保数据的安全存储与合规处理；在数据分享过程中，平台应采用数据匿名化与审计记录等安全机制，确保数据的安全分享与隐私保护。通过全面的隐私保护与安全保障策略，学校家庭社会协同育人技术平台将能够在促进教育信息化的同时，有效保护学生与家庭的数据隐私，提升平台的可持续发展能力。

二、技术使用中的伦理挑战

学校家庭社会协同育人技术平台在促进三者之间的有效沟通和合作方面发挥了重要作用。然而，随着这些技术的广泛应用，一些新的伦理挑战也逐渐浮出水面。这些挑战主要集中在数据滥用、学生隐私侵犯、技术依赖和数字鸿

---

① Ohm P., "Broken Promises of Privacy: Responding to the Surprising Failure of Anonymization", *UCLA Law Review*, Vol.57, (2010), pp.1701-1777.

沟等方面。为应对这些挑战,需从技术应用的公平性、透明性与人性化方面探讨技术赋能学校、家庭、社会协同的伦理问题,以确保技术在使用过程中的伦理合法性。

第一,在学校家庭社会协同育人技术平台的使用过程中,数据滥用与学生隐私侵犯问题日益引起关注。由于平台需要收集和存储大量学生及其家庭的敏感信息,如个人身份信息、学习成绩、心理健康状况等,这些数据一旦被不当使用,可能导致严重的隐私侵犯和社会后果。尤其在数据共享和分析的过程中,个人数据有可能被不法分子非法获取或滥用,进而对学生和家庭的隐私构成威胁。为了应对这些挑战,首先需要建立严格的伦理审查机制。所有涉及个人数据采集、存储和使用的技术应用都应经过伦理审查委员会的批准,确保其符合伦理标准和法律法规的要求。其次,平台应加强数据的保护措施,如采用先进的数据加密技术、设立严格的访问控制机制等,以防止数据泄露和滥用。此外,平台还应提高透明度,让用户清楚地了解其数据的使用情况,并赋予他们对个人数据的控制权,包括随时查看、修改和删除其数据的权利。

第二,技术在学校家庭社会协同育人中的广泛应用,虽然在一定程度上提高了教育的效率和效果,但也带来了技术依赖与教育目的偏离的问题。教师、家长和学生在依赖技术工具进行沟通和协作时,可能会忽视传统的面对面交流方式,进而影响人际关系的建立和发展。此外,过度依赖技术还可能导致教育目的的偏离,如过于关注技术手段的使用,而忽视了教育的本质,即对学生身心健康和全面发展的关注。① 为了防止技术依赖问题的进一步加剧,教育工作者和平台开发者应共同制定技术使用指南,明确技术在教育过程中的辅助性角色,而非主导性角色。具体而言,平台应鼓励教师和家长在使用技术的同时,保持传统的沟通和教育方式,以确保学生在接受教育的过程中能够获得全面的发展。此外,平台还应定期评估技术应用的效果,确保技术的使用始终

---

① 张敬威:《ChatGPT 的教育审思:他异关系技术的教育挑战及应用伦理限度》,《电化教育研究》2023 年第 9 期。

服务于教育的核心目标,而不是偏离教育的初衷。①

第三,数字鸿沟是学校家庭社会协同育人技术平台推广过程中面临的另一重大伦理挑战。尽管这些平台能够促进教育资源的共享和合作,但由于地区、经济和社会条件的差异,不同家庭在技术获取和使用方面存在显著的差距。这种数字鸿沟可能导致教育机会的不平等,进一步加剧社会的不公平现象。② 为了解决数字鸿沟问题,平台的推广策略应注重公平性,确保所有家庭,无论其经济状况如何,都能够平等地获取和使用技术资源。人性化设计则是提升技术应用效果、弥补数字鸿沟的重要手段。平台在设计过程中应充分考虑用户的实际需求和心理体验,避免过于复杂或技术导向的设计,以确保平台的易用性和友好性。例如,平台可以通过用户体验研究和反馈机制,不断优化界面设计和功能布局,使其更符合教师、家长和学生的使用习惯和心理预期。此外,平台还应为用户提供个性化的设置选项,以满足不同用户的多样化需求,从而提高平台的使用效果和满意度。此外,地方政府和学校可以在经济欠发达地区设立技术支持中心,提供免费或低成本的技术设备和网络接入服务。还应通过培训和教育项目,帮助那些缺乏技术知识的家庭掌握基本的技术使用技能,从而缩小数字鸿沟,促进教育公平。

第四,在学校家庭社会协同育人技术平台的开发和使用过程中,提升透明度与人性化设计是应对伦理挑战的关键策略。透明度不仅是保障用户知情权和选择权的重要途径,也是防止数据滥用和隐私侵犯的有效手段。平台应向用户清晰地说明其数据的收集、存储和使用方式,并在数据使用过程中及时告知用户,确保用户的知情权得到充分保障。③ 教育管理部门、学校与教师需积

① 张敬威、于伟:《从"经济人"走向"教育人"——论"教育人"的实践逻辑》,《教育与经济》2021年第3期。
② 苏慧丽:《数字时代的绩效博弈:教育焦虑与内卷的底层逻辑》,《中国电化教育》2023年第6期。
③ 白钧溢、于伟:《超越"共识":教育人工智能伦理原则构建的发展方向》,《中国电化教育》2023年第6期。

极构建多层面的教育技术使用伦理规范,保证技术使用的透明与公正。首先,应保证技术使用时,算法输入与运行的透明。算法透明是众多国际人工智能政策条例中的重要原则之一。在教育领域,需要求技术供应商以明确与通俗的语言说明算法使用的目的、伦理标准、参数、采集信息的范围、运行规则等,保证对算法不当的追责与监督①。其次,保障技术使用与算法编辑的公正平等。教育管理部门需关注现已出现的技术格差与资本控制所造成的数字鸿沟与算法歧视问题,在事前以政策法规的方式建立详细的伦理规定与处罚机制,在事中建立有效的监督管理机制与风险评估机制,在事后对违反政策条例的教育伦理僭越、师生利益侵害行为进行追责与处罚,为技术划定伦理红线。最后,建立系统的技术辅助使用与监管平台。针对教育弱势群体、技术应用存在障碍的师生提供有针对性的技术应用指导与伦理监督,在促进智能算法的高效使用的同时,维护教育伦理的正当性。

学校家庭社会协同育人技术平台在促进教育信息化与协同合作方面具有显著优势,但其使用过程中的伦理挑战不容忽视。通过加强伦理审查、提升透明度与人性化设计,以及积极应对数据滥用、技术依赖和数字鸿沟等问题,可以确保技术在教育中的应用符合伦理标准,并真正服务于教育的核心目标。只有在确保技术应用的公平性、透明性与人性化的前提下,学校家庭社会协同育人技术平台才能发挥其最大效能,促进学生的全面发展与社会的和谐进步。

三、技术与人文关怀的平衡

随着信息技术的迅猛发展,学校家庭社会协同育人技术平台在教育领域的应用日益普及。这些技术为促进学校、家庭和社会之间的协作提供了新的途径,同时也极大地提升了教育资源的共享与学生管理的效率。然而,技术的广泛应用也带来了对学生个体关怀与尊重的挑战。过度依赖技术可能导致教

---

① 王旦、张熙、侯浩翔:《智能时代的教育伦理风险及应然向度》,《教育研究与实验》2021年第4期。

育过程中人文关怀的弱化,甚至偏离教育的核心目标。因此,在学校家庭社会协同育人过程中,如何平衡技术应用与人文关怀,是实践中亟待解决的重要问题。

第一,在教育过程中,学生的个体差异和心理需求应被充分重视。然而,过度依赖技术手段可能忽视学生的独特性和个别需求。例如,虽然大数据技术可以分析学生的学业表现和行为模式,但它无法充分反映学生的情感和心理状态。在这种情况下,仅依赖技术手段进行教育决策,可能会导致学生的个体需求被忽视,进而影响其全面发展。[①] 为避免这一问题,教育工作者应在技术应用过程中,保持对学生的个体关怀和尊重。首先,应结合传统的教育方法,如面谈、课堂观察等,全面了解学生的心理和情感状态。其次,技术应用应具有弹性和适应性,允许教师根据学生的具体情况,调整教学策略和内容。最后,学校和家庭应共同关注学生的心理健康,及时识别和应对可能存在的心理问题,确保技术在促进学业发展的同时,也关注学生的心理需求和个体成长。

第二,在技术应用的过程中,需要保证适度应用与人文关怀的内在张力。在学校家庭社会协同育人中,技术的合理性不仅体现在其功能的实现上,更应体现在其与教育目标和人文关怀的结合程度上。过度依赖技术可能导致教育过程机械化和情感疏离,进而削弱教育中的人文关怀。因此,适度应用技术、结合传统教育方法是实现技术合理性的关键。首先,技术应用应当适度,避免在教育中完全取代人际互动和情感交流。例如,虽然在线学习平台可以为学生提供丰富的学习资源,但过度依赖这些平台可能导致学生缺乏面对面的交流机会,从而影响其社交能力的发展。因此,教师在使用技术手段时,应注意保持人与人之间的直接互动,结合传统的教育方法,如小组讨论、课堂演示等,以增强学生的参与感和归属感。其次,技术的设计应注重人文关怀。平台开发者应充分考虑技术应用对学生心理和情感的影响,避免过度追求效率而忽

---

① 苏慧丽、于伟:《路途与景深:指向过程性的教育技术意向变革》,《电化教育研究》2021年第7期。

视了教育的核心目标。例如,在设计学习管理系统时,应避免过度监控和评价学生的行为,而是鼓励学生自主学习和自我反思,从而促进学生的自主性和内在动机。[①]

第三,技术使用需坚守"培养人"这一核心意向,关注人的智慧发展与文明传承。联合国教科文组织在《反思教育:向"全球共同利益"的理念转变?》一书中明确指出要"维护和增强个人在其他人和自然面前的尊严、能力和福祉,应是二十一世纪教育的根本宗旨。"[②]就教育的本质来说,教育是人类所独有的遗传形式和交往方式,是人类自身的再生产和再创造。尽管生物技术与数字技术看似以更加快速的手段实现人的再生产与知识的传递,但生物技术对人类的应用影响人的多样性与可能性,技术对"过程性"的跨越压缩了人类文明与经验的厚度。但正是通过持续的自然演化与后天习得所形成的人性决定了人之为人,也正因为人性的紧密相连,才使人以群的形式站在一处,始成人类。因此,数字技术生态建设的重要目的一方面在于人类智慧的培养与发展,另一方面则是关注人作为类存在,其文明的传承与建构,前者是实现后者的途径与基础。因此在教育中,"人的记忆力、读写算这些基础性能力不应因智能工具的发展而受到冷落,不能因智能工具运用降低人的视力、弱化人的体魄,不能让计算思维代替人的文化想象力,不能因为智慧课堂的普及减少人类生活中的自然风光、文化符号、诗歌和吟唱。"[③]

基于此,需要认识到学校家庭社会协同育人的核心目标是促进学生的全面发展,而不仅仅是学业成绩的提升。因此,在技术应用过程中,应确保技术与人文教育目标的有机融合,避免技术手段的滥用或误用对教育目标的偏离。

[①]　Deci E. L.,& Ryan R. M.,"The "What" and "Why" of Goal Pursuits: Human Needs and the Self-Determination of Behavior",*Psychological Inquiry*,Vol.11,No.4(October 2000),pp.227-268.

[②]　联合国教科文组织编:《反思教育:向"全球共同利益"的理念转变?》,联合国教科文组织总部中文科译,教育科学出版社2017年版,第30页。

[③]　张务农、贾保先:《"人"与"非人"——智慧课堂中人的主体性考察》,《电化教育研究》2020年第1期。

首先,教育工作者应明确技术在教育中的辅助角色,而不是主导角色。技术的应用应服务于教育目标,而不是改变或替代教育目标。例如,虽然人工智能技术可以在某些方面提高教学效率,如自动批改作业或个性化推荐学习资源,但这些技术手段不应成为教育的核心,而应作为教师教学和学生学习的辅助工具。教师应引导学生在使用技术的同时,注重培养批判性思维、合作能力和社会责任感,确保技术应用与人文教育的有机结合。其次,学校、家庭和社会应共同制定技术应用的伦理指南,明确技术在教育过程中的合法性和合理性。这些指南应涵盖数据隐私、学生权利、教育公平等方面,确保技术的使用符合伦理标准,尊重学生的个体需求和权利。此外,学校和社会组织应定期评估技术应用的效果,确保其符合教育的核心目标,并根据评估结果进行调整和优化,以实现技术与人文教育的有效融合。

在学校家庭社会协同育人过程中,技术应用与人文关怀的平衡是实现教育目标的关键。通过关注学生的个体差异与心理需求,适度应用技术并结合传统教育方法,以及确保技术与人文教育目标的有机融合,可以有效避免技术的滥用或误用,确保教育过程中的人文关怀不被忽视。只有在技术与人文教育相互融合的前提下,学校家庭社会协同育人技术平台才能真正促进学生的全面发展,实现教育的核心目标。

附　　录

附录一　学校管理层问卷

尊敬的校领导：

你好！

我们是一支关注教育发展的团队，现在正在进行一项关于"技术赋能校家社协同育人"的调查研究。本次调查不会对您做出任何正确或错误的评判，我们将保证您提供的信息仅用于本次调查研究之中，并且不会向任何第三方透露。同时，我们并不会收集或记录任何能够识别您个人身份的信息，您所提供的答案都将被合并并匿名化处理。感谢您抽出宝贵时间填写这份调查问卷！

1. 您的性别_____。［单选题］

A.男　　B.女

2. 年龄_____。（请填数字）［填空题］

3. 您是否还在教学一线_____。［单选题］

A.是　　B.否

4. 您是否是班主任_____。［单选题］

A.是　　B.否

5. 您的学段是_____。［单选题］

A.小学　　B.初中

6. 您从事教育工作_____年。（请填数字）［填空题］

7. 您的职称是_____。［单选题］

A.三级　B.二级　C.一级　D.高级　E.正高级

8. 您的学历是_____。［单选题］

A.高中及以下　B.专科　C.本科　D.硕士　E.博士

9. 您学校的所在地域是_____。［单选题］

A.东北地区　B.华北地区　C.华中地区　D.华南地区

E.华东地区　F.西北地区　G.西南地区

10. 您学校所在位置是_____。［单选题］

A.城镇　　B.乡村

11. 以下是现状调查,请根据您或学校的实际情况进行选择。

(共分为5个梯度,每个题目只能选一个选项,请您在对应的方框内画
"√")［矩阵量表题］

	完全 不符合	不符合	不确定	符合	完全 符合
我校向家长与社会宣传学校教育理念					
我校向家长与社会传播协同育人理念					
我校与家长、社会共同把立德树人作为协同育人根本任务					
我了解学生家长的教育期待与需求					
我校公开有关学校改革、校政及其运作、办学目标等资料					

12. 以下是现状调查,请根据您或学校的实际情况进行选择。

(共分为 5 个梯度,每个题目只能选一个选项,请您在对应的方框内画"√")〔矩阵量表题〕

	完全 不符合	不符合	不确定	符合	完全 符合
我校为校家社沟通建立了完善的校方平台					
我校鼓励家长参与学校活动(比如听课、参与领导讲座或活动、观看文艺演出等)					
我校鼓励社会人士参与学校活动(比如听课、参与领导讲座或活动、观看文艺演出等)					

13. 以下是现状调查,请根据您或学校的实际情况进行选择。

(共分为 5 个梯度,每个题目只能选一个选项,请您在对应的方框内画"√")〔矩阵量表题〕

	完全 不符合	不符合	不确定	符合	完全 符合
家长和社会能够参与规划和改进学校项目					
我校作为资源协同中心整合校家社教育资源					
我校积极培养教职工使用校家社教育资源					
我校将校家社协同工作开展情况纳入教师的评价标准					
我校在协同活动中,与社会建立起了长期合作关系					
我校有负责统筹协同育人活动的部门					

14. 我校征集家长意见_____。［单选题］

A.从不　B.很少　C.偶尔　D.经常　E.总是

15. 我校采纳家长意见_____。［单选题］

A.从不　B.很少　C.偶尔　D.经常　E.总是

16. 我校征集社会人士的意见_____。［单选题］

A.从不　B.很少　C.偶尔　D.经常　E.总是

17. 我校采纳社会人士的意见_____。［单选题］

A.从不　B.很少　C.偶尔　D.经常　E.总是

18. 我校开展各类家长培训、研讨会等活动_____。［单选题］

A.从不　B.很少　C.偶尔　D.经常　E.总是

19. 我校就校家社协同能力开展教职工培训_____。［单选题］

A.从不　B.很少　C.偶尔　D.经常　E.总是

20. 以下是现状调查,请根据您或学校的实际情况进行选择。

(共分为5个梯度,每个题目只能选一个选项,请您在对应的方框内画"√")［矩阵单选题］

	完全不符合	不符合	不确定	符合	完全符合
我校与校外组织机构进行合作					
我校已经形成了支持协同育人践行的良好环境					
我校在协同活动中与家长建立起了互相尊重和信任的关系					
协同育人活动提高了家长对我校的认同度					
协同育人活动提高了我校的社会影响力					
校家社协同增加了我校的管理难度					
校家社协同使我感到焦虑					
我校允许教师独自联系社会组织或社会人士开展协同育人活动					

21. 以下是现状调查,请根据您或学校的实际情况进行选择。

（共分为 5 个梯度,每个题目只能选一个选项,请您在对应的方框内画
"√"）[矩阵单选题]

	完全不符合	不符合	不确定	符合	完全符合
线上渠道的建立提高了家长参与学校活动的意愿					
线上渠道帮助我校搜集到了更多的家庭与社会关于管理与决策的建议					
线上渠道的使用帮助我校更好地开展规划决策					
线上渠道方便了校家社协同育人的沟通					
线上沟通的方式增强了学校与家长的互信程度					
线上沟通的方式增强了学校与社会机构（团体）的合作					

22. 我校为教师的线上沟通提供规范与指导_____。[单选题]

A.从不　B.很少　C.偶尔　D.经常　E.总是

23. 以下是现状调查,请根据您或学校的实际情况进行选择。

（共分为 5 个梯度,每个题目只能选一个选项,请您在对应的方框内画
"√"）[矩阵单选题]

	完全不符合	不符合	不确定	符合	完全符合
公众号、官网等线上宣传使我校更好地向家长宣传教育理念					
公众号、官网等线上宣传使家长对我校认可度更高					
公众号、官网等线上宣传使我校在社会上更具影响力					

续表

	完全不符合	不符合	不确定	符合	完全符合
利用网络途径使我校更好地向家长宣传其责任和义务					
公众号、官网等线上宣传提高了社会协同育人的参与度					

24. 以下是现状调查,请根据您或学校的实际情况进行选择。

(共分为 5 个梯度,每个题目只能选一个选项,请您在对应的方框内画"√")[矩阵单选题]

	完全不符合	不符合	不确定	符合	完全符合
据我了解,我校建立了专门的综合互动性平台与家长、社会人士进行互动(如有互动功能的软件、官网、论坛等)					
我校线上平台(如学校网站、微信公众号)的建立使我校收到更多社会(区)机构的主动联系与合作意向					
有便捷的线上平台使我校清晰了解社会教育机构(团体)所能提供的资源与服务					
有便捷的线上平台帮助我校与所需的社会教育机构(团体)取得联系					
有便捷的线上平台帮助我校与所需的社会教育机构(团体)进行协作					

25. 我校在线上平台(如学校网站、微信公众号)及时更新学校改革、校政及其运作、办学目标等资料_____。[单选题]

A.从不　B.很少　C.偶尔　D.经常　E.总是

26. 我校为教师使用网络教育资源提供培训_____。[单选题]

A.从不　B.很少　C.偶尔　D.经常　E.总是

27. 我校为家长与学生使用网络教育资源提供培训_____。［单选题］

　　A.从不　B.很少　C.偶尔　D.经常　E.总是

28. 我校指导教师使用国家智慧教育公共服务平台_____。［单选题］

　　A.从不　B.很少　C.偶尔　D.经常　E.总是

29. 我校指导家长与学生使用国家智慧教育公共服务平台_____。［单选题］

　　A.从不　B.很少　C.偶尔　D.经常　E.总是

30. 我校通过线上渠道对家长进行家庭教育培训_____。［单选题］

　　A.从不　B.很少　C.偶尔　D.经常　E.总是

31. 利用学校线上平台向家长提供家庭教育资源（如学校微信公众号、学校官网、论坛等）_____。［单选题］

　　A.从不　B.很少　C.偶尔　D.经常　E.总是

32. 以下是现状调查,请根据您或学校的实际情况进行选择。

（共分为 5 个梯度,每个题目只能选一个选项,请您在对应的方框内画"√"）［矩阵单选题］

	完全不符合	不符合	不确定	符合	完全符合
线上渠道（如各类图书馆、博物馆等社会(区)机构的公众号和官网等）让我校更好地与社会机构取得联系					
线上渠道（如腾讯会议）更方便家长参与到学校活动中（如听课、参与讲座或活动等）					
我校建立了家庭教育资源数据库（例如统计家长专业背景、家庭可提供的教育资源等）					
我校建立了社会教育资源数据库（包括可提供资源的社会机构,及其可提供的资源与服务目录）					
线上平台运营增加了我校的工作负担					

续表

	完全 不符合	不符合	不确定	符合	完全 符合
线上平台运营过程中新技术的选取与运 用使我感到迷茫					

附录二 教师(班主任)问卷

尊敬的教师朋友:

您好!

我们是一支关注教育发展的团队,现在正在进行一项关于"技术赋能校家社协同育人"的调查研究。本次调查不会对您做出任何正确或错误的评判,我们将保证您提供的信息仅用于本次调查研究之中,并且不会向任何第三方透露。同时,我们并不会收集或记录任何能够识别您个人身份的信息,您所提供的答案都将被合并并匿名化处理。感谢您抽出宝贵时间填写这份调查问卷!

1. 您的性别_____。[单选题]

A.男　　B.女

2. 您是否是班主任_____。[单选题]

A.是　　B.否

3. 您的学段是_____。[单选题]

A.小学　　B.初中

4. 您的教龄为_____年。(请填数字)[填空题]

5. 您的职称是_____。[单选题]

A.三级　B.二级　C.一级　D.高级　E.正高级

6. 您的学历是_____。［单选题］

A.高中及以下　B.专科　C.本科　D.硕士　E.博士

7. 您学校的所在地域是_____。［单选题］

A.东北地区　B.华北地区　C.华中地区　D.华南地区

E.华东地区　F.西北地区　G.西南地区

8. 您学校所在位置是_____。［单选题］

A.城镇　　B.乡村

9. 您所在班级是否组建了家长委员会_____。［单选题］

A.是　　B.否

10. 以下是现状调查,请根据您或学校的实际情况进行选择。

（共分为 5 个梯度,每个题目只能选一个选项,请您在对应的方框内画"√"）［矩阵单选题］

	完全不符合	不符合	不确定	符合	完全符合
从整体上看,我认为家庭和学校之间的沟通程度良好					
从整体上看,我认为学校和社会之间的沟通程度良好					
从整体上看,我认为家庭和学校之间的互信程度良好					
从整体上看,我认为学校和社会之间的互信程度良好					
我在协同育人活动中,教学能力得到了提升					
我在协同育人活动中,班级管理能力得到了提升					

11. 我参加家校线下交流活动(如在校面谈、家访、家长会议等)_____。[单选题]

  A.从不　B.很少　C.偶尔　D.经常　E.总是

12. 我主动联系家长、社会人士,以各种方式参与学校活动(如开办讲座、校园开放日等)_____。[单选题]

  A.从不　B.很少　C.偶尔　D.经常　E.总是

13. 我向家长反馈学生的学业表现_____。[单选题]

  A.从不　B.很少　C.偶尔　D.经常　E.总是

14. 我向家长反馈学生的行为表现_____。[单选题]

  A.从不　B.很少　C.偶尔　D.经常　E.总是

15. 我就学生的特长优势与家长沟通_____。[单选题]

  A.从不　B.很少　C.偶尔　D.经常　E.总是

16. 我与家长沟通,了解家长对家校合作的满意度_____。[单选题]

  A.从不　B.很少　C.偶尔　D.经常　E.总是

17. 我与家长沟通,了解家长对我工作的反馈_____。[单选题]

  A.从不　B.很少　C.偶尔　D.经常　E.总是

18. 我与家长沟通,了解家长对学校活动的反馈_____。[单选题]

  A.从不　B.很少　C.偶尔　D.经常　E.总是

19. 我为家长和学生提供社会机构、服务和项目的教育资源信息_____。[单选题]

  A.从不　B.很少　C.偶尔　D.经常　E.总是

20. 我指导家长参与使用社会(区)资源_____。[单选题]

  A.从不　B.很少　C.偶尔　D.经常　E.总是

21. 我与当地企业、图书馆、公园、博物馆等组织合作,开展社会实践活动_____。[单选题]

  A.从不　B.很少　C.偶尔　D.经常　E.总是

22. 我使用家庭提供的教育资源(如家长专业特长)_____。[单选题]

A.从不　B.很少　C.偶尔　D.经常　E.总是

23. 我使用社会的教育资源(如公园、图书馆、博物馆等机构的自然资源与公共服务资源)_____。[单选题]

A.从不　B.很少　C.偶尔　D.经常　E.总是

24. 以下是现状调查,请根据您或学校的实际情况进行选择。

(共分为 5 个梯度,每个题目只能选一个选项,请您在对应的方框内画"√")[矩阵单选题]

	完全不符合	不符合	不确定	符合	完全符合
我建立了正式的社交网络将所有家长联系起来(如微信群等)					
我与家长共同制定了明确的协同规则(如签订家校合作协议、制定家校合作规定等文本)					
我与家长会因短期的活动建立活动协议或者分工					
我会针对可能发生的安全事件提前与家长进行沟通					
我与家长之间会就具体活动签订安全协议					
我和家长就班级管理建立长期的协议书、承诺书					

25. 以下是现状调查,请根据您或学校的实际情况进行选择。

(共分为 5 个梯度,每个题目只能选一个选项,请您在对应的方框内画"√")[矩阵单选题]

	完全不符合	不符合	不确定	符合	完全符合
我了解学生家长的教育期待与需求					
我知道所在学校的教育理念					

续表

	完全不符合	不符合	不确定	符合	完全符合
我认同所在学校的教育理念					
我认同学校强调的协同育人理念					

26. 我会组织家长委员会开展工作_____。［单选题］

A.从不　B.很少　C.偶尔　D.经常　E.总是

27. 我与当地企业、图书馆、公园、博物馆等组织机构进行合作,开展社会实践活动_____。［单选题］

A.从不　B.很少　C.偶尔　D.经常　E.总是

28. 我收到家长对于学校管理与决策的意见_____。［单选题］

A.从不　B.很少　C.偶尔　D.经常　E.总是

29. 以下是现状调查,请根据您或学校的实际情况进行选择。

(共分为5个梯度,每个题目只能选一个选项,请您在对应的方框内画"√")［矩阵单选题］

	完全不符合	不符合	不确定	符合	完全符合
线上沟通使我更了解学生家长的教育需求					
微信群、公众号、微博、官网等网络平台使我更及时接收到家长的反馈					
微信群、公众号、微博、官网等网络平台使我更及时接收到社会人士的反馈					
线上沟通渠道使我与家长的交流更高效					
线上沟通渠道增强了我与家长交流的意愿					
比起线上沟通,我更喜欢与家长面对面交流					
线上沟通有助于我管理班级					

	完全 不符合	不符合	不确定	符合	完全 符合
线上搜集的意见有助于我决策					
线上沟通使我更好地了解家庭可以提供的教育资源					
钉钉、微信等线上平台的使用更好地实现了对学生作业质量的沟通与反馈					
相比于线下交流,我更多会通过线上的方式与家长沟通					
线上沟通使我能够及时了解学生和家长的教育需求					

30. 以下是现状调查,请根据您或学校的实际情况进行选择。

（共分为 5 个梯度,每个题目只能选一个选项,请您在对应的方框内画"√"）［矩阵单选题］

	完全 不符合	不符合	不确定	符合	完全 符合
我主动通过线上平台与社会机构(团体)建立联系					
我利用便捷的线上平台了解社会教育机构(团体)所能提供的资源和服务					
我利用便捷的线上平台帮助我与社会机构进行协作					
线上平台的使用提高了我与家庭、社会协同育人的效果					
线上平台的使用提高了家长协同育人的参与度					
现有的在线平台已经能够满足校家社协同的需要					
我利用便捷的线上平台帮助我与社会机构取得联系					

31. 我在线向家长发布孩子在家的学习资源_____。［单选题］

A.从不　B.很少　C.偶尔　D.经常　E.总是

32. 我向家长分享线上教育资源_____。［单选题］

A.从不　B.很少　C.偶尔　D.经常　E.总是

33. 我通过线上方式为家长和学生提供有关社会机构、服务和项目的教育资源信息_____。［单选题］

A.从不　B.很少　C.偶尔　D.经常　E.总是

34. 我通过线上方式获取校家社各方教育资源_____。［单选题］

A.从不　B.很少　C.偶尔　D.经常　E.总是

35. 我向家长和学生分享国家智慧平台的相关资源_____。［单选题］

A.从不　B.很少　C.偶尔　D.经常　E.总是

36. 我利用社会机构提供的在线教育资源进行教学_____。［单选题］

A.从不　B.很少　C.偶尔　D.经常　E.总是

37. 我向家长分享线上家庭教育培训资源(如家庭教育培养讲座、家庭教育短视频等)_____。［单选题］

A.从不　B.很少　C.偶尔　D.经常　E.总是

38. 以下是现状调查,请您根据您或学校的实际情况进行选择。(共分为5个梯度,每个题目只能选一个选项,请您在对应的方框内画"√")［矩阵单选题］

	完全不符合	不符合	不确定	符合	完全符合
线上沟通增加了我的工作量					
线上沟通增加了我的焦虑					
线上沟通过多占用了我的空闲时间					

39. 以下是现状调查,请根据您或学校的实际情况进行选择。

(共分为 5 个梯度,每个题目只能选一个选项,请您在对应的方框内画 "√")[矩阵单选题]

	完全不符合	不符合	不确定	符合	完全符合
我利用新媒体手段(如微博、短视频、微信公众号等)向家长宣传家庭教育理念					
我认为公众号、官网等渠道提升了家长对学校教育理念的认同度					
我通过线上方式与家长沟通学生的在校学习情况(如作业、课堂成果、学生学习成绩等)					
我通过线上方式与家长沟通学生的在校行为表现(如学生参与活动情况、课间表现等)					

40. 请选择三到五项您最常与家长进行沟通的事项并填空 _____。[多选题]

A.学业情况　　　　B.特长优势　　　　　C.家庭教育方法

D.心理健康　　　　E.校内外安全问题　　F.活动组织、安排与实施

F.学业规划　　　　G.作业指导　　　　　H.班级管理

I.学校通知　　　　J.学生冲突　　　　　K.学生问题行为

L.其他

41. 我从以下途径获取所需的在线教育资源,按照您使用的频率排序[排序题,请在中括号内依次填入数字]。

(　　　)专门性教育类平台(如国家智慧教育平台、人教学习网、网易云课堂、教育类 app 等)

(　　　)综合性网站(如百度文库、知乎等)

（　　）特定社会机构（团体）所提供的在线资源（如电子图书馆、电子博物馆等）

（　　）新媒体平台（如微信公众号、微博、短视频、B 站等）

（　　）其他

附录三　家长问卷

尊敬的家长朋友：

您好！

我们是一支关注教育发展的团队，现在正在进行一项关于"技术赋能校家社协同育人"的调查研究。本次调查不会对您做出任何正确或错误的评判，我们将保证您提供的信息仅用于本次调查研究之中，并且不会向任何第三方透露。同时，我们并不会收集或记录任何能够识别您个人身份的信息，您所提供的答案都将被合并并匿名化处理。感谢您抽出宝贵时间填写这份调查问卷！

1. 您的性别_____。［单选题］

A.男　　B.女

2. 您是孩子的_____。［单选题］

A.父亲　B.母亲　C.外/祖父母　D.其他

3. 您的孩子是否是独生子女_____。［单选题］

A.是　　B.否

4. 您所处的城乡区域是_____。［单选题］

A.城镇　　B.乡村

5. 您所在的地域是_____。［单选题］

A.东北地区　B.华北地区　C.华中地区　D.华南地区

E.华东地区　F.西北地区　G.西南地区

6. 孩子父亲的最高学历是＿＿＿＿。［单选题］

A.小学以下　　　B.小学　　　　C.初中

D.高中或中专　　E.专科　　　　F.本科

G.硕士研究生　　H.博士研究生

7. 孩子母亲的最高学历是＿＿＿＿。［单选题］

A.小学以下　　　B.小学　　　　C.初中

D.高中或中专　　E.专科　　　　F.本科

G.硕士研究生　　H.博士研究生

8. 孩子父亲的工作类型是＿＿＿＿。［单选题］

A.机关、事业单位管理者

B.大中型企业高中层管理人员（非业主身份）

C.私营企业主

D.专业技术人员（如医生、教师、工程师）

E.机关、事业单位办事人员

F.个体工商户

G.商业服务业员工

H.非农业户口的工厂工人或办事人员

I.农村进城务工人员

J.农业劳动者（农林牧渔）

K.离退休

L.无业、失业、半失业

M.军人

N.其他

9. 孩子母亲的工作类型是＿＿＿＿。［单选题］

A.机关、事业单位管理者

B.大中型企业高中层管理人员（非业主身份）

C.私营企业主

D.专业技术人员（如医生、教师、工程师）

E.机关、事业单位办事人员

F.个体工商户

G.商业服务业员工

H.非农业户口的工厂工人或办事人员

I.农村进城务工人员

J.农业劳动者（农林牧渔）

K.离退休

L.无业、失业、半失业

M.军人

N.其他

10. 孩子主要由_____照顾。[单选题]

A.父母共同照顾

B.父亲或母亲中一方照顾

C.祖父母或外祖父母照顾

D.其他

11. 您是否是家委会成员或家长代表_____。[单选题]

A.是　　B.否

12. 以下是现状调查，请根据您或学校的实际情况进行选择。

（共分为5个梯度，每个题目只能选一个选项，请您在对应的方框内画
"√"）[矩阵单选题]

	完全不符合	不符合	不确定	符合	完全符合
我相信孩子所在学校的办学质量					
我知道学校的办学理念和目标					

	完全 不符合	不符合	不确定	符合	完全 符合
我了解校家社协同育人理念					
我认同学校所提供的教学理念和目标					
我在孩子的教育与成长中承担着与学校 不同的责任					
家庭教育在协同育人中具有不可替代的 作用					

13. 我通过电话、微信等多种线上渠道与其他家长交流孩子的教育问题

_____。［单选题］

A.从不　B.很少　C.偶尔　D.经常　E.总是

14. 以下是现状调查,请根据您或学校的实际情况进行选择。

（共分为 5 个梯度,每个题目只能选一个选项,请您在对应的方框内画

"√"）［矩阵单选题］

	完全 不符合	不符合	不确定	符合	完全 符合
教师会与我沟通孩子的在校学习表现					
教师会与我沟通孩子的在校行为表现 （包括纪律、交友等）					
我了解学校的课程内容等信息					
我了解教师平时在学校的常规工作					
我了解学校实施的各项规定（比如校 规、校纪、课堂纪律等）					
我会将对学校有的相关建议或意见反馈 给学校					
学校会主动征集我们家长对学校的相关 建议或意见					

15. 我与其他家长线下面对面交流孩子的教育问题_____。[单选题]

　　A.从不　B.很少　C.偶尔　D.经常　E.总是

16. 学校邀请我参与教学活动(如听公开课或充当家长教师等)_____。[单选题]

　　A.从不　B.很少　C.偶尔　D.经常　E.总是

17. 我参与家校协同活动(如亲子运动会)_____。[单选题]

　　A.从不　B.很少　C.偶尔　D.经常　E.总是

18. 我带孩子参与公共学习或教育活动(比如读书会、志愿者、文体比赛等)_____。[单选题]

　　A.从不　B.很少　C.偶尔　D.经常　E.总是

19. 我利用网络资源开展家庭教育(如科普教育资源等)_____。[单选题]

　　A.从不　B.很少　C.偶尔　D.经常　E.总是

20. 我发挥自身优势,支持学校的教育活动_____。[单选题]

　　A.从不　B.很少　C.偶尔　D.经常　E.总是

21. 以下是现状调查,请根据您或学校的实际情况进行选择。

(共分为5个梯度,每个题目只能选一个选项,请您在对应的方框内画"√")[矩阵单选题]

	完全不符合	不符合	不确定	符合	完全符合
学校公众号、官网等线上渠道的宣传使我对学校更加认可					
学校为我们家长反馈意见建立了专门的线上渠道					
学校建立了专门与家长互动的综合性平台(如具有互动功能的软件、官网、论坛等网络社区)					

续表

	完全 不符合	不符合	不确定	符合	完全 符合
学校有专门的网络平台使我更加方便地了解学校的各项规定(比如校规、校纪、课堂纪律等)					
有便捷的专门性教育平台使我及时地了解到社会机构(如图书馆、博物馆、科技馆等)组织的活动					
网络平台的使用使孩子更加全面发展(学业成就、技能、社会化)					
现有的在线平台已经能够满足校家社协作的需要					
学校线上平台(如学校公众号、学校官网)有清晰的家庭教育指导版块					
学校线上平台(如学校公众号、学校官网)有清晰的意见反馈版块					
我认为学校使用的线上平台安全可靠					

22. 以下是现状调查,请根据您或学校的实际情况进行选择。

(共分为 5 个梯度,每个题目只能选一个选项,请您在对应的方框内画"√")[矩阵单选题]

	完全 不符合	不符合	不确定	符合	完全 符合
学校为我们家长提供了充足的线上沟通渠道					
相比于线下交流,我更多会通过线上的方式与老师沟通					
线上沟通使我与教师的交流更加方便					
在线沟通的方式增加了我与教师交流的意愿					
在线沟通增加了我与其他家长的交流					
通过与老师在线沟通,我能够更好地辅导孩子在家学习					

续表

	完全不符合	不符合	不确定	符合	完全符合
通过与老师在线沟通,我能够更好地规范孩子在家的行为					

23. 我在辅导孩子学习时使用在网上找到的教学资源_____。〔单选题〕

A.从不　B.很少　C.偶尔　D.经常　E.总是

24. 我主动在网络上检索并学习家庭教育的方法_____。〔单选题〕

A.从不　B.很少　C.偶尔　D.经常　E.总是

25. 我参加在线家庭教育培训(如在线家庭教育讲座、网络家长学校等)_____。〔单选题〕

A.从不　B.很少　C.偶尔　D.经常　E.总是

26. 我将在网络上学到的家庭教育技巧运用到孩子的教育中_____。〔单选题〕

A.从不　B.很少　C.偶尔　D.经常　E.总是

27. 老师会给我们学生和家长分享在线学习资源_____。〔单选题〕

A.从不　B.很少　C.偶尔　D.经常　E.总是

28. 老师指导我们如何正确使用在线教育资源_____。〔单选题〕

A.从不　B.很少　C.偶尔　D.经常　E.总是

29. 以下是现状调查,请根据您或学校的实际情况进行选择

(共分为 5 个梯度,每个题目只能选一个选项,请您在对应的方框内画"√")〔矩阵单选题〕。

	完全不符合	不符合	不确定	符合	完全符合
老师通过网络为我分享社会可提供的教育资源信息					

	完全 不符合	不符合	不确定	符合	完全 符合
老师指导我使用国家智慧教育平台					

30. 以下是现状调查,请根据您或学校的实际情况进行选择。

(共分为 5 个梯度,每个题目只能选一个选项,请您在对应的方框内画"√")〔矩阵单选题〕

	完全 不符合	不符合	不确定	符合	完全 符合
网络宣传使我更加重视家庭教育					
网络宣传使我更加明晰了家庭在教育中的责任					
网络宣传使我更加了解了学校在教育中的责任和义务					

31. 以下是现状调查,请根据您或学校的实际情况进行选择。

(共分为 5 个梯度,每个题目只能选一个选项,请您在对应的方框内画"√")〔矩阵单选题〕

	完全 不符合	不符合	不确定	符合	完全 符合
我会在线上渠道查找社会可提供的教育资源(如图书馆、博物馆、少年宫、青少年活动中心等)					
网络平台的使用使我能更好地处理家庭教育中遇到的问题(教育方式更加科学有效)					
网络平台和技术产品的使用给我带来了很多负担					
学校公众号、官网等线上渠道的宣传使我对学校更加认可					

	完全 不符合	不符合	不确定	符合	完全 符合
我通过学校网站或公众号等新媒体宣传手段了解学校的办学理念和目标					
我通过网络宣传信息了解学校的办学质量					
我通过公众号、学校官网等线上渠道及时了解学校的活动安排(比如有关学校、特殊活动、组织和会议的最新信息)					

32. 请按照您心目中各个选项的重要程度排序。

我通过以下途径了解家庭教育的相关信息,请选择最常用的 3 项[排序题,最多选择 3 项并排序]

(　　)社会组织家庭教育相关培训

(　　)学校组织家庭教育相关培训

(　　)教师的建议

(　　)教育部门的政策宣传

(　　)网络的相关信息(如:文章、视频等)

(　　)自身的经验总结

(　　)和周围家长的经验交流

附录四　访谈提纲

家长访谈提纲

1. 描述一下您在哪些情况会需要学校家庭社会一起协同进行教育?哪些事件或情况会影响到您对家庭教育的看法?(比如周末孩子在家的自主学习时)

2. 您对在家庭进行教育有什么期望和担心？（比如对教育技术、资源的获取，教育技术有用性上等）

3. 在解决您对家庭教育的希望和担忧方面,您期望如何使用计算机和通信技术？（比如促进家庭成员之间关于儿童成长、需要提高相关信息的获取和分析能力）

4. 为了更好地在家学习,您考虑使用哪些技术？（比如利用在线社交网络与其他家长、老师等沟通,以及获得社会教育资源方面）

5. 根据您的经验,根据您对计算机和通信技术在实践中优势和劣势的感觉,您对计算机和通信技术的看法是如何演变的？

6. 您对技术可能对校家社协同有有利影响的看法有什么反应？是什么让您觉得这种看法特别有趣或有问题？该命题在哪些方面与您作为家庭教育工作者的经历产生共鸣或冲突？（比如在家校沟通和参与决策管理方面）

7. 您对技术赋能教育资源的整合和获得有哪些期望？（比如对技术的易用性和有用性有哪些看法）

8. 计算机和通信技术可能正在创造教育控制、自主和自由的新水平,并可能将我们带回一个以家庭为基础的校家社协同育人的时代,您怎样看待?

9. 您认为孩子有必要学会技术吗,该如何掌握技术,这和校家社协同育人有什么关联?

学校教师访谈提纲(包括班主任、校领导和专门技术人员)

1. 描述一下您在哪些情况下会考虑学校家庭社会协同教育?哪些事件或情况会影响到您对学校教育的看法?

2. 您对当下的学校教育(包括线上教育)有什么期望和担心?比如学生家长是否有可能参与到在线教育教学的设计中来?技术如何对学科化教育产生影响?

3. 在解决您对学校教育的希望和担忧方面,您期望如何使用计算机和通信技术?(比如学校备忘录、通知以及其他印刷或者非印刷通信资料的可读性强、清晰度的提高方面,家长委员会成员参与学校的决策和管理方面)

4. 为了更好地实现儿童的成长,您考虑使用哪些技术?(比如建立在线社交网络、教育资源、信息的互动)

5. 根据您的经验,根据您对计算机和通信技术在实践中相对优势和劣势的感觉,您对计算机和通信技术的看法和使用是如何演变的?

6. 您对技术可能对校家社协同有有利影响的想法有什么反应? 是什么让您觉得这种想法特别有趣或有问题? 该命题在哪些方面与您作为学校教育工作者的经历产生共鸣或冲突?（比如在家校沟通以及家长委员会成员参与决策管理方面）

7. 您对技术赋能教育资源的整合和获得有哪些期望?（比如对技术的易用性、有用性、可获取性方面有哪些看法）

8. 计算机和通信技术可能正在创造教育控制、自主和自由的新水平,并可能将我们带回一个以学校教育为基础的校家社协同育人的时代,您怎样看待?

9. 您认为孩子有必要学会技术吗,该如何掌握技术,这和校家社协同育人有什么关联?

社会相关主体的访谈提纲

1. 描述一下您在哪些情况下会考虑学校家庭社会协同教育？哪些事件或情况会影响到您对社会教育的看法？

2. 在信息时代，您对当下的社会教育有什么期望和担心？

3. 在解决您对社会教育的希望和担忧方面，您期望如何使用计算机和通信技术，比如人工智能技术？

4. 为了更好地实现儿童的成长，您考虑使用哪些技术来实现社会教育？（比如建立在线社交网络、教育资源、信息的互动）

5. 根据您的经验，根据您对计算机和通信技术在实践中相对优势和劣势的感觉，您对计算机和通信技术的看法和使用是如何演变的？

6. 您对技术可能对校家社协同有有利影响的想法有什么反应？是什么让您觉得这种想法特别有趣或有问题？该命题在哪些方面与您作为社会教育工作者的经历产生共鸣或冲突？

7. 您对技术赋能教育资源的整合和获得有哪些期望?（比如对技术的易用性、有用性、可获取性方面有哪些看法）

8. 计算机和通信技术可能正在创造教育控制、自主和自由的新水平,并可能将我们带回一个以社会教育为基础的校家社协同育人时代,也即终身学习的时代,您怎样看待?（比如社会教育如何利用技术为每个儿童的发展助力,促进教育质量和公平）

9. 您认为孩子有必要学会技术吗,该如何掌握技术,这和校家社协同育人有什么关联?

附录五　教师访谈（节选）

访谈时间:2023.1.1,6.13,6.15　访谈地点:会议室　文字整理:2023.6.23

B 老师:"校家社协同育人三方里面,因为毕竟指向孩子的教育,在三方里边起关键性作用的或起纽带性作用的是哪一方?"

提问者（对 B 老师的回答）:"我们预设是学校包括教师。"

B 老师:"哪一方是起关键作用,我们中国的现实是什么样的? 我个人觉得学校应该是纽带作用,学校当中家长委员会在学校层面、年级层面和班级层面都起到纽带作用。然后再往下班主任在班级的家长委员会里面起到协同作用,是整个班级的灵魂。刚才可能你们提到一点,班主任是所有孩子校家社协同里面最关键的点,就像我们大脑的司令一样,离了它不行。从学校家长委员会到班级家长委员会,然后再往下落,到最基层最前线的家长,当然其他学科也需要,但是最主要的是班主任,所以在校家社协同你们这个概念里边对班主任的认识大概是什么样的? 定位是什么样的? 比如说让我来设计问卷,可能我内心会认为班主任要单设几道题,是因为他的作用太重要了。比如说作为校长,我要是一所学校管德育的校长的话,我要花90%的力气去抓班主任这个群体,把班主任这个群体抓好了,就像打蛇打七寸似的,工作基本上十有八九就差不多了,但是班主任这个群体你要抓不好的话,你想让家长怎么样,想让社会怎么样都很难办到,就是班主任有可能成为家庭和学校和社会合作最大的障碍。"(来自1月1日录音,对各主体在校家社协同育人中所起作用的认识)

Z老师:"校家社协同合作,现在问我的时候,或者问一些普通老师的时候,第一个反应就是班级管理,学生管理上的校家社合作,但实际上更广泛,有教学。"

B老师:"我认为老师们对校家协同的理解没达到你这个高度。一提到校家社协同,无非就是班级管理和学生活动这两块,他能想到学生活动,我觉得也是学生工作部的填问卷的老师能想到的。作为科任学科的话,他可能也是跟班主任一样想到的,那校家社协同无非不就是这两个,但是其实它还包括教学理念、教育理念和教学资源。还有指导家庭教育。对家长培训不只是给老师增加负担,更重要的是你非常容易地就能向家长灌输你的教学理念,这样家长更好配合你,要不然他不理解。比如说你让孩子回去养蜗牛,孩子自己买,家长说你买那玩意干啥,就净给我们整负担,你得告诉他这个事是他能够锻炼孩子什么样的思维,它是我们一个细节课程,其实这个东西家长怎么去引导他,能让他更具有科学思维或者创造性思维。家长知道了这个事之后,蜗牛买我们是有用的,而不是说学校又给我派任务了,又让我做个什么手工的。让家长

认同你之后他就有方法,你的教育理念更好地传达下去。"(来自6月13日录音,各位教师在校家社协同理念上的差异)

B老师:"我们网站的学校改革,包括我们的校史,通过这个网站来进行。其实这里面家长开放日我们都有一个校长报告,就是总体讲一年级的家长开放日,给这些家长说一下我们学校的办学理念,办学理念以前都是校长讲,包括一些学校的实际情况,我们有多少学生,有多少老师的这种各方面情况,它的职称占比、学历占比等这些东西,其实就是让家长更好地了解学校。我们可能对社会意见收集的不够,因为渠道不够,而且不够通畅。"

提问者:"社会意见渠道不同。"

B老师:"而且有些社会人士他不一定给你提意见。因为它和你没有相关性,对利益不相关。我们有家长委员会是非常符合的,家长委员会它有一定的职能的,的确可以改进我们学校好多工作,因为之前家长的意见可能就是班里面直接反馈给班里的家长委员会,或者是它作为一个渠道来向学校进行反映,相当于一个传声筒。我们只不过有合作这方面,包括各种各样的教育资源和博物馆。"

B老师:"其实社会建立的话,我们主要和一些社会组织,包括各种各样的科技馆、博物馆,你们路过的时候那块A厅三楼有很多标本都是一个博物馆给咱们展示的,其实就是家校资源的一个利用,可以让孩子们认识各种各样的社会资源。"

提问者:"这是怎么跟他们联系,是他们主动吗?"

B老师:"是我们主动找他的。"

提问者:"这种属于是学校作为一个校方,然后去和他们合作,还是老师和校方?"

B老师:"校方。就像老师有这个想法的话,他也会是几所学校来,因为他要他的影响更广泛一点的话,可能他是个人行为了,他把班里的各种教育资源用上了,这是一种很好的教育。"

提问者："我们学校是从哪里获取到,社会上会有这些资源可以给我们提供。"

B老师："那就是学生工作中心,他们会想,首先本来这个社会本来就给这些学生提供了一些社会资源,只是咱们平时用得不多,像科技馆、博物馆这些其实本来就是社会的公共的一种教育资源,但实际上有些家长可能是假期的时候带孩子们去看一看,但是把他们请到学校里来,让更多的学生去受惠是不是更好。"(以上来自6月15日录音,对学校家庭社会协同育人社会资源的获取方式的讨论)

附录六　知情同意书

致家长一封信

尊敬的各位家长:

第十二届 DI® 创新思维中国区总决赛,将于 2017 年 12 月 7 日至 10 日在中国北京隆重举行。本次中国区总决赛将在具有明清时期北京都城风貌、独具匠心的皇家园林——"天下第一城"隆重举办。届时,将有来自国内 27 个省、自治区、市的参赛队,以及来自欧洲、亚洲等国的代表团,国内外共计数千名的青少年创意精英们共同分享这场创意思维的超级盛宴!

我校同意推荐优秀学生参加本次活动,并由科学组 XXX 老师带领和指导学生参赛。

一、活动安排:

1. 活动时间:2017 年 12 月 7 日(周四)—12 月 10 日(周日)

2. 活动地点:××省××市"天下第一城"

地址:××省××市××县××经济开发区

电话:XXXXXXXXX

3.活动内容及日程安排:

日期	时间	活动内容
12月7日	08:00—20:00	全天接受报道
	19:00—20:30	DI®道具市场
12月8日	08:00—18:00	DI®旗舰赛事、DI®专属特色交流活动
	19:00—19:30	DI®"半马"活动
	19:00—20:30	DI®道具市场
12月9日	08:00—12:00	DI®旗舰赛事、DI®专属特色交流活动
	13:00—18:00	DI®徽章评选、DI®道具市场
	19:00—21:00	DI®庆祝及仪式
12月10日	07:00—12:00	根据返程时间送站、送机

二、相关要求:

1.学生须听从领队教师的建议,有序、安全活动,不要擅自离队。

2.要注意文明礼貌,体现学生风采。

3.活动期间应注意饮食与食品安全。

4.全体学生出发、返程必须听从学校统一安排,12月11日务必返校上课。

家长回执单

已经阅读了学校致家长的信函以及全国DI®创新思维(中国区)比赛文件,同意_____同学,自愿参加本次活动。

家长签名:

日期:2017年　月　日

参考文献

一、中文

（一）专著

1. 中共中央文献研究室编：《建国以来重要文献选编》（第六册），中央文献出版社1993年版。

2. 中共中央文献研究室编：《十二大以来重要文献选编》（下），人民出版社1988年版。

3. 中国教育年鉴编辑部：《中国教育年鉴（1949—1981）》，中国大百科全书出版社1984年版。

4. 中国学前教育研究会：《中华人民共和国幼儿教育重要文献汇编》，北京师范大学出版社1999年版。

5. 全国人大图书馆：《中华苏维埃代表大会重要文献选编》，中国民主法制出版社2019年版。

6. 孟宪承：《中国古代教育文选》，人民教育出版社2003年版。

7. 梁启超：《变法通议·论女学》，华夏出版社2002年版。

8. 陈鹤琴：《家庭教育（第二版）》，华东师范大学出版社2012年版。

9. 徐少锦、陈延斌：《中国家训史》，陕西人民出版社2003年版。

10. 黄河清：《家校合作导论》，华东师范大学出版社2008年版。

11. 顾明远：《世界教育大事典》，江苏教育出版社2000年版。

12. 柳海民：《新时代中国教育高质量发展的路径和对策研究》，深圳出版社2024年版。

13. 罗向军：《家校社协同育人》，上海教育出版社 2024 年版。

14. 孙云晓：《家校合作共育：中国家庭教育的新趋势》，中国人民大学出版社 2020 年版。

15. 王雷：《社会教育原理》，中国社会科学出版社 2015 年版。

16. 余清臣：《教育实践的哲学》，北京师范大学出版社 2018 年版。

17. 赵刚、王以仁：《中华家庭教育学》，中国出版集团研究出版社 2016 年版。

18. 侯怀银、冯建军、郑玉飞等：《共和国教育学 70 年》，北京师范大学出版社 2020 年版。

19. 盖笑松：《积极心理学》，上海教育出版社 2020 年版。

20. 吴式颖：《俄国教育史》，人民教育出版社 2006 年版。

21. 陈伟丽、王岩：《俄罗斯教育改革之路》，吉林大学出版社 2016 年版。

22. 乔桂娟：《俄罗斯教育治理研究》，湖北教育出版社 2020 年版。

23. 赵刚：《家长教育学》，教育科学出版社 2010 年版。

24. 莫宏伟、徐立芳：《人工智能伦理导论》，西安电子科技大学出版社 2022 年版。

25. 汪锦军：《走向合作治理：政府与非营利组织合作的条件、模式和路径》，浙江大学出版社 2012 年版。

26. 黄希庭、张志杰：《心理学研究方法：第 2 版》，高等教育出版社 2010 年版。

27. 吴重涵等：《家校合作：理论、经验与行动》，江西教育出版社 2013 年版。

28. 联合国教科文组织：《反思教育：向"全球共同利益"的理念转变》，熊建辉译，联合国教科文组织中文科 2017 年版。

29. ［俄］巴拉诺夫等：《教育学》，李子卓等译，人民教育出版社 1979 年版。

30. ［德］哈肯：《协同学——大自然构成的奥秘》，凌复华译，上海译文出版社 2005 年版。

31. ［法］布尔迪厄：《布尔迪厄访谈录——文化资本与社会炼金术》，包亚明译，上海人民出版社 1997 年版。

32. ［美］詹姆斯·科尔曼：《社会理论的基础（上、下）》，邓方译，社会科学文献出版社 1999 年版。

33. ［美］乔伊斯·L.爱泼斯坦等：《大教育：学校、家庭与社区合作体系》，曹骏骥译，黑龙江教育出版社 2016 年版。

（二）期刊论文

1. 陈波、郭瑞达：《论家风的起始、变易与效用》，《江汉论坛》2023 年第 12 期。

2. 陈延斌:《传统家训修德教化:内涵、路径及其借鉴》,《甘肃社会科学》2023 年第 2 期。

3. 洪澄:《孔子"有教无类"思想重构及其现代意义》,《华东师范大学学报(哲学社会科学版)》2023 年第 3 期。

4. 顾理澜、李刚等:《"双减"背景下数字化赋能家校社协同育人研究》,《中国远程教育》2022 年第 4 期。

5. 金滢坤:《"惟齐非齐":论中国科举考试变革中的"至公"与"选人"得失》,《甘肃社会科学》2023 年第 6 期。

6. 邵晓枫、郑少飞:《新形势下的家校社协同育人:特点、价值与机制》,《现代远程教育研究》2022 年第 5 期。

7. 徐亚州:《梁启超新民伦理思想及其价值研究》,《伦理学研究》2023 年第 6 期。

8. 解维:《梁启超"新民"与"群治改良"之异名实同》,《学术探索》2023 年第 4 期。

9. 黄书光:《中国家庭教育的奠基与现代意义——陈鹤琴〈家庭教育〉的学术旨趣及其现代价值》,《当代青年研究》2012 年第 9 期。

10. 周逸先:《晏阳初平民教育与乡村改造方法论初探》,《高等师范教育研究》2002 年第 3 期。

11. 边玉芳、周欣然:《我国 70 年家校合作:政策视角下的发展历程与未来展望》,《中国教育刊》2021 年第 3 期。

12. 张俊、吴重涵、王梅雾等:《面向实践的家校合作指导理论——交叠影响域理论综述》,《教育学术月刊》2019 年第 5 期。

13. 洪明:《改革开放以来我国家校合作事业的发展与反思》,《少年儿童研究》2020 年第 4 期。

14. 陈世珠:《把信息技术引入家庭教育——"家校通"课题研究初见成效》,《中国电化教育》2007 年第 2 期。

15. 吴砥、李环、尉小荣:《教育数字化转型:国际背景、发展需要与推进路径》,《中国远程教育》2022 年第 7 期。

16. 徐延冬、赵蔚、黄伯平:《Web2.0 理念与数字化教育资源库的深层次整合研究》,《中国电化教育》2009 年第 4 期。

17. 王亮、范成文、钟丽萍:《美国、英国、日本"家校社"协同育人的体育实践特征与启示》,《体育文化导刊》2022 年第 7 期。

18. 黄海燕等:《关于优化与完善我国体育产业统计体系的研究》,《中国体育科技》2019 年第 4 期。

19. 赵志群、黄方慧:《德国职业教育数字化教学资源的特点及其启示》,《中国电化教育》2020 年第 10 期。

20. 王义高:《"俄联邦国民教育要义"概述》,《比较教育研究》2002 年第 7 期。

21. 王森:《俄罗斯基础教育改革中的社区学校模式研究》,《比较教育研究》2018 年第 2 期。

22. 张加林、唐炎、胡月英:《我国儿童青少年体育环境特征与存在问题研究》,《体育科学》2017 年第 3 期。

23. 白钧溢、于伟:《超越"共识":教育人工智能伦理原则构建的发展方向》,《中国电化教育》2023 年第 6 期。

24. 李艳、朱雨萌、樊小雨:《青少年人工智能伦理教育的探索及启示——以 MIT 为例》,《现代远距离教育》2024 年第 1 期。

25. 贾诗威、闫慧:《算法偏见概念、哲理基础与后果的系统回顾》,《中国图书馆学报》2022 年第 6 期。

26. 张国胜、杜鹏飞、陈明明:《数字赋能与企业技术创新——自中国制造业的经验证据》,《当代经济科学》2021 年第 6 期。

27. 关婷、薛澜、赵静:《技术赋能的治理创新:基于中国环境领域的实践案例》,《中国行政管理》2019 年第 4 期。

28. 黄晓音、邱子昊:《技术赋能与情感互动:抖音平台的视觉化音乐传播研究》,《西南民族大学学报(人文社科版)》2019 年第 8 期。

29. 姬兆亮、戴永翔、胡伟:《政府协同治理:中国区域协调发展协同治理的实现路径》,《西北大学学报(哲学社会科学版)》2013 年第 2 期。

30. 马捷、张云开、蒲泓宇:《信息协同:内涵、概念与研究进展》,《情报理论与实践》2018 年第 11 期。

31. 袁小平:《高校思想政治教育与创新创业教育的协同育人模式研究》,《教育评论》2014 年第 6 期。

32. 李俊峰:《应用型大学产学研协同育人:理念、样态与实践》,《江苏高教》2023 年第 11 期。

33. 田贤鹏、姜淑杰:《新文科背景下的跨学科协同育人:内涵特征、逻辑演变与路径选择》,《教育发展研究》2022 年第 21 期。

34. 高书国、康丽颖、阚璇:《学校家庭社会协同育人的基本框架及其构建策略》,《中国远程教育》2024 年第 2 期。

35. 岳伟、余乐:《从"权责博弈"到"均衡相容":"双减"政策下家校协同育人的再思考》,《教育学术月刊》2023 年第 9 期。

36. 曹影:《教化的缘起及其意蕴》,《东北师大学报》2006 年第 3 期。

37. 李海龙、李广海:《中小学家校社协同育人的价值、困境与实践路径》,《教学与管理》2022 年第 24 期。

38. 雷巧玲:《授权赋能研究综述》,《科技进步与对策》2006 年第 8 期。

39. 储朝晖:《家校社协同育人实施策略》,《人民教育》2021 年第 8 期。

40. 廖婧茜、龚洪:《家校社协同育人的责任伦理》,《民族教育研究》2023 年第 1 期。

41. 程豪、李家成:《家校社协同推进劳动教育:交叠影响域的立场》,《中国电化教育》2021 年第 10 期。

42. 祝智庭、胡姣:《教育数字化转型:面向未来的教育"转基因"工程》,《开放教育研究》2022 年第 5 期。

43. 余胜泉:《技术何以革新教育——在第三届佛山教育博览会"智能教育与学习的革命"论坛上的演讲》,《中国电化教育》2011 年第 7 期。

44. 王竹立:《技术与教育关系新论》,《现代远程教育研究》2012 年第 2 期。

45. 单志艳:《家校共育的权责边界》,《北京教育学院学报》2020 年第 6 期。

46. 万昆、任友群:《技术赋能:教育信息化 2.0 时代基础教育信息化转型发展方向》,《电化教育研究》2020 年第 6 期。

47. 蒋立兵、陈佑清:《技术赋能学习中心教学的逻辑与路径》,《课程·教材·教法》2023 年第 5 期。

48. 祝智庭、胡姣:《教育数字化转型的理论框架》,《中国教育学刊》2022 年第 4 期。

49. 蔡迎旗、占淑玮、张丽莹:《数字技术赋能学前教育可持续发展何以可能》,《教育研究与实验》2023 年第 6 期。

50. 祝智庭、郑浩、谢丽君、吴慧娜、吴永和:《新基建赋能教育数字转型的需要分析与行动建议》,《开放教育研究》2022 年第 2 期。

51. 李红革、黄家康:《数字化转型赋能思想政治教育高质量发展略探》,《学校党建与思想教育》2023 年第 23 期。

52. 祝智庭、林梓柔、闫寒冰:《新基建赋能新型教育公共服务平台构建:从资源平台向智慧云校演化》,《电化教育研究》2021 年第 10 期。

53. 罗江华、冯瑞:《智慧教育平台的适应性服务框架和实施路径探析》,《中国电化教育》2024 年第 6 期。

54. 孙立会、周亮：《生成式人工智能融入国家中小学智慧教育平台的实践逻辑》，《中国电化教育》2024 年第 8 期。

55. 张敬威、濮丹阳：《"双减"路上的功绩性"白噪音"》，《湖南师范大学教育科学学报》2023 年第 3 期。

56. 刘宝存、岑宇：《世界教育数字化转型的动因、趋势及镜鉴》，《现代远程教育研究》2022 年第 6 期。

57. 张敬威：《ChatGPT 的教育审思：他异关系技术的教育挑战及应用伦理限度》，《电化教育研究》2023 年第 9 期。

58. 张敬威、于伟：《从"经济人"走向"教育人"——论"教育人"的实践逻辑》，《教育与经济》2021 年第 3 期。

59. 苏慧丽：《数字时代的绩效博弈：教育焦虑与内卷的底层逻辑》，《中国电化教育》2023 年第 6 期。

60. 朱永新、杨帆：《我国教育数字化转型的现实逻辑、应用场景与治理路径》，《中国电化教育》2023 年第 1 期。

61. 杨晓哲、王若昕：《困局与破局：教育数字化转型的下一步》，《华东师范大学学报》2024 年第 41 期。

62. 高书国：《"旋转门"：构建家校协同育人体系》，《教育与教学研究》2024 年第 7 期。

63. 白钧溢、于伟：《超越"共识"：教育人工智能伦理原则构建的发展方向》，《中国电化教育》2023 年第 6 期。

64. 王旦、张熙、侯浩翔：《智能时代的教育伦理风险及应然向度》，《教育研究与实验》2021 年第 4 期。

65. 苏慧丽、于伟：《路途与景深：指向过程性的教育技术意向变革》，《电化教育研究》2021 年第 7 期。

66. 张务农、贾保先：《"人"与"非人"——智慧课堂中人的主体性考察》，《电化教育研究》2020 年第 1 期。

67. 王贤德：《"双减"背景下义务教育协同育人的困惑、澄清及实践路径》，《中国教育学刊》2022 年第 2 期。

68. 倪闽景：《家校社协同育人需要进行顶层设计》，《人民教育》2021 年第 8 期。

69. 齐彦磊、周洪宇：《"双减"背景下家校社协同育人遭遇的困境及其应对》，《中国电化教育》2022 年第 11 期。

70. 李忠琼、黄海霞：《理清家校协同育人中各主体责任边界》，《人民教育》2019 年第 22 期。

71. 陆云泉、刘子森、杨双伟、韩姗杉、刘平青：《学生成长共同体：家校社协同育人模式的实践探索》，《人民教育》2022 年第 1 期。

72. 邵晓枫、郑少飞：《新形势下的家校社协同育人》，《现代远程教育研究》2022 年第 5 期。

73. 陈晓慧：《"双减"时代智能技术的可为与能为——基于"家—校—社"协同育人视角》，《中国电化教育》2022 年第 4 期。

74. 孙夕礼：《学校在家校社协同育人方面如何作为》，《人民教育》2021 年第 8 期。

75. 叶海波、魏超燕：《"双减"背景下家校社"三元循环"的协同育人策略》，《教育科学论坛》2022 年第 13 期。

76. 刘海峰、陈时见：《教育强国建设的学理思考与着力方向》，《中国电化教育》2023 年第 10 期。

77. 林晓斌：《学校要成为"学校社联盟"的引领者——关于家长课程、家长义工、片区甲方、家长有约的新思路》，《人民教育》2019 年第 3 期。

78. 杨启光、刘欣怡：《新时代我国中小学家校社协同育人的区域创新组态路径研究——基于创新案例的模糊界定性比较分析》，《教育学术月刊》2023 年第 9 期。

79. 王丹：《乡村"技术赋能"研究》，博士学位论文，南京农业大学管理系，2023 年。

80. 杨睿：《基于协同学理论的思想政治教育方法创新研究》，博士学位论文，广西师范大学思想政治教育系，2016 年。

81. 赵李叶：《新时代高校思想政治教育生态系统建设研究》，博士学位论文，山东大学思想政治教育系，2023 年。

82. 蒋文娟：《我国科教结合协同育人机制研究》，博士学位论文，中国科学技术大学管理系，2019 年。

83. 张俐蓉：《信息技术与学校教育关系的反思与重构》，博士学位论文，华东师范大学教育系，2004 年。

（三）网站资源

1. 中华人民共和国教育部网站：《关于在小学减轻学生过重负担的紧急通知》，见 http://www.moe.gov.cn/srcsite/A11/s7057/200001/t20000113_81788.html。

2. 中华人民共和国教育部网站：《中国儿童发展纲要（2001—2010 年）》，见 http://www.moe.gov.cn/s78/A06/jcys_left/moe_705/s3326/201001/t20100128_82004.html。

3. 中国政府网：《国务院关于基础教育改革与发展的决定》，见 http://www.gov.cn/gongbao/content/2001/content_60920.htm。

4.《中华人民共和国义务教育法(1986 年)》，见 http://www.edu.cn/edu/zheng_ce_gs_gui/jiao_yu_fa_lv/200603/t20060303_165119.shtml。

5. 中国人大网：《中华人民共和国未成年人保护法》，见 http://www.npc.gov.cn/npc/c30834/202010/82a8f1b84350432cac03b1e382ee1744.shtml。

6. 中华人民共和国教育部网站：《教育部关于建立中小学幼儿园家长委员会的指导意见》，见 http://www.moe.gov.cn/srcsite/A06/s7053/201202/t20120217_170639.html。

7. 中华人民共和国教育部网站：《国家教育事业发展第十二个五年规划》，见 http://www.moe.gov.cn/srcsite/A03/moe_1892/moe_630/201206/t20120614_139702.html。

8. 中国政府网：中共中央、国务院印发：《中国教育现代化 2035》，见 http://www.gov.cn/zhengce/2019-02/23/content_5367987.htm。

9. 中华人民共和国教育部网站：《全国妇联、教育部、中央文明办、民政部、卫生部、国家人口计生委、中国关工委关于印发〈关于指导推进家庭教育的五年规划(2011—2015 年)〉的通知》，见 http://www.moe.gov.cn/jyb_xxgk/moe_1777/moe_1779/201206/t20120625_138245.html。

10. 中华人民共和国教育部网站：《全国妇联、教育部、中央文明办、民政部、卫生部、国家人口计生委、中国关工委关于印发〈全国家庭教育指导大纲〉的通知》，见 http://www.moe.gov.cn/jyb_xxgk/moe_1777/moe_1779/201007/t20100714_92936.html。

11. 中华人民共和国教育部网站：《中华人民共和国家庭教育促进法》，见 http://www.moe.gov.cn/jyb_sjzl/sjzl_zcfg/zcfg_qtxgfl/202110/t20211025_574749.html。

12. 中国政府网：《中共中央办公厅、国务院办公厅印发〈关于进一步减轻义务教育阶段学生作业负担和校外培训负担的意见〉》，见 http://www.gov.cn/zhengce/2021-07-24/content_5627132.htm。

13. 中华人民共和国教育部网站：《教育部等十三部门关于健全学校家庭社会协同育人机制的意见》，见 http://wap.moe.gov.cn/srcsite/A06/s3325/202301/t20230119_1039746.html。

14. 中央网络安全和信息化委员会办公室：《"十四五"国家信息化规划》，见 http://www.cac.gov.cn/2021-12/27/c_1642205314518676.htm。

15. 山东省教育厅网站：《山东省教育厅关于进一步加强中小学家长委员会工作的意见》，见 http://edu.shandong.gov.cn/art/2011/11/13/art_107053_8197144.html。

二、英文

1. Boutte G. S., Johnson Jr G. L., "Community and Family Involvement in Urban Schools", in *Handbook of Urban Education*, P. Lynn(eds.), London: Routledge, 2013.

2. Epstein J. L., et al., *School, Family, and Community Partnerships: Your Handbook for Action*, Thousand Oaks: Corwin Press, 2018.

3. Jordan B., et al, "PoseBlocks: A Toolkit for Creating (and Dancing) with AI", in *Proceedings of the AAAI Conference on Artificial Intelligence*, 2021.

4. Walker R., et.al, "Liberatory Computing Education for African American Students", in *2022 Conference on Research in Equitable and Sustained Participation in Engineering, Computing, and Technology (RESPECT)*, IEEE, 2022.

5. P. Dillenbourg, Collaborative Learning: *Cognitive and Computational(Approaches Advances in Learning and Instruction Series)*, Bradford: Emerald Publishing, 1999.

6. U. Bronfenbrenner, *The Ecology of Human Development: Experiments by Nature and Design*, Cambridge: Harvard University Press, 1979.

7. Kim W., Kim S.D., Lee E., & Lee S., "Adoption Issues for Cloud Computing", *Proceedings of the 7th International Conference on Information Technology: New Generations*, 2009.

8. Clark R. C., & Mayer R. E., *E-learning and the Science of Instruction: Proven Guidelines for Consumers and Designers of Multimedia Learning*, New York: John Wiley & Sons, 2016.

9. Nielsen J., *Usability Engineering*, Cambridge: Academic Press, 1993, pp.ix–xiv.

10. Gertler P. J., Patrinos H. A., Rubio-Codina M., "Empowering Parents to Improve Education: Evidence from Rural Mexico", *Journal of Development Economics*, Vol. 99, No. 1, 2012.

11. Webster-Stratton C., "From parent training to community building", *Families in Society*, Vol.78, No.2, 1997.

12. Shiller J. T., "Clients or Partners: The Challenge to Engage Families in Baltimore's Community Schools", *Urban Education*, Vol.59, No.1, 2024.

13. Simon B., "The 1944 Education Act: a Conservative Measure?", *History of Education*, Vol.15, No.1, 1986.

14. Gillborn D., "Education Policy as an Act of White Supremacy: Whiteness, Critical Race Theory and Education Reform", *Journal of education policy*, Vol.20, No.4, 2005.

15. McGhee J., et al. "Looking After Children in the UK—Convergence or Divergence?", *British Journal of Social Work*, Vol.48, No.5, 2018.

16. Schiff D., et al. "AI Ethics in the Public, Private, and NGO Sectors: A Review of a Global Document Collection", *British Journal of Social Work*, *IEEE Transactions on Technology and Society*, Vol.2, No.1, 2021.

17. Cath C., et al., "Artificial Intelligence and the 'Good Society': the US, EU, and UK Approach", *Science and Engineering Ethics*, Vol.24, No.1 (2018).

18. VAKKURI V., et al. "Ethically Aligned Design of Autonomous Systems: Industry Viewpoint and an Empirical Study", *Electronic Journal of Business Ethics and Organization Studies*, Vol.27, No.1, 2022.

19. Floridi L., "Translating Principles into Practices of Digital Ethics: Five Risks of Being Unethical", *Philosophy & technology*, Vol.32, No.2, 2019.

20. Radu R., "Steering the Governance of Artificial Intelligence: National Strategies in Perspective", *Policy and Society*, Vol.40, No.2, 2021.

21. Jobin A., et.al. "The Global Landscape of AI Ethics Guidelines", *Nature Machine Intelligence*, Vol.2, No.1, 2019.

22. R. M. Kanter, "Men and Women of the Corporation Revisited: Interview with Rosabeth Moss Kanter", *Management Review*, Vol.26, No.2 (June 1987).

23. J. A. Conger, R. N. Kanungo, "The Empowerment Process: Integrating Theory and Practice", *Academy of Management Review*, Vol.13, No.3 (July 1988).

24. S. Wieringa, "Women's Interests and Empowerment: Gender Planning Reconsidered", *Development and Change*, Vol.25, No.4 (October 1994).

25. D. Adamson, R. Bromiley, "Community Empowerment: Learning from Practice in Community Regeneration", *International Journal of Public Sector Management*, Vol.26, No.3 (March 2013).

26. E. Hermansson, L. Mårtensson, "Empowerment in the Midwifery Context—a Concept Analysis", *Midwifery*, Vol.27, No.6 (December 2011).

27. S. Lenka, V. Parida, J. Wincent, "Digitalization Capabilities as Enablers of Value Co-Creation in Servitizing Firms", *Psychology & Marketing*, Vol.34, No.1 (December 2016).

28. P. Hansen, G. Widén, "The Embeddedness of Collaborative Information Seeking in

Information Culture", *Journal of Information Science*, Vol.43, No.4(June 2017).

29. J. A. Conger, R. N. Kanungo, "The Empowerment Process: Integrating Theory and Practice", *The Academy of Management Review*, Vol.13, No.3(July 1988).

30. G. M. Spreitzer, "Psychological Empowerment in the Workplace: Dimensions, Measurementand Validation", *Academy of Management Journal*, Vol.38, No.5(November 1995).

31. S. B. Fawcett, G. W. White, F. E. Balcazar, et al. "A Contextual-Behavioral Model of Empowerment: Case Studies Involving People with Physical Disabilities", *American Journal of Community Psychology*, Vol.22, No.4(August 1994).

32. J. Lord, P. Hutchison, "The Process of Empowerment: Implications for Theory and Practice", *Canadian Journal of Community Mental Health*, Vol.12, No.1(April 1993).

33. J. S. Coleman, "Families and Schools", *Educational Researcher*, Vol. 16, No. 6 (August-September 1987).

34. S. C. Ho, J. D. Willms, "Effects of Parental Involvement on Eight-grade Achievement", *Sociology of Education*, Vol.69, No.2(April 1996).

35. J. L. Epstein, "Advances in Family, Community, and School Partnerships", *Community Education Journal*, Vol.12(1996).

36. Conger, J. A., Kanungo, R. N.. The Empowerment Process: Integrating Theory and Practice, *The Academy of Management Review*, 1988, 13(3).

37. Spreitzer G. M., Psychological Empowerment in the Workplace: Dimensions, Measurement, and Validation, *Academy of Management Journal*, 1995, 38(5).

38. Chen J., Rivera-Vernazza D. "Communicating Digitally: Building Preschool Teacher-Parent Partnerships Via Digital Technologies During COVID-19", *Early Childhood Education Journal*, Vol.51, No.6, June 2022.

39. Kessler R. C., Berglund P., Demler O., Jin R., & Walters E. E., "Lifetime Prevalence and Age-of-onset Distributions of DSM-IV Disorders in the National Comorbidity Survey Replication", *Archives of General Psychiatry*, Vol.62, No.6, June 2005.

40. Sallis J. F., Prochaska J. J., & Taylor W. C., "A Review of Correlates of Physical Activity of Children and Adolescents", *Medicine & Science in Sports & Exercise*, Vol.32, No. 5, May 2000.

41. Mauriello L. M., Driskell M. M., Sherman K. J., & Prochaska J. M., "Acceptability of a School-based Intervention for the Prevention of Adolescent Obesity", *Journal of School Nursing*, Vol.25, No.1, October 2009.

42. Guskey T. R., "Professional Development and Teacher Change", *Teachers and Teaching: Theory and Practice*, Vol.8, No.3, August 2002.

43. Desimone L. M., "Improving Impact Studies of Teachers' Professional Development: Toward Better Conceptualizations and Measures", *Educational Researcher*, Vol.38, No.3, April 2009.

44. Liu Y., & Yuan Y., "A Survey on Cloud Computing Security: Issues, Threats and Solutions", *IEEE Transactions on Services Computing*, Vol.11, No.1, November 2020.

45. Solove D. J., "Privacy Self-Management and the Consent Dilemma", *Harvard Law Review*, Vol.126, No.7, May 2013.

46. Liu, Y., & Yuan, Y., "A Survey on Cloud Computing Security: Issues, Threats, and Solutions", *IEEE Transactions on Services Computing*, Vol.13, No.1, November 2016.

47. Goyal V., Pandey O., Sahai A. & Waters, B., "Attribute-Based Encryption for Fine-Grained Access Control of Encrypted Data", *Proceedings of the 13th ACM Conference on Computer and Communications Security*, October 2006.

48. Ohm P., "Broken Promises of Privacy: Responding to the Surprising Failure of Anonymization", *UCLA Law Review*, Vol.57, 2010.

49. Deci E. L., & Ryan R. M., "The "What" and "Why" of Goal Pursuits: Human Needs and the Self-Determination of Behavior", *Psychological Inquiry*, Vol.11, No.4 (October 2000).

50. Ministry of Education, *Guidelines for School-Home Partnership: Preparing Students For the Future*, https://www. moe. gov. sg/news/press – releases/20190216 – guidelines – for–school–home–partnership–preparing–students–for–the–future (February, 2016).

51. Voigt, P., & Von dem Bussche, A., *The EU General Data Protection Regulation (GDPR)*, https://www. consilium. europa. eu/en/policies/data – protection/data – protection–regulation/ (June, 2024)

52. Cavoukian, A., *Privacy by Design: The 7 Foundational Principles*, https://privacy. ucsc.edu/resources/privacy-by-design---foundational-principles.pdf. (2010).

53. World Wide *Web Consortium (W3C): Web Content Accessibility Guidelines (WCAG)* 2.2, https://www.w3.org/WAI/standards–guidelines/wcag/#intro (March, 2024).

责任编辑：彭代琪格
封面设计：石笑梦
版式设计：胡欣欣

图书在版编目（CIP）数据

技术赋能学校家庭社会协同育人体系构建研究 / 张敬威著. -- 北京：
人民出版社，2025. 6. -- ISBN 978-7-01-027269-6

Ⅰ. G459-39

中国国家版本馆 CIP 数据核字第 2025JZ8264 号

技术赋能学校家庭社会协同育人体系构建研究
JISHU FUNENG XUEXIAO JIATING SHEHUI XIETONG YUREN TIXI GOUJIAN YANJIU

张敬威 著

人 民 出 版 社 出版发行
（100706 北京市东城区隆福寺街 99 号）

中煤（北京）印务有限公司印刷 新华书店经销

2025 年 6 月第 1 版 2025 年 6 月北京第 1 次印刷
开本：710 毫米×1000 毫米 1/16 印张：17.5
字数：280 千字

ISBN 978-7-01-027269-6 定价：80.00 元

邮购地址 100706 北京市东城区隆福寺街 99 号
人民东方图书销售中心 电话 （010）65250042 65289539